黄河谣

侯发山 著

黄河水利出版社

· 郑州 ·

图书在版编目（CIP）数据

黄河谣/侯发山著．—郑州：黄河水利出版社，2022.7
ISBN 978-7-5509-3352-1

Ⅰ.①黄…　Ⅱ.①侯…　Ⅲ.①小小说-小说集-中国-当代　Ⅳ.①F592

中国版本图书馆 CIP 数据核字（2022）第 146650 号

出 版 社：黄河水利出版社
地址：河南省郑州市顺河路黄委会综合楼 14 层　　邮政编码：450003
发行单位：黄河水利出版社
发行部电话：0371-66026940、66020550、66028024、66022620（传真）
E-mail：hhslcbs@126.com
承印单位：河南瑞之光印刷股份有限公司
开本：787 mm×1 092 mm　1/16
印张：14
字数：260 千字
版次：2022 年 7 月第 1 版　　印次：2022 年 7 月第 1 次印刷

定价：58.00 元

序

张松江

发山在微信上讲，他的又一部小小说作品集《黄河谣》将要出版，邀请我为其作序。

我和发山是一起进入同家企业参加工作，算得上是同龄人，结识至今，也有三十多年。每每有新的作品要面世，他都会提前告知我，作为挚友，我都会为之高兴，这次也不例外。但作序还是头一次，盛情难却，就说几句心里话吧，聊聊我所认识的发山。

其人。发山最初是在企业里上班，刚参加工作那会儿，就特别喜欢文学。记得进厂当年，我们一起到浙江兰溪冶炼厂实习，厂里有个图书室，那是他常去的地方。一头扎进去，就达到废寝忘食的状态。有一次因为忘记了图书室的关门时间，被粗心大意的管理员锁在了图书室。幸亏图书室内有固定电话，发山把电话打到我们所住的招待所，辗转几个电话，他才得以"脱身"。年轻时，发山就表现出对文学、文字的热爱和痴迷，渐渐走上了写作之路，并坚持利用业余时间写作，这一写就是几十年。发山也是幸运的，身处一个大好时代，他的坚持和努力得到了广泛的认可，企业上下对他也给予了理解和支持，这让他心里更有底气。从作者写成了作家，走出了企业，走向了更为广阔的舞台，先后发表小小说上千篇，出版小小说集二十多部，在圈子里有了不小的名气。他笔耕不辍，乐此不疲，把业余变成事业，把爱好变成梦想，完成了一篇又一篇创作，实现了一个又一个小目标。在我看来，发山的人生是闪耀的、多彩的！选择了一件自己喜欢的事坚持去做，而且取得了成功，是非常难得的，发山做到了。

其文。我爱好读书，不仅喜欢企业管理方面的书籍，其他如哲学、散文、小说，有时也沉浸其中，同时也是发山的忠实读者。发山的作品不是饕餮盛宴，更像是五谷杂粮，比如这本《黄河谣》，发来样稿时，我就认真看了一遍，五个部分，八十多篇，都是发山近年来新创作的。不同以往，这些作品让人耳目一新，更富有时代感，总会让人感觉，发山又写出了"新花样"。新东西从哪里来？为有源头活水来。这个"活水"，我认为就是发山永不停息的学习、思考和创造。对生活的不断学习、思考，使得他思如涌泉，文似清风。小小说不需要复杂的结构和煽情的语言，但需要"精雕细琢"，发山的作品构思巧妙、语言通俗，用最简单的写法、最朴实的文风，让每字每句都能生动活泼地跃然纸上，故事情节或

“峰回路转”，或“柳暗花明”，最终是会触动人心的。往往你读得正入神，它却戛然而止，让人意犹未尽，留下的是思考，是回味。看事悟理，一切既是意料之外，也在情理之中。简简单单，便能打动人心，这样的作品更能让读者记忆犹新，这样的发山更是令同行刮目相看。人生最难的清醒，便是告别复杂，回归简单，发山做到了。

其真。这些年，发山的路越走越宽，除了小小说，他的散文随笔也常见诸报端。以自己的视角，洞察社会百态，以作家的责任，捕捉时代变化，弘扬正能量。他带动企业的写作爱好者，加入地方作协，弘扬企业文化；他进大学、进社区，被当地大学聘为客座教授，为年轻人传授写作经验，鼓励他们爱文学、爱家庭、爱社会。发山时常外出采风、访问及参加会议，是一个大忙人。除此之外，他还要忙乎一个大家庭的里里外外，尤其要照看那可爱的小孙子。已过知天命之年，还始终保持创作的激情，将所见所闻及所感，写进作品里，忙碌着，也快乐着。他是一个真性情的作家，扬善抑恶，敢于“路见不平一声吼”；他是一个率真的人，对朋友真诚，对生活充满热爱。发山现在是省内外知名作家，在文联、作协担任了一些职务，也获得了不少重要的奖项，但他对于这些，看得很淡。我想，发山写作既不是为了出名，也不是为了当官，他仍保持年轻时的那颗初心，这个时代也必将留下他的作品印记和精神符号。做一个对社会有用的人，健康、平安、快乐就好，发山做到了。

《道德经》有言：“五色令人目盲，五音令人耳聋，五味令人口爽。”人的一生，总会经历这样或那样的诱惑，回归人性本质，越简单就越快乐。从发山的作品里，我读到了坚持，品到了真实，悟到人生就应该这样，做自己喜欢的事，做有意义的事，要有圣人的境界和胸怀，高山仰止，景行行止，虽不能至，然心向往之。人生倘若如此，足矣。

关于发山和他的作品，就先聊到这儿吧，各位读者朋友可以细品。春天来了，这个季节最好的礼物，莫过于这本《黄河谣》。

2022 年 2 月 28 日

张松江，男，汉族，1964 年 11 月出生，河南巩义人，中共党员，教授级高级工程师。曾任河南中孚实业股份有限公司总经理，现任四川广元中孚公司董事长，广元市八届党代会代表、广元市八届人大代表，广元市铝产业联盟理事长，中国有色金属工业协会铝业分会副理事长，河南省有色金属学会副理事长，曾主编出版《现代铝电解生产技术与管理》一书，引起业内好评。

目　录

第三辑　幸福树

第四辑　匿名者

第五辑　爱心菜

附　录

第一辑

黄河谣

渔 娘

老爹死后，渔娘就守着老爹的两孔窑洞，留了下来。她说，她已经跟母亲有了解不开的缘分，她要在这儿终老一生，陪伴母亲。她说的“母亲”指的是黄河。

河长，也就是镇里的苟书记，不忍心她一个大姑娘家跟风浪做伴，说在县城给她找个工作，她拒绝了。苟书记让她放心，说她走后，镇里会安排其他人接替她。她还是没有答应。她说，我跟老爹一样，喜欢这里，不要报酬。听了她的话，苟书记心里既欣慰又难过，知道她承袭了老爹的脾气，也就不再坚持。苟书记虽是河长，因为镇里的工作千头万绪，都要他亲自过问，分身乏术，老爹自告奋勇把“家”安在黄河边，说他就想过闲云野鹤的生活，实际上是替苟书记分担责任。尽管政府三令五申，还是有人偷偷摸摸来挖沙抽水，倾倒垃圾，私搭乱建，等等。老爹住在黄河边后，这种情形才大有好转。汛期时，他还可以随时巡视河堤，以保堤坝无虞。不要工资，义务守护，哪里有这样的好事？因此，作为河长的苟书记自是感激不尽。

如今，渔娘四十岁出头了，别看在黄河边长大，每日风里来雨里去，沙里滚水里爬，眼角连个皱纹都没有，一点儿也不显老。皮肤粉嘟嘟的，粉里透白，又细腻。按当地人话说，美得跟画儿上的人似的。就是这样一个女人，不愿出嫁。老爹活着的时候，以为她舍不得离开老爹。谁知道，老爹走后，尽管媒人说得跟天女散花似的，甚至其中不乏白马王子，渔娘一个都没答应。

认识渔娘的人都说，这闺女没别的毛病，嘴像刀子，不饶人。

这一天，镇政府派刘秘书过来，让渔娘弄一条黄河大鲤鱼，要招待客人。

黄河鲤鱼在当地久负盛名，嘴大，鳞少，脊梁上有一道红线，肉肥味美，独具风味。自明代以来，黄河鲤鱼被列为贡品。不用说，一般来到此地的客人都能以品尝到黄河鲤鱼为荣。

渔娘想都没想，撇撇嘴，冷冷地说：“就是拴住日头也说不成事。”

现在是四月份，正是鱼儿产卵的时候，属于禁渔期，不能捕捞，即使垂钓也是不允许的——有的不单纯是休闲娱乐，完全是“多线多钩”“长线多钩”“单线多钩”等生产性垂钓。因此，根据老爹生前的建议，当地政府规定，在禁渔期，钓鱼也是禁止的。即便平时，看到那些钓到小鱼的，渔娘也劝人家给放了。

她说："放了小的是为了今后钓到大的，如果赶尽杀绝，连小的也不放过，那是自掘坟墓——长此下去，河里就没鱼了，后代子孙还怎么吃鱼?"其实，这话也是老爹说给她的。

刘秘书愣了一下，说："这可是荀书记要的。"

"就是狼书记来了也不行!"渔娘脸一扭，不理睬刘秘书。

刘秘书说："渔，渔姐……"说实话，他的年龄比她大，真不想叫那个"娘"字。

"不是姐，是娘!"

刘秘书不自然一笑，咽了下口水，说："娘，不，渔，渔娘，今天是招待投资商的……"

渔娘打断刘秘书的话，没好气地说："如果这样的投资商来这里违法乱纪，哪儿远滚哪儿!"

"……"刘秘书嘴唇动了动，还想辩解。

"再吱声就把你扔进河里，看看你母亲答应不答应?!"渔娘舞乍着两手。

刘秘书吓得后退两步，不敢吭声了，忙拿出手机给荀书记汇报。

很快，渔娘接到了荀书记的电话。

没听到荀书记说什么，只听渔娘对着手机叫道："别扯那些没用的，我这样做就是为了报答老爹!"说罢，挂断电话，关机了。

说到这里，大家可能有点糊涂了，有必要交代一下：渔娘不是老爹的亲女儿，她当年因感情问题跳黄河时被老爹搭救；荀书记呢，是老爹的亲儿子。

后来的结局如何，大家可能猜测不到。

当天在镇政府的小食堂，外地来的投资商没有吃到黄河鲤鱼，但他不遗憾，因为他品尝到了味道鲜美的正宗黄河甲鱼——这个甲鱼是渔娘送过来的。他一边吃，一边想起渔娘的话，又好气又好笑。渔娘临走时丢下一句："王八不是吃肉的，是喝汤的。"

中国地图

爷爷曾是地图绘制工程师，绘了一辈子地图，对地图有着特殊的感情。退休后，大多的时间，就是每天对着地图默默地看，有时还自言自语，嘀嘀咕咕不知说些什么。家里有人的时候，不管是自家人，还是外来人，总要给人家讲述地图上地名背后的故事。

其实，这些在别人听来都是故事，发生在爷爷身上就是事故。那时候，技术条件差，别说是卫星，航空测量都还是空白，需要带上大平板仪、小平板仪、经纬仪，实地走访，测量，标记。在河南嵩山测量的时候，被三只饿狼盯上了，它们嗷嗷叫着，似乎不达目的不罢休。爷爷和几个同事当时还是小屁孩的年纪，给吓得哆哆嗦嗦，也没有应对之策，准备给狼当干粮的时候，附近几个砍柴的山民及时赶来，凭借手里的镰刀和棍子吓退野狼。在陕西榆林，正在工作的时候，天气突变，一时间飞沙走石，爷爷赶紧把衣服脱下来，打算盖到平板仪上，结果晚了一步，望远镜的一个镜片被石头打烂了。几乎同一瞬间，爷爷下意识地扑到仪器上保护仪器，结果额头上也被飞溅的镜片给划伤了。他到当地医院治疗的时候，认识了那里的一名护士，后来结为伉俪。奶奶曾感激地对爷爷说，若不是嫁给他，把她带进城里，她早被风沙给“吃”了——她的家乡在毛乌素沙地的边缘上，一年三百六十天，有二百天都是风沙……

这些有故事的地方，在地图上都被爷爷的指头给摸得黑乎乎的。可见，分享的次数有多少。

爷爷九十多了，时而清醒时而糊涂，特别是奶奶去世后，免不了唠叨他的“想当年”，大家也就见怪不怪，没有人跟他计较。

后来，孙子小兵考上了武汉大学，学的就是地图制图学与地理信息工程专业，毕业后，干的正是地图测绘。比起爷爷，小兵这一代的测量技术有了飞速的提升，除了航空测量，还利用人造卫星拍摄地貌代替测量资料，换言之，足不出户，坐在计算机前就可以测绘地图。

这天，小兵拿回来一张最新的中国地图。

爷爷两眼放光，兴奋地说：“赶快挂起来，挂起来！”

小兵就把那张老地图取下来，换上了新地图。

爷爷带着老花镜，趴在地图上瞅起来。他一边看一边念叨：“黑龙江，黄河，长江……小兵，伶仃洋上咋有一座桥？新建的？”

“爷爷，这就是港珠澳大桥，连接广州、香港和澳门的。”

“这个桥建得好，建得好！”爷爷感慨不已，然后趴在地图上继续一点一点地瞅，“小兵，丹江口水库咋新增一条支流？我看看，河南，河北，北京，天津，不对吧，若是支流，到天津这里应该入海啊，是不是搞错了？”

小兵扑哧笑了，说：“爷爷，这是南水北调中线工程。”

“南水北调？就是当年毛主席提出的那个计划？”爷爷扑闪着昏花的眼睛，似乎有点明白了。

“对！”小兵忙不迭地点头。

爷爷满意地点点头，接下来又趴在地图上瞄起来。忽然，他叫道：“小兵，榆林，毛乌素沙地咋没有了？是不是忘记标了？”

“是啊，毛乌素沙地呢？”小兵也给吓了一跳，认真地瞅了瞅地图，然后看了看刚取下的老地图，皱着眉头说，“爷爷，要不，咱到榆林看一看？”

“好！古人为了绘制地图就是实地测绘，后人常常把地图命名为《禹迹图》，顾名思义，大禹的足迹。绘制地图就得眼见为实，哪像你们，唉！”爷爷说罢，又说，“只是我的腿不当家，怕是走不动。”

“爷爷，我开车带您去。”

“中。”爷爷爽快地答应了。爷爷退休后，几乎就没外出过。家人多次说要带他去旅游，他都拒绝了，说：“全中国我都跑遍了，山山水水都在我的心里。”

小兵开车带着爷爷，一边走一边欣赏沿途的风景。到了榆林，到了毛乌素，望着茫茫无际的林海，爷爷似乎不相信自己的眼睛。

小兵忍不住说道：“爷爷，是真的，这是绿洲，不是沙地！”

爷爷回过神来，说：“小兵，是不是你早就知道，故意骗爷爷来的？”

小兵憋住笑，说：“爷爷，我是知道，但还真没来过……现在都是通过遥感技术来测量和绘制的。”

爷爷：“今天的技术就这么神奇？”

小兵点点头，用自豪的语气说：“当然啦，通过采用人工智能进行地图数据收集和分析，目前已经能够高度自动化地生成精度高、要素丰富的高精地图，甚至道路上的虚线都能显示出来……”

好半天，爷爷都没说话。末了，他感慨了一句：“我也想再活五百年，在福窝里还没扑腾够呢。”

黄河故事

王刚走马上任后，下决心治理河洛乡辖区内黄河段的乱采乱挖河沙现象。依照相关规定，乡党委书记是一把手，自然也是名正言顺的河长。

通过调查走访，王刚书记发现，河洛乡有三家挖沙的，铁蛋家最早，从爷爷辈就开始挖沙，在当地有一定的势力。

秘书小刘说：“政府也为难，村民们要生存，当地要经济，风声紧了就抓一抓，平时睁一只眼闭一只眼。”

王刚书记摇摇头，说：“挖沙破坏河底的生态环境，底栖生物会受到巨大的影响，断然不行。特别是黄河，灾难是毁灭性的。”

小刘吓了一跳：“王书记，您要动真格的？”

“职责所在，使命所然。”

王刚书记点点头，肃着脸说，“‘擒贼先擒王’，只有把铁蛋拿下，其他两家也就迎刃而解了。”

“王书记，铁蛋这人有点霸道。上任书记坐船沿河检查时，船意外地翻了。后来，还是铁蛋把他给救起的。有小道消息说，此事就是铁蛋一手操作的。”

“我明白了，前任之所以‘雷声大雨点小’，以批评教育为主，罚款为辅，这便是原因所在。”王书记淡淡一笑，继续说道，“明天我就去会会铁蛋，看他有多硬。”

第二天，王刚书记刚要带上小刘到黄河边去，铁蛋来了，说要拆除自己的挖沙设备。

太阳打西边出来了。王刚书记真有点不敢相信自己的耳朵，说：“这是好事，拆吧，早该拆了。”

铁蛋痞着脸说：“王书记，我来的目的是让政府帮我拆除，顺便把那些设备拉回来。”

不管铁蛋怎么想，王刚书记觉得趁机“小题大做”，未尝不是好事。于是，王刚书记安排人到现场，把铁蛋家运行了十多年的挖沙设备拆除了。当然，随同去的，还有当地的媒体记者。其他两户挖沙的村民见此情形，也灰溜溜地主动拆除了。

大约过了四个月，那是一个月黑风高夜，黄河边的一艘机动船上，一台崭新的抽沙机开始高速运转。忽然间，电闪雷鸣，接着，瓢泼的大雨开始肆虐。

机动船的船舱里走出一个人。他正是铁蛋，喝了两杯酒，出来撒尿，没提防，一个浪头把他打入河中。他连“救命”的呼声都没喊出来，便被河水冲走了。

当铁蛋醒来时，发现自己躺在医院的床上。旁边除了医生、护士，还有王刚书记和秘书小刘。

小刘说：“要不是王书记把你救上来，你早没命了。”

“啊，王书记？王书记是北方人，不是不会游泳吗？”铁蛋一时没整明白。

王刚书记接上话茬：“幸亏我来的这几个月每天都练习游泳。我是河长，不会游泳怎么行？我还担心自己哪天落水，你若见死不救，只有等死了。”

“……”铁蛋的脸一阵红一阵白，张了张嘴却什么也没说。

小刘冷冷地说：“魔高一尺，道高一丈，王书记料到你当初主动拆除老旧设备肯定有猫腻，每隔几天，王书记就到黄河边暗访。今晚是碰巧，也是你命大。”

铁蛋的脸更红了，怔了半晌，说："王书记，您处罚我吧，怎么处罚我都接受，我今后再也不挖沙了。"王刚书记说："真的不挖了？"

"狼改不了吃肉，狗改不了吃屎。"小刘撇了撇嘴。

铁蛋分辩道："我要是再挖沙，不得好死。"

王刚书记说："不挖沙你怎么生存？"

铁蛋说："我的儿女都在城里工作，早就劝我进城，我一直没答应……"

王刚书记打断铁蛋的话，说："你不能去，还得守着黄河。"

"啊？王书记，我说的是真的，再也不挖沙了。"铁蛋信誓旦旦地保证。

王刚书记说："乡里已经做了计划，河边建坝子、修湿地公园，这是个长期的浩大工程。到时，你，还有乡亲们都可以参与进来，给你们发工资，你们不干？"

"干！干！"铁蛋忙不迭地说。

工程不是说上就上的，需要上报、审批等好多手续呢。铁蛋在家坐不住，来到乡政府，找到王刚书记，毛遂自荐，说自己要当河长。他不知道，河长不是随便任命的，国家有明文规定。

"你也想当官？"王刚书记开玩笑地反问一句。

铁蛋说："王书记，我不是想当官，你的事情多，我想替你分担一些。你是我的救命恩人，我没有别的报答路子，帮你守护黄河还是没问题的。咱乡这段黄河，我地形熟悉，附近的村民也都认识……"

王刚书记心里一热，莫名地冒出一句话：干工作只要没有私心，只要铁了心，"铁蛋"也有被熔化的一天。

"你把我养大，该是我养活你的时候了。"说罢，铁蛋不自然地抓挠了一下自己的头发。

这下轮到王刚书记迷糊了。

在旁边的小刘抗了一下王刚书记，悄声说："黄河是母亲。"

王刚书记这才醒悟过来，动情地说："任命你为特别河长吧，每月给你1500元的补助。"

铁蛋咧着嘴笑了，说："没有，我不在乎。有了，我也不嫌多。"

事后，王刚书记发现，他给铁蛋的补助，铁蛋都"挪作他用"了：给村里的孤寡老人买水果，请乡亲们，包括原先两个挖沙的同行，到沿黄城市的几处黄河湿地参观旅游……

直到王刚书记调走，铁蛋才知道，乡里每月给他补助的1500元钱，都是王刚书记从自己的工资里扣除的。

稻草人

日头挂在半空中，像个热鏊子似的，照得大地暖烘烘的。谷子由青变黄，空气中弥漫着成熟谷子特有的那种味道，那样的熟悉，那样的香甜，那样的润人肺腑，不由得让人心生欢喜。庄稼人有什么不愉快的事，到了收获的季节，一切都会云消雾散。香草走在田埂上，脚步不由得变得轻快了。

“妈妈，等等我。”

香草这才想起儿子还在后边。大军走了，不是还有儿子吗？电影《一句顶一万句》中有这样一句台词，女主人公喜欢，香草同样也喜欢——日子是往后过的，不是往前。不能给别着了心！也正因如此，香草在家闷了多天，这才到田里看看，换一下心情。

儿子说：“妈妈，谷穗为什么都低着头？”

香草本想说“谷子成熟了”，话道嘴边却变了，她说：“谷子是在向土地公公鞠躬，因为土地公公养育了它们。”

儿子停下脚步，摘掉草帽，转身向香草鞠了一躬：“妈妈，谢谢您，是您养育了我。”

真是一个懂事的孩子。香草甩了一把额头上的汗水，心里一下子凉爽了许多。日子是往后过的，不是往前。得好好活着，把儿子抚养大。这，怕也是大军所牵挂的。对，好好过，不能让大军在九泉之下也不得安生。他从参加工作，就没黑没夜，没有节假日，太辛苦了。他走了好，是该好好歇一歇了。

“妈妈，地里怎么都有稻草人啊？它们会干活吗？”

“孩子，庄稼成熟了，那些麻雀闻到香味就会来偷吃。所以大人们就弄一些稻草人吓唬那些麻雀……”

没等香草说完，儿子抢话道：“妈妈，我知道了，稻草人是不是就是保护庄稼的警察？就像爸爸一样——”儿子的话戛然而止，因为他发现了妈妈眼里藏着的泪水。

香草意识到了自己的失态，怕吓着儿子，忙说：“儿子，汗流进妈妈眼里了，妈妈没哭。”

儿子说：“妈妈，您说爸爸太累了，去睡了，他什么时候才醒来啊？我想让他带我去海洋馆玩。”

儿子还小，还不懂得死亡的概念。唉，能骗一天是一天，能瞒一天是一天，等他长大了自然会知道的。香草拭了一下眼角的泪珠，平静了一下心情，说："儿子，等收割了谷子，妈妈带你去海洋馆。"

"行！"儿子歪着头想了想，"不行！爸爸答应我好几次了，他得说话算数……我们拉过钩。"

香草轻轻叹了口气。

"妈妈，咱家的地里也有稻草人吗？"

"有，都有。"

"麻雀真可怜，它吃什么啊？"

"这……《十万个为什么》里有答案，你回去好好看看就知道了。"香草为自己的机智而高兴。对，以后回答不出来儿子的刁钻问题，就让他去书本里找。

"妈妈，咱家的地在哪里？"

"拐过前面那个山嘴就是。"

眼看着谷子熟了，地里怎么都不见人呢？不该啊。前几天收割机来了，老贵说今年天旱，谷子焦，不能经机器。老贵是村里的支书，他的话就是圣旨，没有人敢违抗，再者，他说的也是实情。即便谷子不焦，收割机过后，谷粒飞得到处都是，看着就让人心疼。不过，这下可喜欢坏了那些麻雀，一个个飞到地里拼命地啄食。它们若是和田鼠一样聪明，怕是过冬的食物都能储存下来……哎，刚才怎么没想到这个答案呢。自己还是笨，还以为聪明呢。

收割机走的时候，香草还有点不舍得。看到大伙儿都不用，她也不好意思。有两年没用机器，大军又没在家，两亩多的谷子不都是自己一个人割的？村里好多男人都外出打工了，家里不都是妇女？她们能干，自己也能干。她是警察的妻子，不能让人小瞧了！

"哇，妈您看，好多好多稻草人！"儿子惊呼道。

香草收回思绪，看到自家的谷田里有好多人！定睛再看，是老贵带着乡亲们在帮忙收割谷子——一个个都带着草帽，儿子以为是稻草人呢。

"妈，您眼里又流汗了。"儿子说罢，摘下草帽，使劲给香草呼扇着。"我长大了也要当稻草人，保护庄稼，帮您干活。"

香草捂着嘴，眼里的泪流得更欢了。

南泥湾

直到父亲去世，我才解开他身上所有的谜。

我刚刚懂事的时候，曾问过父亲："大，我的爷爷奶奶呢，我怎么没见过他们？"父亲说："你没见过？我也没见过。"父亲说这话的时候，面无表情，冷冰冰的，吓得我以后再也不敢提这个话题了。事实上，父亲不是没有见过爷爷奶奶，是他没有印象了。我曾悄悄地问过母亲。母亲说她也不知道父亲的底细，父亲是"流浪"到他们村的，只说自己是个孤儿。后来，我查了查资料，父亲是1961年来的。当时，受自然灾害的肆虐，好多人缺吃少穿，四处流浪，父亲所说的话应该属实。我所在的村子是米脂的一个小山村，有的是土地，只要不惜力气，便饿不死人。父亲可能是奔着这个来的。他当时20岁，已经是一个成年人了。姥爷家没有男孩，看他老实、勤快，便收留了他。三年后，与跟他年龄相仿的母亲成婚，算是入赘。我出生后，依照入赘的习俗，姓氏随母。

后来搞运动，父亲因为是外来人口且身份不明，成了批斗对象，说他是国民党特务，也有说他是苏联特务，经常被喊来叫去。他每次回来，身上少不了带着伤疤。母亲忍不住哭哭啼啼，他就瞪母亲："哭啥哭？我还没死呢?!"母亲不哭了，却还是不住地抹眼泪。有一天，那些批斗父亲的人来抄家，从家里的地窖中找到一个保存完好的箱子，打开箱子，里边有一个小包裹——他们以为"铁证如山"，没想到打开包裹，竟是两张烈士证书，一张是爷爷的，一张是奶奶的！至此，大家才知道，我的父亲是烈士的遗孤，我的爷爷和奶奶在抗战中牺牲了。

当时，我已经上初中，不是一般的懂事，我想知道更多的真相，也想为父亲讨个公道。父亲没好气地对我说："战场上死的人多着呢，有的连个后代都没有，他们找谁说去？"

说实话，我不只是想为父亲要个待遇，也想为母亲、为我讨点好处，看到父亲如此固执，我便死了心。

得知父亲的身份后，村里人才对他另眼相看，不再找他的茬儿。父亲难得"清闲"，一心一意地开垦荒地，除了下雨、落雪，他都在山上的旮旯角落忙活，这里扒扒，那里垒垒，捡出石头，拔掉杂草，都给弄出大小不等、规则不一的地来。那时还是大集体，土地还没有分包到人，他把那些开垦出来的土地交给公家。有的地块小，其实根本算不上地，仅能站下一头牛，生产队不要，他便自己撒下种子，或菜，或庄稼。我记得有块“地”，年年收四五棵玉米，因为地块太小了，实在不能多种。

到了1982年，我已经上高中了。榆林市来了几个人，找到父亲，要落实政策，为他恢复工作。这时候，我才明白，父亲原在榆林市某厂矿工作，60年代初，国家遭遇三年自然灾害，生活物资异常匮乏，父亲响应国家返乡务农的号召，主动报了名。

出乎所有人的预料，父亲拒绝了。来人不忍放弃，再三恳请，父亲说：“这里有吃有喝，我已经习惯了。”父亲又说：“我已经四十来岁了，还去干啥？把岗位留给年轻人吧。”

不止榆林来的人失望，我和母亲也很失望。父亲不满我和母亲的表现，说：“当农民咋啦？种地吃粮，问心无愧。”

父亲的老家是河南的，他为什么没有回老家却来到了米脂？我说出了心中的疑惑。“老家没亲人了，那地方也难……再说，米脂的婆娘，绥德的汉。”父亲说到这里，不自然地挠了挠头。当时母亲也在旁边，撇了撇嘴：“还老实呢。”父亲赧然一笑，算是回应母亲的嗔怪。

我没考上大学，回到了农村，曾有过外出打工的想法，都让父亲给堵了回去。

这时候，土地已经承包到户，父亲的干劲更足了。天不亮就带着我下地，晚上星星出来了，还在地里忙活。在我们那个村，年年就数我家打的粮食多。吃不完，便积攒起来，遇到哪里有了难，捐，可劲儿地捐。为此，家人没少跟他闹别扭。

2021年夏的一天，父亲忽然感觉身体不适。我要送他去医院，他说：“我知道自个儿的病，上医院白花钱。八十个春夏秋冬了，就是一台机器也该歇歇了。”尽管父亲这样说，我还是请了村医。村医诊断后，开了点药走了，临走他留下话：“赶紧准备后事吧。”

没过两天，父亲便溘然长逝。老人家临咽气的时候，用微弱的声音告诉我：“我是在南泥湾出生的，刚满一岁，你奶奶和你爷爷一道南下上了前线……是南泥湾的南瓜汤、小米粥把我养活大的。我来到米脂，总想着离南泥湾近一些，有机会回去看一看。”

我依照父亲的遗愿，背着他的骨灰来到了南泥湾。看到南泥湾翻天覆地的变化，我后悔真相知道的太晚了，没早点带他老人家来。

我一直羞于说出父亲的名字，现在可以骄傲地告诉大家：他老人家的大号叫南泥湾。这是他在南泥湾时那些叔叔婶婶给起的昵称，他一直没改过。父亲去世后，我征求母亲的意见，把姓改成了“南”。

家

日头爬到半空中了，老党还没走到目的地。这条路天天走，虽是沙漠，已经被他硬实实踩出一条路。其实，已经不能算是沙漠了，放眼望去，都是蓬蓬勃勃的沙棘，这些可都是老党几代人的杰作。汗水从老党的头上往下流，漫过黑红的脸庞，汇集到脖子那儿往下淌，被溻湿的衣服更像是一幅地图，花花搭搭的。老党喜欢这样的天气，因为沙棘喜欢阳光，有了阳光它才能生长。

走了十几里，老党还没有走到目的地——他今天是去种植沙棘的，一年三百六十天，都是围绕沙棘转圈，不是种植就是维护。经过父辈的实践，知道沙棘最适合在沙漠上生长，耐干旱、贫瘠、寒冷和炎热，再没有植物能比得过沙棘了。路途越远，老党反而心里越高兴，说明他们种的沙棘越多。老党走得气喘吁吁，拄着镢头休息了一下。咳，老了，过去哪有途中歇息的？老党不知怎么就想到了儿子，想到儿子老党心里就一沉。

昨天，在城里打工的儿子回来了。父子俩就儿子的去留谈了大半夜。

"爹……"

"别叫爹，我是乡长！"儿子刚开口，老党就黑着脸打断了儿子的话。

儿子忍不住笑了："乡长，咱这个乡有多少人口，不就你一个人吗？！"

"放屁！你的户口在这里，就是这里的百姓，你、你还是副乡长呢，一点觉悟都没有。"老党说得没错，他的乡长，还有儿子的副乡长，都是县上任命的。老伴死前，也是乡干部呢。

"爹，不，乡长，您这样做有意义吗？"

"龟孙，意义比天大。这里是边境，有人居住，就说明这里还是中国的土地。沙棘种到哪儿，就说明哪儿是中国的地盘，任何国家别想侵占！"

儿子晃了晃手里的书本："乡长，沙棘……"

老党打断儿子的话，说："咱国家的边境线长，有的地方以牧代巡，咱这里兔子都不过夜，养啥都不行，只能种沙棘！"

儿子索性不再说话，似乎藏着满腹的心事。

临睡前，老党气呼呼地说：“你要明天敢走，就不是我的儿子。”

儿子痞着脸说：“是不是您说了不算。”

天还没亮，老党发觉儿子的被窝已经空荡荡的。儿大不由爷，翅膀硬了就要飞出去，老党能有什么办法？

老党叹了口气，把左肩上的镬头换到了右肩。不去想这糟心事，还是欣赏眼前的沙棘吧。看着沙棘，老党的气就消了，眼里满是怜爱，满是欢喜。金黄色的叶片在阳光下闪闪发光；果子有的橘红，有的橙黄，虽然比鹌鹑蛋还要小，不到成熟的季节，已经散发出淡淡的香味。这些沙棘仿佛知道老党的心思，随着风势，挤挤扛扛地摇摆着，仿佛在说：老党，别生气，儿子走了，不是还有我们吗。我们都是您的子女，我们都是这个乡的子民。

老党呢，似乎也听到了沙棘的心声，浑身充满了力量。他畅出一口气，迈开大步往前走。

忽然，老党的眼睛变直了——昨天他种植沙棘的地方有个晃动的身影！他心里一紧，揉了揉眼睛，原来是儿子！儿子在挖树坑。儿子光着膀子，衣服都没穿。

老党像吃了根冰棍，心里凉爽极了。他像个孩子似的跑了过去。

“儿子，不走了？”

儿子狡黠地眨巴了两下眼睛，说：“乡长，谁说要走了？”

“……”老党欲言又止，心里隐隐有一丝愧疚，觉得自己误会了儿子。

儿子说：“乡长，我查了资料，知道沙棘为药食同源植物，沙棘果实中维生素C含量高，素有维生素C之王的美称，入药具有止咳化痰、健胃消食、活血散瘀之功效。沙棘的根、茎、叶、花、果，特别是沙棘果实含有丰富的营养物质和生物活性物质，除了食品、医药，还广泛应用于轻工、航天、农牧渔业等领域……”

“真的？”老党两眼一亮，继续说道，“儿子，你是说，沙棘不但能防风固沙，还能帮助咱们乡脱贫？”

儿子点点头，甩了一把脸上的汗水，说：“除此之外，乡长，还有大用处哩。”

大用处？老党给说糊涂了。

儿子说：“乡长，沙棘赶走了沙漠，人会越来越多，家会越来越好……”

“傻孩子，这样会晒脱皮的。”老党拿起挂在沙棘上的衣服披在儿子身上，心疼地说。

“乡长……”

“龟儿子，别乡长乡长了，我是你爹！”老党上前抱住了儿子，眼里的泪欢快地流了出来。

远远望去，老党父子两个已经与沙棘林融为一体，好像他们也成了沙棘。

耳光

张明到家的时候，天已经很晚了。爹正在履行睡觉前的最后一道工序——洗脚，听到熟悉的敲门声，脚从盆里拔出来就去开门，淌了一地的水渍。

“回来了？”爹的脸上，除了惊喜，还有几丝困惑。这天是周六，若正常，早就到家了，不会搭黑儿。

“我去了靠山屯。”张明让爹坐下，挽起袖子要给老人家洗脚。

“我这臭脚……”爹了解儿子的倔脾气，便咽了后半句，只好由他。

靠山屯是临县的一个小山村。张明调到那里工作不到一年时间，到基层调研，摸摸情况，都是分内之事。爹心里宽慰，说：“没啥事吧？”

“没事。”张明把爹的双脚按进洗脚盆。

“明儿回来了？吃饭没？”已经躺在被窝的娘听到动静忙穿衣起床。

“娘，我吃过了。”张明一边回答娘，一边轻轻摩挲着爹枯枝般的脚。

“不对！进门我就发觉你脸色不好，一定有事瞒着！”爹盯着儿子花白相间的头发，半是心疼半是埋怨。

“啥事？”娘给吓得脸色苍白，定在了原地。

张明抬起头，笑了笑：“爹，娘，没事，真没事。”说罢，用抹布给爹擦脚，然后用指甲剪给爹修指甲。

“我给烧点水。”娘说着去了灶房。

爹的脚趾头像风干的老姜，要型没型，要样没样。大脚趾、二脚趾、三脚趾……张明一个一个修剪得很慢。

“孩子，啥事说吧。”爹轻言细语，他是担心老伴听见。

“偷嘴吃瞒不住老灶爷。爹，我算服您了。”张明一边剪指甲一边说，“靠山屯的谷婆婆，八十多了，一个人生活。她身体不好，还要自己种地，自己做饭，可怜得狼见了都想哭。”

爹问：“她不愿进养老院？”

张明叹了一口气，说：“谷婆婆有儿子。按照规定，不够进养老院的条件。”

“她儿子不养活她？对待不孝子，扇他两巴掌都不为过！”

“老人的儿子六十多岁，原来在工地上给人打工。有一次出了事故，摔断了一条腿，从此失去了劳动能力，他无儿无女，进了养老院。”张明给爹解释道。

“尿坑里摸条鱼，咋混的啊。”爹扑闪着眼睛，重重地唉了一声，继续说道，“政策是死的，人是活的，有些事可以变通嘛。”

张明点点头，说：“我气得当时打了一巴掌……”

爹愣怔了一下，然后二话不说，扬起手，旋风般地过去，结结实实给了张明一巴掌。

张明没提防，一下子从小板凳上歪到了地上。

娘端着鸡蛋茶过来了，见此情形，吓了一跳：“咋啦？咋啦？有事不好好说，打啥哩?!”

“当官不为民做主，不如回家种红薯。老辈子当官的都知道这个道理，难道你不知道？老百姓有了难处，当官的要先从自身找原因。你倒好，敢去打老百姓，真是无法无天了！”爹气呼呼地说。

“爹，我没打老百姓。”张明辩解道。

娘把鸡蛋茶放下，过来搀扶张明。

“在人之上，把人当人；在人之下，把自己当人。你说，你打谁了？村干部？乡领导？还是你的部下？不管是谁，都不能打！如果他们有错，那也是你的错！上梁不正下梁歪，这是老祖宗说的。”爹越说越气，气得似乎有点跑题了。

“爹，您听我说完嘛，我是自己打了自己一巴掌。”张明说。

“明儿，你咋能打自己呢？”娘忙摸了摸张明的左脸，又摸了摸他的右脸，好像在找寻挨打的痕迹。

爹瞪大眼睛，好像不相信张明的话。

张明说：“眼看着就要实现小康了，我的辖区还有谷婆婆这样生活困难的老百姓，我内心有愧啊。爹，我恨铁不成钢，除了恨自己，我不知道该恨谁……所以，情急之下，扇了自己一巴掌！”

“就你的手快！”娘狠狠瞪了老伴一眼。

“孩子，爹错了。”爹不自然地笑了笑，像个做了错事的孩子。他伸出手想去摸儿子的脸，想到自己的手粗糙如柿树皮，便半途缩了回来。

娘说："明儿，别理你爹。赶紧把茶喝了。"

爹翻了老伴一眼，说："喝啥茶哩，赶紧做两个小菜，我和孩子喝两杯。"

"喝，喝，就知道喝。"娘嗔道。

张明忙说："娘，我多天没喝了，也好久没跟爹敬酒了。"他心里清楚，乡下的好多事情，别看爹识字不多，但比自己有门道，他回来的目的就是想讨教讨教呢，爹若不喝酒，就跟闷葫芦似的。

"这下遂你的愿了吧?!"娘斜了老伴一眼。

三个人互相对视了一下，都笑了。听得出，那笑声中有欣喜，有愧疚，有疼爱，更多的是亲情，是温暖。

咱竹林不兴这

他是全国劳动模范，连续五届全国人大代表，副厅级领导干部。大家或许没有想到，就是这样一个响当当的人物，在他上任伊始，却收下了全村老百姓的礼!

1983年新春刚过，突如其来的问题困扰着满心拉套的他。短短时间内，5名村支部委员就有3个去干个体，13个村民组的负责人一多半在自己的企业忙乎，村里开始有人鼓捣，扬言干脆分掉或个人承包村办企业。这股"分风"把他"刮"得夜里翻来覆去睡不着，头昏脑胀，病倒了。

一时间，他家里人来人往，昼夜不断，有的送鸡蛋，有的拿水果，有的提点心……刚开始，他都拒绝了："咱竹林不兴这!"可是，乡亲们不听他的，我行我素。家人上午把礼物退回，人家下午又送来；下午退还人家，晚上又送来。

"叔，您不能不管俺啊。"

"大侄子，咱村的企业不能分，分了就完了。"

"哥，没有您掌舵，俺这些底子薄的人一辈子也富不起来!"

……

他明白了，大伙儿探望他是真，让他带领大家一起富裕也是真! 他感慨地说："大伙儿这样信任我，拉断筋骨也不会松套。咱就走共同富裕的道路！放心，我不会撇下大家不管，我一定让父老乡亲们都吃得饱、穿得暖、有钱花！"

在场的人面面相觑，似乎不敢相信他说的话。

"我还没有病到说胡话的地步。"看着大家期盼的眼神，他拍着胸脯保证，"这次破例，礼都收下，今后加倍还给大家！"

乡亲们走后，老娘埋怨他不该收礼。他给老人家解释："娘，我这样做是让老少爷儿们吃颗定心丸，同时也是逼我自己只能进，不能退；只能成功，不能失败！"

老娘叹口气，没再吭声，她知道，儿子是把自己逼上了梁山！她也清楚，凭儿子的能耐，一定能说到办到。

他似乎知道老娘的心思，说："娘，当官不经商，经商不当官。咱放弃个人利益，一心带领大家致富，到啥时候都不会错！"

老娘舒心地笑了。

1993年5月的一天，已经好长时间没有回家的他，决定回家一趟。村耐火材料厂一窑砖烧出来，得停火晾上一个星期才能出窑。为了按合同规定时间交货，停火第三天，他坐不住了，抱上被子和布鞋，往水里一浸，一只手上套一只湿布鞋，披上湿棉被就钻进窑里。大伙儿看他拼了命，也都不甘落后，纷纷冲了上去。最终，耐火砖按时交货，但他的头发、眉毛却都被烤焦，脸上、身上都烤出了燎泡。

没想到，他的这一形象竟让家里喂了多年的狗产生了错误判断，他一进院门，狗就扑上来狠狠咬了他一口。如今他的手上还留有伤疤。

等打了狂犬疫苗回来，老娘半是心疼半是埋怨："儿啊，没事你不回家，有啥事说吧。"

他鼻子一酸，说："娘，再过几天就是您的八十五大寿了，我想跟您商量一下。"

老娘打断他的话："有啥商量的，老规矩，不收礼，大碗菜。"

他迟疑了一下，说："娘，我，我想从今年起取消做寿……"

老娘的脸色一下子阴住了。农村风俗，给老人做寿不做便罢，起了头便不能停下来，年年都得做，除非老人去世。

他说："娘，我知道咱竹林不兴这，但我身为党员干部，时时刻刻要注意自己的形象。往年做寿，知道的人不说啥，不知道的人以为咱收了多少礼呢。俗话讲，树招牌一辈儿，砸招牌一会儿。咱若不停，其他人也给老人做寿，一旦出了问题，影响的不是我的形象，也不是竹林的形象，是党的形象！娘，请原谅儿子的不孝。”

老娘的脸色渐渐晴朗了，她说：“孩子，你这不是不孝，是大孝！我支持你，从今年起，停止做寿！我就不相信，停止做寿还能说蹬腿就蹬腿。我百年后，三周年也不许待客！”

老娘在95岁那年无疾而终。老人三周年的时候，他独自一人背着油糕到老人的坟前祭奠。

他说到做到，兑现了当初的诺言。从当年的7家企业、人均收入821元的竹林村，蜕变为拥有87家企业、人均年收入超4万元的竹林镇，成为全国集体致富的典范，接连迎来三任总书记的视察，获得了至高无上的荣耀！

他，就是已到了耄耋之年仍然为竹林操心的竹林镇党委书记赵明恩。

海边的风景

小海小的时候，妈妈经常带着他去海边捡鱼。那里的鱼可真多。妈妈告诉小海，哪是海鲈鱼，哪是鳗鱼，哪是梭鱼，哪是六线鱼，哪是黑鲷鱼，多啦。他们捡的最多的是黑鱼和黄花鱼。每一次，妈妈都会捡上满满两篓鱼，吃不完，就把鱼卖给镇上那些餐馆。

小海很乐意跟着妈妈去海边，看到那些鱼在浅浅的水里蹦跶，是他最开心的事。他天真地问：“妈妈，这些鱼咋来的，咋不游到大海里呀?”妈妈便耐心地给小海解释：“涨潮的时候，它们随着海水来了；落潮的时候，水退了，它们留了下来。”小海歪着脑袋，想了想，说：“你不是说爸爸出海了，他咋不随着这些鱼一块回来?”妈妈的眼圈一下子就红了，眼泪吧嗒吧嗒往下掉。吓得小海以后再也不敢提及爸爸，他怕妈妈哭个没完。

村里的人大多都是出海捕鱼，看到每天大海上船来帆往的，小海就问，妈妈，咱也坐船去海里捞鱼吧?说这话的时候，小海有个想法，说不定出去还能见到爸爸呢。还有，有小伙伴嘲笑他妈妈胆小，不敢出海捕鱼。他们这里是个渔村，不只是那些大男人，有些妇女也驾船出海呢。妈妈的眼帘一扑闪，说，鱼有的捡，何必出海呢。看到有泪在妈妈的眼眶里打转，小海不敢再吭声了，心里边不住地嘀咕：难道妈妈真的怕出海？妈妈的眼泪咋那么多呢？有不少晚上，他醒来的时候，总见妈妈在抹眼泪。

大江是村主任，每天出海打鱼，经常会给小海家送一些鱼过来。小海却不怎么喜欢他，因为有小伙伴说，大江是他的野爸爸。小海不知道“野爸爸”是什么意思，但从小伙伴挤眉弄眼的神情上可以看出，绝对不是骄傲和自豪的事情。而且，妈妈也不喜欢大江，每次都是大江前脚走，妈妈就把他提溜来的鱼给扔了出去。有一次，妈妈还对大江的背影说，你就死了那条心吧！

小海懂事后，才知道爸爸出事，不可能再回来了。妈妈捡鱼的地方是人们专门修筑起来的，像是两个连起来的“心形项链”，心形是半重叠的，“项链”是为了防止鱼儿游出石沪的石堤，“吊坠”则是集鱼的沪房。小海问：“妈妈，这个‘心’字是谁造的？”妈妈支吾半天，也没说出个结果。

这时候小海不小了，也是十七八岁的小伙子，有分辨是非的能力，听到了更多的风言风语。有人说他爸爸大海是被大江害死的；有人说大江四十多了还没结婚，是在等小海的妈妈呢；有人说大江修的“心形项链”就是对小海妈妈最好的表白，甚至还有人说出更恶毒的话来。

小海心里藏不住事，回到家就质问妈妈。

小海大了，妈妈觉得是该给他坦白了。闻听小海的质疑，她叹息一声，拿手捋了下鬓边的白发，给小海讲起了过往。

大海和大江是要好的朋友，他们年轻的时候，一起驾船出海捕鱼，遇到恶劣天气，两人总能同心协力，化险为夷。世上的事情就这么奇怪，两个人一起爱上了她。尽管后来大海娶了她，并不影响两个好朋友的友谊。有一次，遇到台风，大海被卷入大海，大江活了下来。村里有人说，大海是让大江给害的，为的就是占有她。过了大海的三周年，大江执意要娶她。她不愿意，因为那样，就坐实了那些谣言。俗话说，半寸板内是娘房，半寸板外是阎王。说的是船上作业是很危险的。为了孤儿寡母，大江便修建了“心形项链”，让他们母子得以捡鱼生存。

小海还是不理解，气呼呼地说：“那个建筑为什么是心心相印的图案？”

妈妈便耐心给小海解释道：“那样子设计能得到更多的鱼，其实那个原理是咱老祖宗留下来，不是他的原创。他说两个心相连，是说明他和你爸还是贴心的好朋友，咱们母子是连着心的母慈子孝，咱们渔民和大海是连着心的和谐关系，干部和村民之间心连心才能奔向小康，咱们渔民之间要心连心才能战胜一切艰难困苦……”

小海又斗胆问道：“妈妈，我真的不是您亲生的？大人们说，您不出海，不是胆小，因为您没生过孩子，俗称空肚子，这对渔民来说是最晦气的；怀孕的妇女或是生过孩子的，渔民最欢迎她们上船，有满载的意思……”

“小海，既然你已经知道了，索性都告诉你吧。那次台风，村里好多渔民都出海了，你的父母带着你一起出海。眼看着你们家的船被风浪打得七零八落，为了救你们全家，大海和大江同时迎着风浪扑进去，大海没了，你的父母也在这场台风中遇难……”

怎么是这样？小海如同傻了一般，好半天都没闹明白。

袁家楼

趁着十一假期，公司的事安排停当，大哥开车带着两个兄弟回老家了。

父母已经过世，又不是清明，也没听说哪家乡亲办事，还不到给村里老人发放补助的日子，回来干啥？老二心里暗自嘀咕。老三呢，还想利用这个假期到巩义的康百万庄园走一走。兄弟三人中，不能说大哥的话就是圣旨，在一个锅里搅稀稠大半辈子了，他们了解大哥，大哥做什么一定有他的道理。

车停在村外，大哥头前带路。他似乎知道两个兄弟心里有点小小的不乐意，一边走一边说：“其实咱袁桥也不错，有500多年树龄的大槐树和石臼，有牛王庙，有四合院……不但有历史文化，还有红色基因。我相信，将来一定会成为一个游人如织的好地方。”

老二和老三都没有吭声，类似的话大哥说了不止一遍。

大哥把他们带到了“袁家楼”那里。连同这一次，大哥已经是第二次带他们来这里了。

“袁家楼”是明朝万历年间，由他们的七世祖袁国臣所建，坐北面南，为砖木结构建筑，通高15米左右，占地约60平方米，共三层，砖砌墙厚约80厘米，内设有暗道，直通寨墙外面。该楼起到了登高远望、避难、防护外来侵犯的作用，所以民间俗称“避难楼”。有碑记载：公袁氏，讳梦松，公兆其子也。家有楼，高百尺，孑然特出，因共称为袁家楼焉。相传建自明时。明季盗充斥，有土寇至村，族人避难楼上，贼环而攻，有剧贼负方不趋进，将以火其门，楼上以磨石下击剧者，立毙，贼惊，楼得无恙。

上一次，大哥没有表态，只是围着“袁家楼”转了几圈。这一次，大哥开口了，他说：“来到这里，你们两个会想到啥？”

老二心里一惊，难道大哥是为金元宝而来？传说，“袁家楼”建好后，修建者还将一大锅的金元宝存储于该楼一箭之地，以备将来修缮之用。一箭之地在楼的何方何处，后人遍寻无果，至今仍是一个谜。又想，大哥是公司的董事长，会有这个想法？不可能。

老三想的是，莫非大哥要出资修缮这栋楼，然后弄成一个景点收取门票？中，主意不错。生意人嘛，在商言商。虾米再小，也是一盘菜。

两个兄弟也都是精明人，没把各自的心思说出来，都拿眼瞅着大哥。

大哥扑哧一声笑了，说：“我的脸上又没花，你们看啥？你们好好看看这栋楼。”

老二和老三不好意思地相视一笑，便把视线转向眼前这座巍峨高大的楼。

大哥叹口气，便往正题上引：“常言说，好汉护三村，好狗护三邻。咱们的先祖当年建这栋楼，不是为了自己，是为了整个村子的乡亲。”

老二说：“大哥，您是不是想请人挖掘一下，宣传我们袁家的祖先？”

老三说：“拍成电影，咱袁桥火了，咱袁家也就一下子出名了。”

“当年咱的祖先是为了名声吗？”大哥说罢，长出一口气，似乎有点失望。

“大哥，您的意思——”老二疑惑地问道。老三的眼睛里也是藏满了问号。

大哥答非所问，继续说道：“清咸丰年间，为保护乡民，袁家十六世袁梦松出资修建了土寨墙。抗日战争时期，为躲避日伪军的骚扰和破坏，登封第一次党代会也是在袁家十九世袁毅家召开的……”

老二终于忍不住了，说：“大哥，您越扯越远了，究竟要干啥，您直说嘛。只要决策正确，我和老三都不会拦您。”

“大哥，您是不是有什么难处？上阵父子兵，打虎亲兄弟。有我和二哥，怕什么?!”老三附和道。

大哥看看老二，又看了看老三，终于说道：“咱袁家的祖先给我们做出了表率，他们能有家国情怀，造福一方，咱们三兄弟也不能袖手旁观，我打算建一栋楼……”

老三打断大哥的话，扑闪着眼睛，说：“大哥，也建‘袁家楼’？”

“老三别打岔，让大哥把话说完。”

大哥说：“村里的孤寡老人也有不少，虽说咱们每月给他们发着补助，可他们还住在老房子里……咱们出资，建一栋全是两室一厅结构的房子，免费给他们住。”

“这个想法好！大哥，我支持。”老二竖起了右手的大拇指。

“大哥，您咋不早说呢，我没意见。”老三说。

大哥笑了，看得出，他是由衷地开心，打心眼里高兴。兄弟齐心，其利断金，这话一点不错。一路走来，正是有了两个兄弟的大力辅佐，他们的事业才犹如滚雪球般越做越大。

后来，楼建好了，袁桥的孤寡老人也搬了进去。这些老人当中，就有袁毅的孙子袁铁木，他一辈子没有成婚，无儿无女，其幸福感不亚于那些满堂儿女的老人。

乡亲们把袁氏三兄弟建的那栋楼叫“幸福楼”。

租个女友过大年

俗话讲，有钱没钱，回家过年。一进入腊月，大龙就决定，今年不管如何，都要回老家过年。空气中洋溢着的《常回家看看》，更加勾起大龙回家的欲望。

若搁往年，大龙会纠结多天，到底回不回老家过年？最后的结局基本都是一样：不回家。一则呢，业绩平平，说白了，没有混出个人模狗样儿，无颜见江东父老；二则呢，家里就老爹一个人，两个大男人，连个火花都碰撞不出来，有啥好说的？因此，每到年关，大龙都是给老爹打一笔钱，或是快递一些年货回去。

大龙按揭一套房子后，打算把爹接进城来，爹拒绝了。爹说：“我才五十来岁，胳膊腿还能动弹呢，还不到养老的时候。”满堂儿女，不如半路夫妻。私下里，大龙也曾劝爹找一个老伴。大龙说：“爹，我大了，您也不用怕后娘欺负我了，该找就找吧。有个人照顾，我在外也放心。”爹似乎也有这方面的考虑，说等你娶了媳妇再说吧。大龙说，咱一言为定，到时得有人抱孙子。爹说，能的你，你小子不是爹带大的？

娘病故时，大龙才两岁，爹一个人拉扯他长大。女人家干的活儿，除了生孩子，爹差不多都会，缝衣服，缀扣子，织毛衣，擀面条，包饺子，蒸包子……为了供自己读书，农忙时节，爹就在建筑工地上折腾，爹不会木工，不懂电气焊，干的都是最累最脏的活儿，搬砖头，打水泥，等等。即便自己大学毕业参加了工作，会挣钱了，爹还歇不住。爹说，大龙要还房贷，还要结婚，花钱的地方多着呢。与爹相比，自己的苦都不叫苦。

今年中秋回去，大龙特意把自己的头发染了染——他怕爹发现他的白发，为他担心。回到家，大龙看到爹黑乎乎的头发，才知道爹也染了，爹的白发肯定不少，若不然，也不会染。临返程的时候，爹对大龙说："你都三十出头了，赶紧找个对象，下次带回来。"类似的话，爹说了无数遍。跟往常一样，大龙唯唯诺诺，答应了。老人家不知道，对象哪是那么好找的，如今的女孩都现实，不看人咋样，先问房子、车子和票子，若这三个达不到要求，人再优秀，免谈。不过，大龙不着急，他相信，面包会有的，一切都会有的。满大街都是剩女，还能没自己的份儿？

大龙过年回家，还要给爹一个惊喜——带女朋友回去，当然不是真的女朋友，他要租一个女朋友。这个不难办，有需求就有市场，当今出租女朋友似乎也成了行业。大龙把自己找"女朋友"的条件一说，很快就有一个叫小丽的女孩中标了。

小丽长得跟明星似的，年龄不大，却是久经沙场，很有经验，跟大龙一见面，那举止，那眼神，外人看来就像是热恋中的男女一样。大龙很满意，一坐上回家的火车，反复给小丽交代一些注意的事项和细节，唯恐穿帮，伤了爹的心。在电话里，大龙已经给爹说了，他今年要带女朋友回来。爹听到这话，乐呵得不行，说要赶集备年货，给未来的媳妇好好做几道菜。

腊月三十下午，大龙和小丽到家了。看到小丽，看到两个人亲昵的样子，尤其是小丽的一声"爹"，爹的嘴巴便咧开了，好半天都合不拢。让大龙意外的是，厨房里多了一个中年妇女，腰里束着围裙在忙活。看到大龙和小丽回来，热情得像个主人。爹没有解释，他的表情已经说明了一切，这个中年妇女是爹找的老伴。大龙的心里一下子轻松了。

年夜饭很丰盛，爹的口彩使年的味道更浓了。他用筷子指着柿饼："来，吃，事事顺。"然后又指着杏仁说："这道菜叫幸福来。"小丽瞄着豆腐，说："爹，这道菜叫什么？""全家福！"小丽用筷子夹了一块年糕，说："我知道了，这道菜叫年年高。"

大龙打开一瓶酒，跟爹喝开了。三杯酒下肚，爷儿俩的话题就多了。爹给大龙讲村里的新闻旧事，大龙给爹讲述城里发生的传奇故事。两个女人不喝酒，早早下了餐桌，躲在隔壁房间咬起了耳朵。

喝着喝着，两个男人都有了几丝醉意。

爹指了指隔壁，说："大龙，在家这几天让小丽跟你姨睡，没办事，不能让人小瞧了。"

大龙说："爹，我也是这个意思。"

"大龙，这媳妇真好看！中！"

"爹，我也看得出俺姨勤快，心善，行！"

"大龙，明年找个日子，把事办了。"

大龙抿了一口酒，叹口气，说："爹，我骗您老人家呢。小丽不是我女朋友……"

爹愣了一下，也苦笑着说："儿子，爹也骗你呢，她不是您姨。"

"不是我姨？"

"是您姨，不是那个姨……"

……

第二年，年夜饭还是这四个人。较之上年，家里的气氛更加幸福、温馨、甜蜜。因为，他们已经是一家人了。

开　心

"开心"是老公的职业——他是省人民医院的医生，做开胸手术，移植心脏的。此时此刻，她却一点也开心不起来。老公是昨天下午吃过晚饭去医院的，说是晚上八点的手术，现在是早上九点，整整十三个小时过去，手机静悄悄的，没有一点老公的消息。老实讲，每逢遇到这样的事，她一个晚上都处在半梦半醒之间，辗转反侧，夜不能寐。担心什么，她又说不清楚。她摩挲着手机，好几次想打过去，都放弃了。难道是手术还没有结束？有可能。知妻莫如夫，若搁往常，每次手术后，老公都会给她发个"ok"的微信或是短信。

老公做过最长的手术是24个小时，那一次，当他从手术室里出来时，一下子昏倒了。赶到医院后，她才知道，老公最后6个小时没有吃饭，一口水也没有喝。看到老公换下的衣服，从上到下、从里到外都是湿漉漉的，她眼里的泪瞬间爬了出来。休息了三天，他的身体指数才恢复到了正常值。

莫非是手术失败了？也有可能。医生是人不是神。老公当上主治医师后，累计做了差不多60例心脏移植手术，成功的有40多例，失败的有15例。他做的是“开心”的事，常常开心不了。面对失败，他的几个同事先后换了工种，甚至是职业。他却坚持不换。他说，他的专业是“开心”，医生的职责就是救命。只要有一线机会，他都不会放弃。

还是手术结束，家属请老公吃饭或是洗桑拿去了？好多次手术后，为了感谢，家属都要请医护人员吃个便饭什么的。每一次，老公都拒绝了。老公对她说，他的病人都是危重病人，进了医院没有上百万下不来。谁的钱也不是大风刮来的，都不容易，有钢还是使在刀刃上吧。也有送卡的，送购物券的，送金银首饰的……有时，为了让家属安心、病人放心，老公当面都收下了。事后，悄悄再把钱打到病人的账户上。这一次，听老公说，病人是个六十多岁的老人，他的儿子是个房地产开发商，家里有上亿的资产。他们曾许诺老公，手术成功后，将送老公一套房子。难不成出了手术室，陪着病人家属去看房子了？不会，也不可能。老公不是贪财的人。他曾对她说过，病人在他眼里都是一样的，不管有钱还是没钱，他都会全力救治。只有病人转危为安，他才有成就感，才能体现出一个医生的价值。

时间一分一秒过去。到了十点钟，还是没有老公的一点消息。她放心不下，索性收拾一番，提上煲好的汤，匆忙赶往医院。

她不知道，几乎是同一时刻，老公沮丧地走出了手术室。病人家属得知手术失败，不分青红皂白，挥着拳头冲了上去，把他的身体当成了练功的沙袋，上一拳，下一拳，左一拳，右一拳……他疲惫至极，根本无力反抗或是躲避。等到众人把患者家属拉开，他已躺在地下。幸亏，只是皮外伤。当同事正在给他处理额头上的伤口时，他的电话响了，是120的电话，告知他的妻子遭遇车祸，头部重创，抢救无效。他愣怔了一下，急忙对身边的医生说：“快，快去取她的心脏。”——他们夫妻两人早就是器官捐献志愿者——他还有一百多例心脏病患者等待着更换心脏呢。他的话刚说完，一下子昏厥过去，除了劳累，更多的是悲伤。

当天下午，她的心脏经过他的手移植到另外一位患者身上，患者是一个年轻的姑娘，因为有心脏病，三十多岁还没有嫁出去。

再后来，这个姑娘嫁给了他。有一天，姑娘对他说：“以后，你叫我开心吧。”他的脸唰地红了，诧异地看着她。她扑闪着眼帘，深情地说：“睡梦中，你常常叫着‘开心，开心’，我知道，那是恩人的名字，嫂子的名字。”

父亲的故事

别的孩子谈论起自己的父亲时，像是过年穿上了新衣服，一脸的自豪和骄傲，唯独幸福不愿提及自己的父亲，甚至听到或看到“父亲”这个词时，除了自卑，心里还会产生深深的怨恨。幸福走进校园后，这种感觉尤为明显。什么也不为，就为父亲有一张伤痕累累的脸，脸上坑坑洼洼，像是被冰雹砸过的老南瓜一样，要多难看有多难看。每次学校开家长会，幸福宁愿让老师批评，也不让父亲参加。幸福的母亲在他出生时就去世了，难产大出血，这是幸福后来才知道的。

幸福上七年级的时候。有一天晚上，他在做家庭作业的时候，眼睛盯着书本，心思跑到了村口的蛤蟆坑里。蛤蟆坑是村里的排水沟，夏天既是蚊蝇的乐园，也是村里孩子们的天堂。父亲没有批评他，给他讲了两个小故事。

父亲在当地一家家具厂上班。那天，厂长让他去带锯厂（用机器把树木锯成一块一块的板，现在这类工厂几乎没有了）解木头。他拉着人力车，车上装有一根一搂粗、一丈多长的木头，平路倒还好说，拉起来不怎么吃力。遇到上坡，就得先在坡下歇息片刻积攒点力气，然后一口气拉上去。若是半坡停下来，拉不上去不说，还会连人带车溜下来。当时，正是夏天，汗水把衣服弄湿了，他就脱了衣服光着脊梁。日头把肉皮晒得生疼，火辣辣的，像是有人拿针在挑。他跑了一整天也没找到一家带锯厂，中午饭也没顾上吃。到天黑的时候，只得又把木头拉回厂里。厂长不但不心疼他，反而把他狠狠骂了一顿，问他去哪凉快去了，说附近就有一家带锯厂。父亲分辩道，不会吧？我看到大门外的墙壁上写着“此处没有带锯”，好多地方都写着这样的提示。厂长愣了半天，突然一下子大笑起来，笑得腰都站不顺溜。

幸福咬住笔杆，愣愣地瞅着父亲的嘴——他不愿意去看父亲的脸，他想知道厂长为什么要笑。

父亲说，孩子，我吃了不识字的亏，我把“设”当成了“没”，“此处设有带锯”看成是“此处没有带锯”了。

幸福扑哧一声笑了，笔掉到了地上，滚到了床底下。

父亲说，还有一次。那天他去赶集，看到路边一个大门上写着“情人”，他觉得好奇，就推开门去看。这一看不打紧，从里面蹿出来一条狗，扑了过来，脸上的伤疤就是那时留下来的。他卖了家里的粮食才把伤看好，因为狗的主人没有责任，人家的大门上写的是“慎入”。

这次，幸福没有笑，使劲咬着嘴唇，心里想到一个词：活该。

从此以后，幸福更加看不起父亲，不过，他心里发了狠，好好学习，天天向上。从初二开始，直到考上大学，每次考试都是班级第一名。

那年放假回家，多年没走动的舅舅来看望幸福。幸福从舅舅嘴里才知道，父亲的第一个故事是真的，第二个故事有虚构的成分。

舅舅说，你小时候，没人管，交给别人你爹又不放心，他外出干活时就带上你。那时你一岁多，他把你放到人力车上，去邻村收购木头。走到一偏僻路段，忽然从麦田里窜出一条狗，直往你身上扑。他来不及多想，与狗抱在了一起，脸上被狗咬得血淋淋的，像个鬼脸。尽管如此，他还死死不松手，最后竟把狗活活掐死了。因为是条野狗，没有主人，为凑医药费，卖掉了家里一季粮食。

幸福揉着酸酸的鼻子，说，家具厂该解决，毕竟是在上班期间嘛。

舅舅说，家具厂要赖，说你爹上班带孩子本身就违反厂规。

幸福还是不明白，说他为啥不给我说明真相呢？

舅舅说，幸福你傻啊，你爹不是怕你一辈子有亏欠吗？

舅舅走后，幸福来到父亲的坟头，哭得鼻子一把泪一把，有太多的懊恼和悔恨。父亲在他考上大学的第二年，就因狂犬病发作，不治身亡。

邂　逅

小兵，是你吗？真的是你吗？高了，黑了，瘦了……你整整半年没回家，老爸想死你了。今天是端午节，你妈妈昨天就包了粽子。她说要给你打电话让你请假回来，我骂了她一顿……忽然，一阵消防车的警笛声骤然响起。大伟一下子从梦中醒了。警笛声由远及近，越来越清晰。大伟翻身下床，拖鞋也顾不上穿，跑到窗口，“刷”的一声拉开窗帘，看到两辆消防车停在相邻的一栋楼前。警灯在消防车的车顶闪烁，传递着不祥的信号。一个个消防员身手矫健，有条不紊，有的钻上车顶，打开了高压水枪；有的提溜着灭火器，扑向着火的家属楼……

没有丝毫犹豫，大伟忙转身往身上套衣服。

此时，老伴也给惊醒了：“你要出去？”

每次听到119的警笛声，大伟，还有老伴都要挤到窗口去看。有时只是听到声音，消防车并不从楼前的道路上经过，连消防车的影子也看不到；有时，即便消防车从楼前的道路上驶过，也是“呜呜”叫着，一路飞奔。他们两口子却乐此不疲，似乎成了习惯，直至看不见、听不到，才恋恋不舍地从窗口离开。

“隔壁失火了！”不愧是老消防，说话的工夫，大伟已经把衣服套上。再说，眼下是初夏，衣服单薄，也好穿。

老伴也赶忙起来，钻进了厨房。

大伟跑到现场时，消防队员已经进楼了。是十八楼着火了——火光从十八层的窗口窜出来，映红了半边天！大伟一边往里冲一边嚷嚷道：“我是退役消防队员，有经验。我是附近的居民，知道这栋楼的结构……”但是，他还是被阻止在警戒线外边——他没有消防装备，还有，现场有足够的救援人员，不到人手不够的地步。尽管如此，大伟并没有离开，他帮助维持现场经消防队员疏导跑出来的居民，同时安抚他们惊慌的情绪。

不时有玻璃在高空炸响。随之有玻璃渣子落下来，哗哗啦啦，四处飞溅。幸好，都落在了警戒线内。

大伟不住地抬头张望，一脸的焦急。

“上去几个人？先检查一下家里有没有气罐……”大伟像是自言自语，又像是给现场指挥提建议。

当年，他们去一栋家属楼灭火。他没有进楼，而是站在云梯上用水枪往着火的房间里喷射。谁也没想到，就在火势被控制住，即将收兵的当口，听到楼里传来一声巨响——房间里的煤气罐爆炸了，超杰，他的一位同事被炸得血肉模糊，当场就没了气息。

此时，现场指挥听到了大伟的话，说：“这是新楼房，天然气的阀门已经关闭，不会有煤气罐。”

想想也是，大伟也就没再多言语。当年，天然气还没有普及，家家用的都是煤气罐，成为消防作业中最大的隐患之一。

火势被控制住了。

天渐渐亮了。

冲进楼里的消防队员一个个走了出来，手里提着头盔，满身的疲惫：他们橘黄色的消防服被熏染得花花搭搭，黑乎乎的；脸上黑一片灰一片，像是刚从灶膛里钻出来……

大伟睁大眼睛，仔细地瞅着。

忽然，其中一个消防队员跑到他跟前，热烈地叫了一声“爸”！

大伟愣了一下，随后一下子把小兵抱在胸前，紧紧地，仿佛一松手小兵就要飞了似的。

这时候，老伴也提着一兜煮熟的粽子赶到了。

小兵放下他，揉了一下湿润的眼睛，叫了一声“妈”！

大伟接过老伴手里的粽子，挨个给在场的消防队员发起来：“今天是端午节，大家吃粽子吧。”

消防队员们面面相觑，除了不好意思外，似乎还要等首长的指示。

现场指挥早已被感染，他没说话，上前拿起一个粽子。消防队员们这才纷纷去抓粽子，一个个粽子打开，一股久违的清香弥漫开来，遮盖了那种烟火的味道。

小兵一边狼吞虎咽，一边说：“好吃，真好吃！”

五分钟后，小兵又坐上消防车走了。

大伟和老伴目送着小兵他们远去，直到看不见，他们才往家里走。小兵不知道，他不是他们的亲儿子，他的父亲是一位烈士，名叫超杰。

黄河谣

月亮湾的北边，不到两公里，便是咱们的母亲河——黄河。

伊南到月亮湾当第一书记的第一天，村主任老贵就陪他来到了黄河边。伊南发现，黄河的河滩上有好多兜售鹅卵石的村民。那些鹅卵石只有鹅蛋大小，滑溜溜的，有的上面还有天然的图案，花草，动物，世间万物，应有尽有，似像非像，全靠你的想象。这些村民当中，大多都是上了年纪的老人，引起伊南注意的是一个孩子，这个孩子有七八岁，正是上学的年龄，当天还不是周末，怎么也来浪费时光啊？

伊南正要向老贵打听，那个孩子也发现了他，三步两步跑到他面前，举着手里的一枚石头，喘了几口气，然后朝他叫道："叔叔，买一个吧。叔叔，买一个吧。"孩子的脖子上挂着一个布兜，里面装有不少，看样子沉甸甸的，他努力挺着脖子才不至于脖子被压弯。

老贵厌恶地挥着手："石头，去，去，去。"

那个叫石头的孩子不理会老贵，继续对伊南说："叔叔，我的石头会唱歌。"说着话就把鹅卵石放在嘴边吹起来，还真像那么回事，仔细分辨，能听得出是《黄河谣》："杭州的西湖真美，美得就像天堂的眼泪，美得叫人心儿醉，美不过那黄河水……流浪的人不停地唱，唱着我的黄河谣。"

伊南接过鹅卵石一看，原来鹅卵石上有人为凿的孔洞。

"你凿的？"伊南问石头。

石头点点头，看了一眼远处的老人，自豪地说："他们卖的石头不会唱歌。"

老贵说："石头这孩子聪明，可惜没用到正经地方。"

伊南把鹅卵石交给石头，转身走了。石头继续跟着，一副不屈不挠的样子："叔叔，买一个吧。叔叔，买一个吧。"

伊南问石头："石头，你卖鹅卵石干吗？"

"攒钱。"

"攒钱干吗？"

如果石头说，他要攒学费上学，伊南会二话不说把他手里的鹅卵石全买下。

不料想，石头说："盖房。"

伊南说："然后娶媳妇，然后生孩子，孩子长大再卖鹅卵石，是不是？"

石头两眼放光，使劲点了点头。

伊南摇摇头，转身走了。

老贵以为伊南身上没带钱，正要打算掏钱，伊南拦住了老贵。

石头见状，失望地扑向其他来这里观光的游客。

走出好远，伊南对老贵说："不能这样，如果这样帮助他，他就以为兜售鹅卵石就能赚钱，就会没有了其他梦想。"

老贵叹口气，没再说话。

后来，伊南没少往黄河滩上跑，每次去都能遇到石头。石头知道伊南不买他的鹅卵石，见了伊南也不说话，拿出鹅卵石有模有样地吹起来。嗨，你别说，这小家伙吹得还挺像回事，会吹的曲子也不少，《你家在哪里》，《谁不说咱家乡美》，等等，吹得最好的还数那首《黄河谣》。

这天，伊南把石头叫过来，问他："你喜欢唱歌吗？"

石头点点头，说："我都是跟电视学的。"

"你想不想当明星？"

石头眼里闪过一丝光亮。

"我只问你想不想？"

"想。"

伊南说："只有好好上学，将来才能唱歌，才能当明星。"

"家里没钱，上不了学。"石头耷拉着头。

伊南说："只要你愿意上学，我资助你到大学毕业。"

石头的眼睛又跟通了电似的，亮闪闪的。

伊南又说："不过，你的这些鹅卵石我不要，没有一点用处，真的一点用处都没有。"

听到这话，石头转身就跑了，把他的鹅卵石分给了那些老人。

那一刻，伊南觉得他的决定是正确的。

……

此后，老贵问伊南为什么这样做时，伊南说："因为，黄河边的石头会唱《黄河谣》。"说罢，伊南轻声哼唱起来：

杭州的西湖真美，
美得就像天堂的眼泪，
美得叫人心儿醉，
美不过那黄河水……

唱着唱着，伊南的脸颊上淌出了泪。老贵不知道，伊南自小也是个孤儿，是得到爱心人士的帮助才上的大学。

警察和他的儿子

当北京那个权威医生看了小兵的病历后，告诉大军，要想治好小兵的病，必须进行肾移植，就是俗称的换肾。

那一刻，大军差点崩溃。换肾不是想换就换的，除了有钱，还得有匹配的肾源。钱，大军倒不怕，没有可以去借，甚至把房子卖了；没有肾源，大军可真是作难，说句不该说的话，就是上街去抢也得有啊。

看到大军痛苦的表情，医生建议说："孩子的直系亲属可以换肾。"

大军长叹一声，摇了摇头，说："这个办法行不通。"

两个人的谈话其实都让门外的小兵给听到了。他有一个哥哥大兵，听爸爸说，两岁的时候被人给杀害了。爸爸是个缉毒警察，得罪了不少毒贩，这也是哥哥被杀害的原因。哥哥死后，妈妈再不愿当警察的妻子，也离开了大军。小兵懂事后，就对爸爸说，他长大也要当一名警察，捉拿毒贩……若是哥哥在，换肾是不成问题的。哥哥不在了，爸爸也可以给他换肾的。为什么爸爸说不呢？难道自己有病，爸爸不爱自己了？也不像是啊，自从他得病以后，爸爸似乎比先前更爱他了，想吃什么爸爸就做什么，想去哪里玩爸爸就带他去哪里玩……为什么不给自己换肾呢？小兵想不明白，眼里的泪就一滴一滴地往下落。

庆幸的是，后来找到了肾源，小兵换肾成功。

等到小兵的身体恢复后，他离开了大军，就因为大军不愿意给他换肾。他怨恨地说，他不是大军的亲生儿子，要不，大军怎么不愿意把肾给自己一个呢?!

那天，小兵独自在一个偏僻的小饭馆喝闷酒，一个刀疤脸的中年人主动过来跟他对饮。

喝着喝着，小兵哭了。

喝着喝着，刀疤脸的眼里也涌出了泪。

小兵诧异地说："叔叔，您也有伤心事吗?"

刀疤脸哽咽道："我的孩子一岁多的时候，被一个警察骗走了。"

小兵的酒一下子醒了，吃惊地看着刀疤脸。

“那个警察的儿子死了，就把我的儿子骗走了……我的儿子到现在，也跟你一样大了。他的胸口那儿有个黑痣……”说到这里，刀疤脸趴在桌子上哭得更厉害了。

小兵的胸口那儿也有一颗黑痣！他颤抖着声音问刀疤脸：“叔叔，您还记得那个痣什么样子？”

“一颗心形的痣，我到死都不会忘记，是我的儿子，我怎会忘记呢？”刀疤脸抬起头，抹了一把脸上的泪。

小兵上前抱住了刀疤脸，叫了一声“父亲”！

刀疤脸似乎为了证实真假，特意带小兵做了亲子鉴定，结果证明他们确系父子关系。

父亲是个做生意的。小兵跟他跑了几趟后，才知道他做的是毒品生意。小兵劝他收手，说这是违法的。父亲说：“小兵，已经收不了手。包括你，即便从此不做，已经有案在身，被抓后照样坐牢。”

小兵无奈，只得死心塌地跟着父亲干。

后来，小兵才知道，父亲是老大，是毒枭。

年终的一天，父亲秘密召集各个线上的人开会之际，忽然被警察团团包围了。混战中，父亲要带小兵从暗道逃走。想不到，小兵抬手一枪打在他的手腕上，鲜血飞溅的同时，手里的枪也飞了。

“小兵，你疯了！我是你爸！”父亲忍痛叫道。

小兵说：“大军才是我爸。”

至此，刀疤脸才明白，小兵是个卧底。他还想挽回败局，说：“孩子，我做的这一切都是为了你……”

小兵冷冷地说：“哼，为了我？从小到大，你管过我吗？在我生病的时候，你管过我吗？在我需要换肾的时候，你管过我吗？”

“大军不也是没给你换肾吗？”

“大军爸爸不是我的亲生爸爸，怎么给我换？但，我的肾是一位警察叔叔给的。”

“孩子，你的亲生妈妈是大军给害的。”

“她是在逃跑过程中失足摔到山下的，不是大军爸爸害的。”

“孩子，你，你糊涂啊。”

“我不糊涂！妈妈死后你迁怒于大军爸爸，绑架了大兵哥哥并杀害了他。你被通缉后，爷爷奶奶相继去世，是大军爸爸收留了我……要不是大军爸爸，我早就饿死了。”

……

在这次行动表彰大会上，当单位领导把一等奖的荣誉奖章授予小兵时，小兵却走下台，双手把奖章给了大军！那一刻，全场响起了经久不息的掌声。

家 庙

当欧阳新现得知新来的局长跟自己一个姓时，心里边忍不住痒痒了。他翻了翻家谱，知道自己的始祖是欧阳彪，欧阳局长的始祖是欧阳万，两个始祖又是亲兄弟。这一回，欧阳新现心里更加不安分了。自己在单位多年，还在原地踏步，连个一官半职也没混上。他以为关键的原因，一是自己不善钻营，二是没有靠山。虽说跟欧阳局长一个老祖宗，这只是基础，不能凭这点关系就蹬鼻子上脸，还得下一番功夫。

欧阳局长不抽烟、不喝酒，一日三餐要么在家吃，要么在单位的小食堂吃，或者在办公室吃泡面，几乎没有光顾过外面的酒店。即便上级领导来检查工作，也是在小食堂吃的工作餐。欧阳局长喜欢安步当车，每天或步行或坐公交。单位给他安排的有公车，他很少坐。他给司机解释说，走路锻炼身体；坐公交能搜集到更多的信息，相当于到基层调研。他这样做，还减少交通压力，又能节能减排，一举多得，何乐不为？

种种迹象表明，欧阳局长似乎没有爱好。欧阳新现不死心。决定亲自去会会欧阳局长，打探一下。

这天是周末，欧阳局长值班。欧阳新现装作来单位取东西，顺便去见见欧阳局长。若在平时，人来人往，不方便。

欧阳新现进去的时候，欧阳局长掂着毛笔在挥舞。欧阳新现说：“局长，练书法呢？”

欧阳局长放下毛笔，说：“算不上书法……今天没事，练练。”

“咱欧阳家尽出人才，弘文馆学士欧阳询，先祖御史大夫欧阳绪，三个儿子，欧阳彪、欧阳万和欧阳彤，先后进士及第，留下‘兄弟连登甲，父子同为官’

的佳话，还有后来的欧阳修，包括今天的欧阳局长。”

“话可不能这样说。比起先祖，我差远喽。”欧阳局长摆了摆手。

“您孬好是个局长，我呢，狗屁不是，将来怕是无颜见老祖宗了。”欧阳新现这样说，是在套欧阳局长的话。

“路都是自己走的，只问耕耘，莫问收获，机会还是有的。”欧阳局长说到这里，话锋一转，“书法是我国的国粹，练习书法可以修身养性，还会迫使自己去学习。”

欧阳新现走到近前，看到欧阳局长写的是“别看我庙小神小，不来烧香，瞧瞧”，他心中一动，忙不露声色，跷起大拇指：“局长，这字好！”

“本家，你这是夸我呢还是损我呢？几斤几两我自己清楚。”欧阳局长洗罢手，给欧阳新现倒了一杯水。

距离一下子就近了许多，欧阳新现心里有了底，掏出随身带的一张卡，说：“局长，一点小意思。”

“你这是——”欧阳局长的眉头皱了起来。

欧阳新现没有接欧阳局长的话茬，转身去看那幅字，说：“局长，这字真好。”

欧阳局长一愣，转而哈哈大笑，说：“那我就收下，我替老祖宗谢谢你，替欧阳家的子孙谢谢你。”

这话啥意思？欧阳新现一时没想明白。不过，他心里如同吃了算盘似的，有了数。

大概是一个月后，那天也是个周日。欧阳局长约上欧阳新现，说是去一个地方看看，办点私事。欧阳新现明白，欧阳局长没把自己当外人。他便开着自己的车，带上欧阳局长，根据欧阳局长手机的导航，来到临县的欧阳村。

目的地是一座家庙，就是欧阳家的宗祠。这个地方，欧阳新现是初次来。欧阳局长对他说：“我是两个月前才知道，这里有咱欧阳家的家庙，这个村百分之八十都属欧阳姓，是欧阳彤的一支，供奉的是欧阳绪，咱的老祖宗。”

这一天是欧阳家家庙修缮后的第一次祭祖。

欧阳新现发现，他的名字也出现在功德簿上，捐助金额是两万元——他给欧阳局长那张卡也是两万元。当地欧阳族人宣称，这些善款，一部分用于家庙的维护，一部分用于奖励家族中的优秀学生以及救助那些贫困学生。

忽然，欧阳新现的眼睛瞪圆了——家庙两侧贴着一副对联：

别看我庙小神小，不来烧香，瞧瞧

哪管你官大势大，若要作恶，试试

不由自主地，在老祖宗的牌位前，欧阳新现深深埋下了头，如同做了什么见不得人的事。

不只是传说

紫琪来到村委会门口，刚好看到大伟骑着摩托车从村民家中走访回来。他的裤腿上溅满了泥巴，脸也变得黑红，冷不丁一看，就是个地道的农民。紫琪心里针扎似的疼了一下，所有的不快消失大半。

紫琪说："周末也不休息？"

大伟说："嗨，乡下哪有休息日？！"

紫琪撇了撇嘴："那是，谁让咱是第一书记。"

大伟没接她的话茬，说："紫琪，咱上鸡公山吧？"

紫琪同意了。她只听说鸡公山是个风景名胜区，还真没来过。重要的是，毕竟她跟大伟谈了两年，还是有感情基础的，好聚好散吧。

大伟来这里一年多，也没上过鸡公山。他们乘坐景区的车，直接到了山上。正是秋天，山上秋色正浓，高大的树木遮天蔽日，郁郁葱葱；矮小的灌木蓬蓬勃勃，生机旺盛；各种叫不上名字的野花也不甘寂寞，热闹地点缀在山坡上、小路旁……空气很是清新。紫琪不由地大口呼吸着，一副贪婪的样子。

大伟说："这里好吧？"

"好！"紫琪顺嘴回答道。她说罢，也觉得大伟是在套她的话，便低着头，没再吭声，专注脚下的路。

看到山上的洋房以及简介，大伟说："你瞧，当年好多外国人都相中这里了，建了不少的别墅。蒋介石和宋美龄也来这里避暑呢。"

紫琪想了想，忍不住说道："大伟，第一书记缺了你可以，我也无所谓，但是，你的父母缺了你行吗？他们都是六十多岁的人了……"

"紫琪，不就三年时间吗？"

"三年，对我来说，好像是万里长征。每次逛商场，看到别人出双入对，我心里啥滋味？去年，你的父亲大腿骨折，我跑前跑后……”说着说着，紫琪的眼泪憋不住了，终于一粒一粒滚下来。

大伟上前要去抱紫琪。紫琪转身抱住了一棵大树。

大伟说：“也行，你就只当这棵大树是我，想捶就捶，想打就打吧。”

紫琪真就拿起拳头捶打那棵树的树干——只捶打一下，便疼地龇牙咧嘴，看到大伟偷着乐，她破涕为笑，转移目标去打大伟。

大伟顺势抱住了紫琪。

紫琪趴在大伟的肩头委屈地哭起来。

来到鸡公山顶峰，大伟说：“紫琪，你知道这座山为啥叫鸡公山吗？”

紫琪说：“不就是山峰看着像一只鸡嘛？”

“你只知其一，不知其二。”接下来，大伟给紫琪讲了鸡公山的传说。

很久以前，这里住着一个叫栓柱的年轻人。有一天，他在山上砍柴，看到一只恶老雕叼着一只挣扎的小鸡。他一箭把恶老雕射下来，小鸡变成了一位美丽的姑娘——她自称金姬，其实是一只神鸡。为了感谢栓柱，金姬愿意以身相许。于是，栓柱就随金姬来到了天庭，举办了婚礼。这天，栓柱忽然听到人间有哭喊声。原来有九条长虫正在为非作歹祸害百姓。栓柱要回去救乡亲们。金姬取出一个鸡蛋递给栓柱：“你吃下这个蛋，可助你战胜九条长虫。但要记住，在凡间不可超过七天。”栓柱吞下鸡蛋，返回家乡与长虫激战。几条长虫抵挡不住，逃走了。正当栓柱腾云驾雾准备回家时，九条长虫又返了回来。栓柱就按下云头，长虫们见状，又跑了。为了乡亲们的安危，栓柱没再回去。过了七天，他变成了一只石鸡，昂首屹立在群山之间。说来也怪，那些长虫回来看到石鸡，吓得转头就走，再也不敢来了。金姬下凡寻找栓柱。当她看到鸡公山时，知道栓柱已经变成了石鸡，就在鸡公山上长哭不已，最后血泪耗尽，也变成了一只石鸡依偎在丈夫身旁。

听到最后，紫琪的鼻子也有些酸酸的。

大伟说：“紫琪，人家栓柱都能为了老百姓放弃自己的幸福，我就不能利用自己的微薄之力给这里的村民办一点事？”之前在微信上，紫琪没少劝他回去。

紫琪看着大伟，说：“大伟，我有个决定。”

大伟避开紫琪的眼睛，看着鸡公山的顶峰，说：“紫琪，你说吧，我能承受得了。”他有个预感，紫琪此行是来跟他分手的。

紫琪说：“大伟，我想来鸡公山支教。”

大伟又惊又喜：“太好了。可是，我的父母……”

“傻瓜，把老人家也接来嘛。”紫琪嗔了大伟一眼。

大伟兴奋得一下子跳起来，好像那只昂头展翅想要引颈高歌的雄鸡。

来金湖看荷花

两年时间过去，任凭晓文怎样折腾，村口的臭水塘还是没能变成“荷花淀”。

晓文大学毕业后，回到家乡当了一名大学生村官。他的家乡还较为落后，打造美丽乡村一直是他的梦想，最让他头疼的便是村口那个臭水塘。在金湖的荷花节上，晓文有了想法，要把那个臭水塘种上荷花。荷花不仅适宜观赏，还有出淤泥而不染的品质，更重要的是在荷花节上，晓文认识了一个名叫荷花的姑娘。

从金湖回来后，晓文和荷花一直在微信上交流。荷花是金湖本地人，也是一名大学生村官。两个人从相识到相知，也算是志同道合吧。从开始的三言两语，到后来的千言万语；从当初的谈工作，到后来的谈生活……有一次，晓文趁着醉酒，半开玩笑地问荷花，什么时候我才能天天看到荷花？荷花说，等到你的臭水塘变成“荷花淀”的时候。这话回答得很得体，也很暧昧，晓文跟打了鸡血似的有了劲头。他利用自己的关系，跑了一部分资金，又把自己买房的钱也添进去，改造了各家各户的排水系统，建造了垃圾处理厂、污水处理站……其间，晓文没少得到荷花的指点。晓文兴致高的时候，会涉及谈婚论嫁的问题。这个时候，荷花就沉默了。毋庸置疑，荷花对自己有那么点意思，但怎么一涉及主题就避开了呢？想不明白，晓文便不再去多想，一门心思地改造臭水塘。

现在，臭水塘不臭了，还繁衍出了鱼虾。但是，在荷花种植上难住了晓文。他没有经验，也不懂技术，他查阅了资料，比葫芦画瓢，不料想，无花也无果，败得很惨。晓文有些气馁，想放弃了。

荷花没有像往常那样给他出主意想办法，没有过多地安慰他，发过来一条微信：来金湖吧。

晓文有点喜出望外，没等他想好说什么话。荷花又发过来一句：金湖的荷花开了。

当即，晓文就订了车票，第三天便到了金湖荷花荡。

两个人并排走在高邮湖湖堤上，一边漫不经心地走着，一边欣赏着连绵成片的荷花塘。正值九月，塘里的荷花一律热闹地开放着。有的洁白如雪，有的红如玫瑰，有的黄如锦缎……五彩缤纷，让人目不暇接。荷花自豪地说："这里的荷花有五百多种，世界上所有的品种这里都有。"微风吹拂，荷叶翻卷，绿波阵阵，荷花的清香弥漫在天地间，不由得使人深呼吸，再呼吸。远远望去，"望月亭"下，聚集着不少游人，一边观荷，一边品酒、喝茶，优哉游哉，如同人间仙境……晓文逐渐从失败的阴影中走出来，心情晴朗了许多。

荷花忽然问道："晓文，我问你一个问题：一个池塘里的荷花，每一天都会以前一天的 2 倍数量在开放。如果到第 30 天，荷花开满了整个池塘。请问，第几天池塘中的荷花开了一半？"

"第 29 天。"晓文不假思索，几乎是脱口而出。

"哇！真聪明！"荷花的眼睛扑闪着，亮晶晶的。

晓文说："我是倒着推算的，第 30 天开满，前一天荷花开满了一半，所以是第 29 天。"

荷花点点头，颇有感触地说："联想到我们人生，你会发现，很多人的一生就像池塘里的荷花，一开始用力地开，拼命地开……但渐渐地，他们开始感到枯燥、厌烦，可能在第 29 天的时候放弃了坚持。他们不知道，这个时候的放弃，往往离成功只有一步之遥。"

晓文的脸一下子红了，他嗫嚅道："荷花，不要再说了，我会坚持的。"说罢，连晓文都觉得自己的话苍白无力，没有底气。

荷花话题一转，说："晓文，你知道我的名字为啥叫荷花吗？"

晓文摇摇头，心里有点怨恨荷花，关于种植荷花，是组织村里人外出参加培训还是请高手指导，下一步怎么办，还有，他们的关系往哪方面发展，这才是他想听的话题。没容他多想，便被荷花的故事吸引了。

荷花两岁的时候，父母出车祸去世，她跟着爷爷奶奶生活。爷爷没有别的手艺，为了养活祖孙三人，就在门前的水塘种植荷藕。荷藕全身都是宝，藕、莲蓬既可当食物，又可当水果；荷叶不但是多道名菜的佐餐配料，又是食品包装的"保鲜袋"……她是吃着荷藕长大的，到了上学报名的时候，"荷花"便成了她的名字。说到这里，荷花动情地说："奶奶五年前去世了。爷爷今年 78 岁，身体还算硬朗。将来我要嫁人，爷爷便是我的'嫁妆'。"话音刚落，荷花察觉说漏了嘴，抿嘴一笑，跑远了。

晓文忽然间什么都明白了，迈开大步去追荷花："荷花！荷花！"

我在海上桥等你

小玉和晓明两人的关系不远不近，还不属于恋爱中的男女，说是同学吧，比同学更近一层，若真要掰扯，朋友更准确一些。因此，大学毕业的时候，两人都说要回自己的家乡，他们并未有藕断丝连的伤感，除了祝福，还是祝福。晓明知道，小玉的老家临着丹江口水库，她的父母在一场车祸中去世了，家中还有一个七十多岁的老奶奶，小玉不能不管。晓明呢，老家还是他记事时的样子，他想回去尽自己所能改变一下。子不嫌母丑，狗不嫌家穷，一样的道理。

两人天各一方，但彼此关注着对方的朋友圈，有时点个赞，有时送个祝福，说明至少相互惦记着。

忽然有一天，晓明从小玉的朋友圈得知，她要搬家了，因为南水北调，丹江口水库要扩容。他就跟了个评论：搬了好啊，起码生活上方便多了。小玉回复：故土难舍。晓明不知道如何安慰小玉，便没再跟帖。

接连半个月，小玉的朋友圈晒出的都是奶奶不愿搬家的忧愁。

小玉，我在海上桥等你，来吧！晓明通过微信给小玉发出了邀请函。他想让小玉过来散散心。多余的想法他不敢奢望，他知道，现在的女孩子都比较现实，何况她家里还有一个老奶奶呢。

小玉答应了。

等小玉来到海上桥，看到那些古老的房子，环绕村落的山丘，有些失望了。她说："晓明，说实话，我来这里，多半是冲'海上桥'来的。海上桥，名字很有诗意，没想到是个山沟沟。"

晓明略含歉意地说："小玉，俺老乡杜甫，有一次来这里摘酸枣，那天刚好云雾缭绕，彩虹飞架，便以云作'海'、以虹为'桥'，作了首'海上桥'的诗，可惜诗作遗失了。"

"你就吹吧你。"话虽如此，小玉的脸还是由多云转为晴天。

及见到那块有些年头的石碑，小玉才明白，"海上桥"的名字源于明万历年间，至今已有四百多年的历史。村西边有一山泉，终年不涸。传说这眼泉和大海相通，人称“海眼”。泉水聚成一潭碧水，隔断了南岭北沟乡亲们的来往，大伙儿便在碧潭之上垒石、搭木建桥，因而得名“海上桥”。

总之，“海上桥”不是晓明杜撰的。至此，小玉的脸上出现了太阳。本来，她打算在海上桥逗留几天再走，然而，接下来的几天，让她改变了初衷。

那些老旧的房子深深吸引了小玉，经历了上百年的土墙，虽然有了裂缝，依然结实牢固；门头上的木雕，尽管色彩脱落，依然情趣盎然；有的房子只有半面房顶，好似房子从屋脊处被劈了一半，因为另一面是邻居家的宅基；有的纵然破旧，却走出了闻名世界的教育家王广亚，改变了当地没有大学的历史；有的房子看似不起眼，却诞生了中医世家王正传、王心箴父子，曾以偏方治好了袁世凯儿子的病……让小玉感兴趣的是紧邻“七”字路口的那个墙角，那个墙角打破传统的直上直下的棱角形状，中间一段设置成凹槽的形式。晓明让小玉猜猜看当初匠人的设计原理。小玉想了半天，摇摇头。晓明说：“这里临着道路，处在拐弯抹角的地方，搬运东西除了肩挑，还要推独轮车，甚至两人抬，乃至多人抬，一旦走到这个狭窄的地方，这个凹槽便减少了一下阻碍，能进能退，有个回旋的余地。即便老年人和小孩走路，也不至于被尖尖的棱角剐蹭……这就是俺海上桥的‘拐弯抹角’，上不让天，下不让地，中间让人。”

闻听晓明这番话，小玉深深叹息了一声。

看着静谧舒适的村庄、错落有致的房舍、曲径通幽的石头路，晓明的眼神频频放电：“我回来这两年，一直在挖掘海上桥的这些历史和文化，帮助政府申报传统古村落，打造……”

小玉的眼神也触电似的亮起来，她打断晓明的话，说：“晓明，本姑娘决定不走了。”

“你奶奶呢？她怎么办？”

“我已经把海上桥的面貌视频给了奶奶。你猜她老人家怎么说？”

“怎么说？”

“奶奶说孙女，这地方好，我也喜欢。所以，我要扎根海上桥！”

晓明不错眼珠地盯着小玉，好像不认识似的。

“我不但爱上了海上桥，还爱上了一个人……”小玉的话没说完，便“格格”笑着，转身跑远了。

晓明回过神来，迈开大步追过去。

后来，小玉的奶奶也来到了海上桥。老人家说：“这地儿好，有家的味道。不，就是电视上说的乡愁。”

白天鹅

初冬时节，空气已经有些凛冽，湿地公园游人并不少。赖兵知道，大家跟他一样，都是来观看白天鹅的。远远望去，整个水面铺着一个个洁白的精灵，有的在悠闲散步，有的在独自嬉戏；那些成双成对的，或交颈亲热，或展示着优雅的双人舞，或依偎着一动不动，似乎在说着悄悄话……赖兵无意识转了一下头，他的眼睛蓦然睁大了——小娥，他的高中同学。小娥似乎感觉到了他热辣的目光，也把目光从白天鹅身上收回，认出了他。

"小娥。"赖兵惊喜地叫道。

小娥也是一脸的惊讶："赖兵。"

通过进一步了解，赖兵得知小娥在当地一家银行工作，目前还是单身。赖兵记得小娥跟自己同岁，二十八了。一时间，赖兵心里热乎乎的，有了想法。

看着远处的白天鹅，赖兵故作自言自语道："真美。"事实上，他赞美的是小娥。

小娥好像知道他话里的意思，忙说："是的，这些白天鹅真美。"

忽然，赖兵发现小娥瑟缩着身子，肩膀在微微地颤抖。难道她察觉到了自己的想法，害怕了？话又说回来，即便知道他的心思，又有什么好害怕的呢？光天化日之下，他还能非礼她？真是的。

小娥说："来看白天鹅，不能穿鲜艳的衣服，我只有一件红色的羽绒服，没穿。"

穿鲜艳的衣服会惊扰了白天鹅，这点常识赖兵也知道。他松了口气，知道该怎么引出话题了。他说："这里比西伯利亚的气温要高，白天鹅是来咱这里过冬的。所以说，三门峡是白天鹅避寒的港湾。"

小娥点点头。

赖兵的下一句话就是"我的怀抱就是你的港湾"，话到嘴边又缩回去了，他知道还没到说这话的程度。他脱下自己的风衣，想给小娥披上。小娥一边拒绝一边借口走开了。

后来，赖兵托人去求婚，得到的回话有点绝情，类似“癞蛤蟆想吃天鹅肉”。

这话让赖兵很受伤。再想想，也不怪小娥，因为自己没房、没车、没钱，在一家企业打工，没个体面的工作。在当下这个社会，人都现实。若换成自己，也会这样。

“癞蛤蟆想吃天鹅肉”，这句话萦绕在赖兵心头，久久不去。忽然有一天，赖兵由郁闷变得开心了。他从企业辞职，贷了一笔款，经过相关部门的批准，办理了《特种养殖许可证》，开始养殖白天鹅。

短短三年时间，从最初的几十只到后来的上百只，再由上百只到近千只。消息传出后，全国各地的动物园和一些湿地公园纷纷前来购买。不管怎么说，赖兵养殖白天鹅成功了。有了钱，房子也有了，车子也有了，赖兵再也不是当初那个“癞蛤蟆”了。

赖兵还是单身，就有不少女孩子动了心思。这时候，赖兵打听到小娥还是单身，原有的想法就又溜了出来。

两人见面的地方还是在三门峡湿地公园。当时是秋天，还没到过冬的时节，白天鹅没有飞来。树上深绿的叶子浓密浓密的，把阳光都接住了，只有点滴的光亮漏下来。坐在林荫道的椅子上，两个人有一搭没一打地说着话。

小娥说：“赖兵，能不能给我一只白天鹅？”

赖兵奇怪地看着小娥，心说只要嫁给我，我的白天鹅还不都是你的？

小娥说：“我，我爷爷想吃天鹅肉。”

“不行。”

“我可以给钱。”

“给钱也不行。”

“我给你高于市场的价格。”

赖兵耐心解释道：“小娥，这不是钱不钱的问题，白天鹅是国家保护动物，尽管是我喂养的。”

小娥瞥了赖兵一眼，抿着嘴笑了。

赖兵这才明白，小娥是在考验她，虽然心里有点不舒服，还是挺高兴的，说明小娥还是很在乎自己。

看着远处波光粼粼的水面，小娥说：“赖兵，听说湿地公园打算收购你的白天鹅，你为何不卖呢？难道是嫌他们给的价格低？”

“燕雀焉知鸿鹄之志哉。”赖兵狡黠一笑。

小娥盯着赖兵，眼光里充满了疑问。

赖兵说："我打算捐给湿地公园一批，给咱'天鹅之城'做点贡献。"

小娥惊讶地看着赖兵，好像不相信他说的话。

赖兵说："我想在一个特殊的日子举办捐赠仪式。"

"什么特殊的日子？"

"在我订婚的那天……不知道人家同意不同意。"赖兵盯着小娥，眼光火辣辣的，像是在放电。

小娥愣怔了一下，然后"咯咯"笑着跑远了。赖兵心里松了口气，他知道，"癞蛤蟆"终于吃到了"天鹅肉"。

年 画

地方志载：道光二十三年六月，特大洪水，河决中牟，大溜趋朱仙镇，经通许、扶沟、太康入涡会淮。朱仙镇受灾严重，贾鲁村再次遭淤……开封护城墙外灾亦重，数十里田舍淹没，境中沃壤变成沙卤之地。

这一段讲述的便是黄河决堤之灾。道光皇帝下令堵口，但经费严重不足，圣旨又不能违抗，这就让河道总督朱襄很是为难，没有银子，堤坝修复、灾后重建等诸多问题解决不了，最终朱襄以"失职渎职、办事不力"被撤职查办。慧成接任了总督职务。明知这差事是烫手山芋，慧成还得"谢主隆恩"，愉快接受。慧成去的时候是九月份，堵口任务正处在关键时期，还有每日四五万军民的生活费用，这些实实在在的问题都摆在慧成面前。他知道，伸手向朝廷要钱，那是没指望，只有从下边想办法——他召集河南各府县乡绅协商。名义是"协商"，实际有"摊派"的意思。当时，河洛康家来的代表是康道平。慧成已经打听清楚了，康家不仅在河洛地区，而且在整个中原一带都是首屈一指的富商。他见康道平年纪尚轻，不觉皱了皱眉头，说："老掌柜怎么没来？"康道平忙说："回大人的话，老父年逾古稀，身体欠安，不能亲自前来。"慧成拈着胡须"嗯"了一声，不卑不亢地说："本官这就派专员去巩县看望老掌柜。"

康道平是康应魁的二儿子，已经接任康家的大小事情。他忙对慧成说："大人，在下这次带了15万斤粮食，20万布匹，50万两银子。"

慧成不觉一怔，他听说河洛康家识时务，今日一见果然如此，只是这次缺口太大，康家这点捐赠根本不够。

康道平看到慧成眉头不展，忙又说道："大人，在下来时，老父亲已经交代过了，如果还需要康家帮忙，尽管开口。"

慧成盯着康道平，心说难道康家还有保留，没有竭尽全力？

康道平似乎知道慧成的心思，说："大人，康家虽然能力有限，但可以再挤兑出 80 万两银子，同时还可以说服跟康家有生意来往的合作伙伴，如山东的阮家，千儿八百万不敢说，百儿八十万还是有保证的。"

"如此甚好，本官替朝廷谢谢康家，替十万河工谢谢康家。"慧成躬身施礼，感激不尽。

在场的那些大户人家，看到康家的少掌柜如此慷慨，也都纷纷表态，有的捐 8 万斤粮食，有的捐 10 万两银子……同时，通过康家从中运作，山东阮家也捐了 60 万两银子。

河道工程竣工后，慧成特意到巩县康店拜访了康家老掌柜康应魁。

一番寒暄之后，慧成说："老掌柜，这次修筑堤防，康家功不可没。直说吧，有什么要求，尽管说，本官解决不了的，上奏朝廷。"

"谢谢大人！"康应魁拱手连连，接着说道，"老朽什么都不缺，如果想当官，早就捐（官）了。银子吧，一日三餐一张床，不求奢华，也够花。"

"那您为何还要捐款捐物？"慧成不解地问道。

康应魁淡淡一笑，说："文人出仕，修身齐家治国平天下；商人赚钱，修身治家助国平天下。"

慧成似有所悟。

康应魁继续说道："无钱赚钱，有钱用钱，自己用，社会用，国家用，用完再赚嘛，不就是这个理儿？再说，黄河治理好了，康家的船跑起来更顺溜。"

康应魁话虽这样说，慧成心里边依然觉得有愧于康家。

回到开封，正值岁末腊月，年货已经陆续上市了，其中就有年画。那些年画内容广泛，各类武将门神、灶爷、财神、观音、八仙、寿星、戏曲人物、耕织农作、民间传说、历史故事、花卉动物、仕女、娃娃、风光景色等应有尽有。慧成也知道，年画寄托了人们对风调雨顺、农事丰收、家宅安泰、人马平安等祈福迎财、驱灾避邪的愿望。他忽然发现，这些年画中更多的是财神。他心中一动，忙着人请来雕刻年画的画师鹤年。

鹤年一辈子都在作坊画年画，从未跟官府打过交道，见了慧成，战战兢兢，请安的话都不会说。

慧成笑了笑，打消鹤年的顾虑，说："本官问你，为何年画多为财神？"

鹤年说："大人，俗话讲，财神年画到家，财神年年到家。家家户户都希望财神到家，都渴望过上好日子，所以，为了迎合众人的心理，财神年画就多一些。"

"财神是谁？"

"赵公明。"

"有这个人物吗？"

"大人，您英明。在历史上，没有姜子牙封神这回事，也不存在赵公明这个人。"

慧成说："既然赵公明是子虚乌有的，本官想请你画活财神，可否愿意？"

"大人吩咐的，小人不敢不从。活财神？谁？"

"明代的沈万三，当朝的康百万、阮子兰。"

"都听说过……大人高见，这些活财神更能给人以希望，起到激励奋发的作用。"

从此，康百万走进了年画中。

如今，康百万庄园主宅区的一孔窑洞里还悬挂着一幅木版年画，据说是前几年从周庄淘来的。上边刻着三个人物，分别是沈万三、康百万、阮子兰，还有"河南康百万打渔在江边打的多合少堆得如太山"的字样。

第二辑

鲤鱼溪

晒　秋

明天就是重阳节了。下午训练结束的时候，接到上级通知，说明天“晒秋”。春来给搞糊涂了。部队没有种庄稼，“晒”什么“秋”呢？

对于“晒秋”，春来并不陌生。“晒秋”是一种山区农民的生活方式和场景风俗，由于山区地势复杂，村庄平地极少，村民选择在阳光晴好的时候，利用房前屋后及自家窗台屋顶架晒、晾晒、挂晒农作物，久而久之便演变成一种传统农俗现象，成了农家欢庆丰收的盛典。在春来老家，每到重阳节，家家户户就会把秋天收获的玉米、大豆之类的玩意儿弄出来晾晒，其实也有炫耀的意思在里边。“晒秋”的时间一般是在重阳节前后，天高气爽，适宜晾晒，所以重阳节又叫晒秋节。

队长告诉春来，就是检阅大家的训练结果。队长还说，如果合格，春来他们就会正式编入特种部队。

夜已经深了，听着战友们的呼吸声，磨牙的声音，打呼噜的声音，还有梦中的呢喃，春来数了几十头羊也进入不了梦乡。为期三年的训练，过电影般在春来的脑海中显现。

北方的冬天，气温在零下十几摄氏度，西北风像小刀子一般锋利，刮得脸蛋生疼。凌晨五点半，背上二十公斤的重物开始跑步，五公里下来，浑身上下湿漉漉的，像是从水里出来一样。当然，这仅仅是每天训练的序幕，接下来还有挂钩梯、穿越铁丝网三百趟，等等。记得刚开始训练的那段时间，累得春来晚上尿了床，一时成为笑谈。

夏天也是不容易熬的，平举着八一式突击步枪，枪管上吊着一块砖头，一动不动在烈日下暴晒两个小时。仅一天，春来的皮肤就晒脱了皮，像是非洲人一样，黑黝黝的。以至于许多天，春来都不敢照镜子。为了练习忍耐力，会抓来蚂蚁放到脸上爬，甚至专门钻到野外的臭水沟里，让蚊虫叮咬。一个晚上下来，脸上全是红肿的疙瘩。那种痒疼的感觉，春来每每想起来，都会下意识地哆嗦。

特种兵也有军姿的训练，背十字架，后脖领夹扑克，左右脖领扎大头针，头顶大瓷碗，让脖颈、肩膀、腰背保持挺拔，形成一道直线，一站就是三四个小时。为了让双腿间没有缝隙，春来在睡觉时，用背包绳把自己的双腿捆起来。为了做到一出脚，脚尖就自然绷直，春来就跪在地上，脚面贴住地面，下腰，直至头着地……那种滋味，难受，常人真的无法理解和体会。

每天还有倒功的训练，就是高高向后跃起一米五，用背重重地砸向水泥地。头一天练习，春来晚上背都不能沾床，都是趴着睡觉。春来是按照狙击手培养的，为了让双目炯炯有神，在训练中会迎着太阳练眼神，连续两分钟不眨眼才算过了这一关。刚开始，春来不明白。队长说，一旦出现情况，如果眨一下眼睛，就有可能失去最佳射击时间。

对春来来说，最难的是野外生存训练，带上三天的食物在野外生存一星期，背上枪支弹药和生存用品，途中还要执行上级准备的突围、反突围、侦察敌情、攀登悬崖等演习任务。第一次吃生老鼠时，春来闭着眼睛，吃一口吐一口，肠子差点给吐出来……春来心里清楚，是特种兵就得什么都不怕，什么困难都能克服，是特种兵就得有"上天是雄鹰，下海如蛟龙，入地似猛虎"的本事。

明天都有哪些首长来？我能过关吗？兴奋，自豪，期许，害怕，担心……各种情绪混杂交织在一起，春来只盼着天快快亮起来。

春来似乎迷糊了一会儿，天就亮了。

到了训练场，春来扫了一眼，看到指挥台那里坐了不少人。他不敢分心，忙收回目光，心里既紧张又激动。口令开始后，春来紧握手中枪，抬头、挺胸、收腹，两腿笔直，目视前方，纹丝不动。看到队列侧前方的指挥旗发出命令，开始抬腿走正步。

因为走正步体现不出特种兵的本领，正步结束后，根据每个人的特长逐个进行技能展示。自然，春来的项目是射击，在幕布墙上随意找出五个位置，让春来辨认后，再用一块布把整个幕布墙遮挡起来，让春来从三百米外射击，就是"盲射"，全凭记忆寻找目标。好在前面三个目标都被春来一一命中。不料想，队长临时加大了难度，现场释放烟幕弹，让春来射击其余两个。春来心里恼火也没办法，将来在战场上，战况也是瞬息万变的，他凝神静气，凭着刚才的瞬时记忆，瞄准，射击，中了，春来的心落到了半空；再瞄准，射击，又中了，春来的心放了下来。

等到指挥台那里响起密集的掌声，春来才回过神来。

"同志们好！"

春来和战友们刚要喊"首长辛苦了"，忽然间一个个大张着嘴巴，半天没合拢。春来看清楚了，他的爹娘就在其中，其他人，除了部队的几位领导，也都是战友们的父母！泪水一下子弥漫了春来的眼睛，当兵三年多来从未流过眼泪的他，哭了。队长呜咽得更厉害，他整整六年没有回家了。

到了第二年，春来参加了在朱日和举行的“沙场秋点兵”。

迷　路

保民处理罢手头的事务，走出单位的大门，才发觉夜幕已经降临，漫天飞舞着雪花，悄没声息，却又洋洋洒洒，地上已经积了厚厚的一层雪。糟了！他暗叫一声，忙加快了步伐。摩托车是骑不成了，只好步行。往日，家里的老娘都是妻子照顾，妻子今天回娘家了，临出门还再三交代，让他准点下班，回家伺候老娘。老娘患有阿尔茨海默病，俗称的老年痴呆，整日傻傻地坐在家里，有时候，连儿子儿媳都不认识。有几次，保民想把老娘送到养老院，一直不忍心。

有一个小上坡，一辆面包车努力地放着屁，车轮还在原地打转。保民忙走过去，用肩膀在后边顶着车厢，司机配合加油门，车颤抖了两下，不情愿地上路了。路过街边的饺子馆，他要了八两饺子，这是老娘最爱吃的，担心饺子凉了，他便把装饺子的食品盒裹到自己怀里。拐过街角，聚拢了三四个人，一个小孩子哇哇地哭着。出于职业的习惯，保民踅了过去，原来是一个两岁左右的小男孩迷路了。小男孩说话还不是十分清楚，不知道家在哪里，说不出父母的姓名。几个路人也爱莫能助，正要拨打 110 呢，恰巧遇到保民。保民忙蹲下身子安慰小男孩：“小朋友，不要怕，警察叔叔帮你找爸爸妈妈，给你送回家。”看了看保民，小男孩扑过来，居然不哭了。有警察在，热心的路人也都各自散去。

保民把小男孩带到路边店铺的门口——那里雪打不着，他拂去小男孩头上和肩膀上的雪，打开食品盒，喂小男孩吃了几个饺子。小男孩安静了许多。保民问他的爸爸叫什么。他口齿不清地说：“宏福，宏福。”保民一边给值班人员打电话，让他们查询辖区有没有叫“宏福”以及与之谐音相同的居民，一边与街上巡逻的同事联系，让他们赶过来帮忙——他得回家，老娘让他不放心啊。很快，值班人员的信息传了过来，他们查询了辖区所有的“宏福”，遗憾的是都比对不上。幸好，巡逻的同事也赶了过来。保民把小男孩交给同事，往家的方向赶去。

街边冒出一柄大伞，一个中年汉子瑟缩着膀子，袖着双手，依偎着烤红薯的炉子，茫然地瞅着过往的车辆和匆匆而过的行人。那一刻，保民脑洞大开，小男孩说的是不是“红薯”？他的爸爸是不是烤红薯的？世上的事情就这么巧——小男孩的爸爸正是这个烤红薯的中年汉子。小男孩趁妈妈歪在沙发上迷糊的时候，溜出家门找爸爸，不成想迷路了……

进了楼道，保民几乎是奔跑的速度。推开虚掩的门，屋子里黑乎乎的，“妈，妈”，他连叫了两声，同时打开了照明，客厅没有人！保民把饭盒从怀里抽出来，风一样在各个角落寻找，厨房没有，厕所没有，卧室没有……老娘会去哪里呢？往常，老娘偶尔有过单独出去的情况，都是在门口附近转悠，二百米都不超过。保民从家里出来，在胡同口那儿焦急地张望，除了飞舞的雪花，哪里有人的影子？“妈，妈。”他一边叫一边往东走。走出一段距离，再折回来，一边喊着妈，一边两眼探照灯似的四下打探。到最后，保民的叫声中都带着哭腔。他真的有点绝望了！这样的老人迷路，肯定是回不来的。

忽然，110 微信群里蹦出个信息，一个精神不太正常的老太太守候在小太阳幼儿园门口，说要接他的儿子。

保民撒腿往小太阳幼儿园门口跑去。好在积雪过后，没有上冻，路不是那么滑溜。

在小太阳幼儿园门口徘徊的正是保民的妈妈，老人家顶着一头雪，正在跟幼儿园看门的师傅较真：“我要接我儿子，我要接我儿子。”遇到这样一个痴呆的老人，看门的师傅哭笑不得，却也没有招数。

“妈，妈，我在这里呢。”保民叫着跑了过去。这一刻，他眼里的泪不由自主地汹涌而出——他小时候，就是在小太阳幼儿园上的。每一次，都是妈接送。

看到保民，老太太咧开嘴巴，笑了。

玉 米

早晨四五点，天空的脸还没洗干净，老贵就已经挑着一担水到了地头。他不敢歇息，提溜着水桶来到田里。玉米已经有五六片叶子了，他看了看，都比昨天多了一片，昨天是四片的，今天五片；昨天五片的，今天六片……他把水瓢对准玉米的根部，缓慢地浇着——如果浇得快了，水流就会把玉米根部那儿的土冲跑了；如果浇得过猛，容易把土溅起来糊到玉米的叶子上。水遇到土壤，转瞬即逝，但还是留下了湿漉漉的蛛丝马迹。水流“滋滋”的声音，在老贵听起来，是那么的美妙，那么的入耳……水塘距离玉米地不远，老贵差不多挑了三四十担水，等到7584棵玉米全部浇完，日头刚好爬到东山嘴那儿了。老贵一屁股蹲到地头，手掌胡乱擦了一把脸上的汗水，掏出旱烟袋，挖了一锅烟，点上火，很享受地滋溜起来。给玉米浇水，就得趁日头睡觉那会儿，要不，日头晒着，再去浇水，玉米会受不了。

五年前当地政府分地的时候，老贵抢先要了这块地。这里是中越边境，当年的战争曾遗留了大量的地雷，部队排除雷后再把土地交给政府。其实不用抢，这年头根本没人愿意种地。政府把其他几块没有人要的地都种上了树。这块地有九分六厘，老贵用脚步丈量了无数次。他接管后，有人劝他种果树，他说还是庄稼顺手，他种了一辈子的庄稼，有经验；有人让他种药材，说药材值钱，他说一个人花不了多少钱，要那也没有用。有了这块地，老贵就把原先的责任田转让给了邻居。他说土埋到脖子那儿了，顾不了那么多。也是，老伴病逝多年，他今年58，人生已经开始走下坡路了。这块地到手后，老贵拿上镢头深耕了一遍，捡出里面的石头什么的，然后施一遍农家肥，当年就种上了玉米。

有了水分的滋润，玉米苗在日头的照射下，尽情地舒展着身子，茁壮，精神。看着一棵棵玉米苗，老贵的脸上溢满了笑容，那眼神，那表情，好像那些玉米苗就是他的孩子。日头越爬越高了，空气中有着明显的燥热。老贵喜欢这样的天气，有墒，玉米就长得格外快。老贵下意识地抽了一下鼻子，似乎闻到了玉米成熟的馨香。

这时候，二宝带着大全过来了。这两人老贵不陌生。二宝是村主任，大全也是本村人，如今在城里盖房子，是个大老板。

二宝说：“贵叔，跟您商量个事。”

大全掏出一根烟递过去，老贵下意识地接过。

“就是这块地的事。”二宝迟疑了一下，说出了口。

老贵盯着大全：“你也想要？”

大全点点头。

“没门！”老贵把手里那根纸烟甩了。去年，村里有人要用这块地当墓地，给多少补偿老贵都没答应。

大全又掏出一根烟递过去，说："贵叔，你要多少补偿都中。"

老贵没有接大全手里的烟，指着地里的玉米说，说："你得先问问它们答应不答应！"

二宝说："贵叔，若是玉米知道，也会答应的。"

"二宝你啥意思？"老贵一时给搞糊涂了。

二宝说："贵叔，我知道您对这块地的感情，但你也得想想村里那些孩子们，跑到十几里外的镇里上学，刮风下雨，孩子不受罪？一年要穿坏好几双鞋子呢。"

老贵梗了一下脖子，说："我不是把每年卖玉米的钱都捐给了那些孩子们，让他们买鞋……"

大全有点哭笑不得，说："贵叔，我在村里建个小学岂不更好？"

"啥？建学校？"老贵懵了。

"人家大全要无偿给村里建个小学，就打算在这块地上建！"二宝补充道。

"真的？"老贵似乎不相信。

几乎同时，二宝和大全点了点头。

那些玉米苗随风摆动，不知道是拒绝还是同意。老贵一脸的难色。

大全说："贵叔，不急，等您收了这季玉米再说。"

这还差不多。老贵的脸像雨后的彩虹，亮丽而有色彩。

一年后，一所崭新的学校建成了，学校的名字就叫"玉米小学"。老贵的儿子叫玉米，是一名军人，早在六年前因为排查学校这块地上的雷时，发生了意外。

山伯进城

山伯这辈子，去过一次县城，唯一的一次。

那天早上，跟往常一样，鸡叫第四遍的时候，山伯就起床了。一般情况下，张牙舞爪洗下脸，咕咕咚咚灌一碗水，一边啃着干硬的馍一边就下地了。做好庄稼人，必须起得跟鸡一样早，何况眼下是收麦的时节。山伯一边往外走一边说："今个儿到县城一趟。"在灶台前忙碌的山娘愣了一下，撵出门外，瞅着山伯朦胧的轮廓，嘟囔道："麦还没割完呢。"

"丢不了。"山伯头也不回，闷声闷气地丢过来一句。

"麦都焦了，腰子捆不住。"山娘还不死心。紧种庄稼，消停买卖。庄稼人，土地就是他们的命。

"值个啥?!"山伯走得执着、匆忙。

山娘又叫道："你没进过城，认识路?"

"鼻子下边就是路!"山伯的话硬硬的，不容置疑。

在山娘面前，山伯的决定向来就是圣旨。望着山伯的身影消失在弯弯的山道上，山娘轻轻叹息一声。昨夜里他就烙饼似的翻来覆去没睡踏实，有啥关紧事?咋不吱声呢?去城里干啥?城里跟他们唯一有牵连的就是他们的儿子山子。

两年前，也就是1987年，县里建铝厂，在全县范围内物色工人，山子有幸被选中。上班第一天，山子要赶镇里的班车，天不亮就上路了。山伯提出送他一程，他不同意。山伯执意要送，他也没再坚持。山子前边走，山伯后边跟。黑乎乎的夜里，只有父子两人沉重的脚步声。山子有意加快步伐想甩掉山伯，但山伯走夜路比山子强，始终保持着不远不近的距离。整整走了四十分钟的路，山子没跟山伯说一句话。车来了，山伯也跟着上了车。山子说："你要去，我就不去了。"山伯这才下了车。过后，山伯跟山娘絮叨这件事。山娘说："山子都二十了，你想着还是孩子?"山伯说："他再大，在爹娘眼里，永远是孩子。"山娘埋怨说："你多大了?七十多的人了，也不想想自个。""我再大，也是他爹。"山伯嘿嘿一笑。山娘心里清楚，他是为山子高兴——铝厂就给了村里一个名额，唯有山子通过了考试。按照惯例，昨天是山子休班的时间，该回家一趟。结果，山子没有回来，难道是因为这个?听山子说，县铝厂不在县城，在县城边上的一个乡。他要上班，先步行几十里山路到镇上，然后坐车到县城，再从县城坐上开往那个乡的公共汽车，到达途中的一个小站，步行十多分钟才到单位。农闲时节，老头子曾想带着她到山子工作的地方看看，一想到这么复杂的线路，就打了退堂鼓。他今天是咋了?真的是去找山子?他会不会迷路?山娘的心思乱七八糟了一天，割麦也不认真，不住地往山头上瞄。

后半晌的时候，山子回来了，一个人。山娘诧异地问："没见到你伯?"山娘说的"伯"就是山伯。在山里边，一般称呼父亲为"伯"，也有叫"叔""爹"的。山子一愣，不高兴地说："他去干啥?我没见。"看到山子的反应，山娘哼哼唧唧的，不敢多说。山子说："他啥时间去的？"山娘说："一大早就去了。"山子黑着脸说："我一大早就从厂里回来了。真是的，不嫌丢人！"山娘想数叨儿子两句，张了张嘴还是把话咽了回去。她心里明白，老伴弯腰驼背，走路不利索，形象不雅观，山子是嫌弃他到单位给他丢脸了。

等到了天黑，山伯才一身疲惫地回来。看到山子，他不自然地一笑，低眉顺眼地说，我摸到你们厂，他们说你回家来了。

看到山伯蓬头垢面的样子，穿的衣服也分辨不出了颜色，山子的火气一下子上来了，气呼呼地说，你去干啥？没事就不能在家歇着？

山娘不满地瞅了山子一眼。

山伯嗫嚅着说，昨个儿我听说310公路上发生了车祸，一辆货车撞上了一辆公共汽车，死伤了好几个人……我怕你回家搭乘那辆公共汽车……吓得我一夜没睡。没事就好。

山娘这才知道老头子去找山子的真正原委，瞪了山伯一眼。事后，山伯对她说，给你说了有啥用？让你也跟着担心？

结尾一：多年后，山伯已经去世，山子将山娘接到城里。山娘总会在夜晚看着山伯的照片出神，而山子总是埋怨自己当初没有早点接山伯进城，现在连弥补的机会都没有了。每到此时，山娘都会说同样的一句话："我进城，就是你伯也进城了。"

结尾二：多年后，等到山子理解到父母那满满的爱、暖暖的爱时，这时候，别说孝顺他们，连对他们说声对不起的机会都没有了，因为他们已经藏在了坟里边，似乎依然害怕年少不懂事的山子。

真不想脱贫

听说月亮湾村脱贫了，我瞅个星期天，决定实地走访一下。我算了算，张蕾大学毕业刚参加工作，就下来当驻村第一书记，已经四年了。如果月亮湾村能够脱贫摘帽，张蕾就可以打道回府。她是签订了"军令状"的，不脱贫摘帽，不能回城。

我打算到老福家看一看。如果老福脱了贫，那么月亮湾村应该都OK了。老福是村里的老大难，一直拖着月亮湾村致富奔小康的后腿。

老福的父母双双因病去世，因病致贫，他五十多了还没成家，便破罐子破摔，成了村里有名的懒汉，说句不当说的，混成了茅子的石头——又臭又硬。当年我曾帮扶过他，头一次去时，看到他家里真像大水冲过一样，估计老鼠都不过夜，家徒四壁，连台电视机都没有。我回来没多久，就去旧货市场给他买了电视、沙发等家具家电。再去时，他已经把电视机卖给收破烂的了。后来，我用自己的工资给他买了两头波尔山品种羊。隔了五天，村主任老贵说，老福已经把羊给赶到集上换成了油盐。我决定不再在物质上资助他，又破了半个月工资给他购买了西瓜种子。我担心他把西瓜种子当零食吃了，和村主任老贵一道帮他把种子种下，叮嘱他除草、打药等注意事项。到了秋天，我赶到老福的瓜地，真算是开了眼界，瓜田里的草茂密得能撵出兔子来，偶见草丛间牵扯的瓜藤。我来回走了几趟，终于找到了两个跟小孩儿拳头大小的西瓜蛋，让人看了想掉泪……如果让我来形容老福的话，一个歇后语最恰当不过：石头放在鸡蛋里——混蛋。恰巧这时候，张蕾来了，我才得以脱身。

河洛地方邪，光说不敢嘶。说的是你念叨那个人的时候，那个人就会出现，所以只能念叨好处，不能说别人的不是。就在我刚要出门，老福闯了进来。我怔了一下。老福真是变了，胡子剃得溜光，身上穿得干净清爽，跟几年前相比，年轻了许多。我说："老福，听说你脱贫了？乡里准备给你摘帽呢！"

听我这么一说，老福慌乱地摆着手，说："叶书记，我不想脱贫！"

莫不是狗改不了吃屎？我暗暗吃了一惊。难道老贵和张蕾给我的信息有误？

"今年西瓜卖了多少钱？"我知道老福承包了十亩地，全部种上了西瓜。不说往年，只要今年纯收入达到4000元，就算脱贫了。我给老福接了一杯水递过去。今年没有大风，没有冰雹，应该说是风调雨顺，不会出现意外。我想套套他的话，给他算算账。

谁知道，老福比山里的猴还精。他接过水，咕咚喝了两口，狡黠一笑，说："叶书记，今年没卖上钱！不信，咱算算？"

"好。有头发不要装秃子！"我想听听他怎么狡辩。

老福一下子精神起来，神采飞扬地说："10亩地，西瓜种苗8000（元）。土地租金6000（元），肥料农药7000（元），农膜、水电、燃料等各种杂费，加起来有1万，总投入将近4万。"

我打断他的话，说："西瓜的产量按亩产3000公斤计算，西瓜的收购价格大约在每斤一块一，一亩产值 6600 元，除成本，纯利润在 2600 元左右，10 亩西瓜也该有近 3 万元。”

“不信你问问老贵，我今年真的没得钱，谁得钱谁是河里爬的。”老福两手比画着“王八”游泳的姿势，信誓旦旦地说。

难道老福卖西瓜的钱丢了？我知道他是肚子里玩杂戏——怪主意多，便趁机给老贵打电话。老贵在电话里说，老福良心发现，今年的西瓜一个也没卖，全部捐出了，给敬老院送了一车，给村小学送了一车……接下来，老贵着急地说：“张蕾找来《中州晚报》的记者宣传他呢，这货不知躲哪儿了，电话也不接。”

我心里松了口气，告诉老贵让记者到乡政府来，然后对老福跷着大拇指：“老福，行啊。土话咋讲来着？乌鸦照镜子，刮目相看啊。”

老福有点不好意思了，说：“反正我不想脱贫！”

“为什么？你不摘帽脱贫，人家张蕾就不能回城。你想想，人家一个大姑娘，三十好几，对象都没时间谈……”我越说越来气。

“她比我穷哩……不脱贫就不能回去！”老福打断我的话。

“比你还穷？”老福把我给搞糊涂了，“你是说张蕾比你还穷？开玩笑。”

“她的裤子破了好几个洞呢。我给她钱，她死活不愿意。”

我憋不住笑了，说：“老福，人家穿的那是流行的‘乞丐服’。”

“我说呢，集上的‘穷人’咋越来越多，原来他们不穷啊。”老福不好意思地笑了。

“老福，你把今年种的西瓜全部捐出去，精神可嘉，值得点赞……”我一边想着如何措辞一边说。

老福打断我的话，说：“叶书记，说实在的，我真不想脱贫，一脱贫，张蕾就要走了，可能就再也见不着了。为了帮扶我种西瓜，她可真没少操心。我无儿无女，她，她让我感受到了‘小棉袄’的温暖。”泪在老福脸上欢快地流着，浇灌着他那沟壑纵横的皱纹。

爱心超市

周末，我把家里闲置不用的东西归拢一下，若送给收废品的有点可惜了——这些物品中，除了一台笔记本电脑，还有样报样刊和外地文友寄来的书籍，我打算送给叶岭村的小贤。我们当地作协在叶岭村设有创作基地，经常在那里搞讲座、研讨什么的。小贤有小儿麻痹后遗症，走路一颠一颠的。他高中毕业，爱好写作，在各级媒体和网站上发表了不少文章。我们在村里搞活动时，他每次都参加。一来二去，就熟悉了，我还介绍他加入了当地作协。上次搞活动的时候，他还让我给他瞅（买）一个二手电脑呢。

我去之前给叶书记打了个电话。我一到村口，叶书记便早早候在那里。他已经知道我此行的目的，说："侯老师，把东西搬到'爱心超市'吧。"

叶岭村的"爱心超市"我知道，就是社会上的一些爱心人士捐赠的物品，还有一些村民把家里不用的东西，衣服被褥，锅碗瓢盆，啥都有，都送到这里来。若是哪位村民有需要，可以自己来挑选，当然是不需要付钱的，故而称"爱心超市"。超市的服务员是村里的老党员，也是义务帮忙，不要村里支付工资。

我迟疑了一下，说出自己捐献的目的。

叶书记笑了笑："小贤不会要的。"

我怔了一下，说："不会吧？"

"小贤今早去县城了。不信你打电话问问。"

我本想给小贤一个惊喜，所以没提前联系，我摸出手机拨通了小贤的电话，等我把意愿表述清楚，果然听到小贤说："侯老师，我就是在家也不能要……你把东西放到'爱心超市'吧。"

我有些失望，又有些无奈。临走时，我对叶书记说："叶书记，这些东西给了别人用处不大，但对小贤很有帮助。"

"这就看小贤的了。"叶书记狡黠一笑，说了一句我摸不着头脑的话。

三个月后，我又去了叶岭村。叶书记去省里领奖了，没在村里，我直奔小贤家。

小贤没在家。他母亲告诉我："小贤扫路还没有回来。"

"扫路？村里的道路？"我问道。

小贤母亲"嗯"了一声。

我知道，叶岭村是方圆左近有名的文明村，村中的所有道路都是村民义务打扫的。小贤身体不好，却义务扫路，实属难得。

小贤母亲说："'爱心超市'里有台电脑，小贤很想要，所以他得赶紧挣。"

老人一句话把我给说糊涂了。小贤还没拿到电脑？怎么扫路也不义务了？我问道："大娘，给村里扫路有报酬？"

小贤母亲点了点头。

我追问了一句："'爱心超市'的物品也不是想要就能要的？"

小贤母亲重复一下刚才的动作，点了点头。

叶书记啊叶书记，这不是弄虚作假吗？若是外界那些爱心人士知道真相，热乎的心怕是比冰棍还要凉。耳听为虚，眼见为实。我当即决定到"爱心超市"看一看。

我进了"爱心超市"，一位戴着红袖章的大娘笑脸相迎："欢迎光临！请问您需要什么？"

"我，我随便看看。"

我瞅着货架，发现一个个商品上面都贴有标签，数字大小不等，有的标"50"，有的标"100"，有的标"300"……我那台笔记本还在，标明"600"！乖乖啊。电器回收站才给150元！我问"红袖章"："大娘，这台电脑给我吧？"

"红袖章"摇摇头，说："这台电脑小贤已经订下了，他还没攒够。"

我冷冷地说："叶书记也真会赚钱，我们捐的东西，他倒在这里兜售起来。"

"红袖章"笑了，说："对不起，我没给您说清楚。过去这里的东西可以随便拿，现在都得用积分兑换，不花钱。这都是叶书记的主意。"

"积分？"一时间我被"红袖章"给整糊涂了。

"红袖章"解释道："在俺们村做好事做善事可以得到'分'，扫一次路得2分，婚事俭办得20分……你看看这个。"说着话，她递给我一个"价目表"。

我接过一看，上面写着：见义勇为一次30分；拾金不昧（物品价值100元以下，2分；100元至200元，3分。以此类推）；帮助孤寡老人一次2分，等等。

"红袖章"继续说道："村委有人专门统计这些分值，你手里拥有了分值，才能来这里换东西，多少分换相应分值的物品或同等数目的金额。小贤为了得到这台电脑，起五更搭黄昏，听说挣四百多分了……”

叶书记啊叶书记，真有你的！领奖回来非灌你两杯不可。我心里边感慨不已。

幸运果

自从结缘“攀果”，我便称它为“幸运果”。众所周知，“攀果”说的是攀枝花的水果，主要指芒果、石榴和枇杷。说来这一切，简直就像做梦一样。

2021 年 10 月，我大学毕业，带着女朋友小静回到了攀枝花市。招聘的岗位多如牛毛，让人眼花缭乱。有的岗位薪酬可以，但不是自己喜欢的工作；有的岗位适合自己，但报酬还不如饭店的服务员……等身上的积蓄消耗殆尽，实在没辙，我们两个只好商定，先回各自的老家，然后再做打算。

小静老家是河北的。看着她坐上北上的高铁，我才怅然若失地返回。

我跟小静同班，她虽不是“班花”，但起码在班里的女生中排名前五。人如其名，文静、温柔，长相出众，三观也正，自然，追求她的男生不在少数，有的家里经营着企业，有的父母是高干，我知道自己几斤几两，对她有那个意思但没有勇气表白。去年十月国庆长假，我的那些竞争对手不约而同说要带小静去旅游。我腰包瘪不说，疫情还没过去，咱也不敢冒那个险，说来也巧，父母给我寄来了一箱芒果，说让同学们尝尝。我不知道哪来的勇气，心一横，箱子都没拆封，直接送给了小静。没想到，我“一招制敌”，一箱子芒果居然打败了那些竞争对手，小静选择了我。事后，我才知道自己“歪打正着”——小静最爱吃芒果，而且芒果还有“你是我的唯一”的寓意。

一进村口，就闻到熟悉的家乡味道——空气中弥漫的水果香气，有芒果的醇香，似乎也有石榴的酸甜。我想起来了，眼下是十月份，正是水果成熟的季节。

往年这个时候，父母最是忙碌，他们头天下午采摘果子，第二天天不明就要挑着去赶场。遇到好天气还好说，若是风雨天，人受罪不说，果子也卖不上价格。我曾经劝过父母不要经营果园，说太辛苦了。父亲笑着说：“咱这地方，好水，好土，好气候，就适合种水果！若不种水果，咋供你上大学？再说啦，干啥容易？”父亲说的是实话，过去，种地为生，天旱地薄，种一葫芦打两瓢，一直带着贫困户的帽子。后来，在政府的倡导下，利用夏季长、昼夜温差大、降雨量集中、光照充足等特点，当地农民大力种植果树。我家承包果园后，生活一年年好转，最终摘帽脱贫。

父母没在家，肯定又在果园忙活。

走进果园，一片红红火火的丰收景象。石榴缀在枝头，又大又红，像一个个小灯笼，有的已经笑得裂开了小嘴。青青的芒果，像小棒槌似的垂在树上，随风摇曳，煞是喜人。

父亲正在摘石榴，看到我，走了过来：“刚到家？还没吃饭吧？”

“不饿。爸，我妈呢？”

“她到合作社叫车去了。”

我想起来，他们在微信上跟我说过，村里以村民入股的方式成立种植养殖专业合作社，我们家也加入了。换言之，不用再担心果子没销路，卖不出好价钱。

望着累累的枝头，闻着扑鼻的果香，我喜滋滋地说：“爸，今年的果子不错嘛。”

听到这话，父亲眼角的皱纹一下子叠起来，藏满了笑意。他说：“村里的合作社与攀枝花攀果公司成立了惠农服务中心，提供技术指导什么的，从种到卖，啥都不用愁。”

“真好。”我不由感叹道。

“儿子，啥真好？”父亲疑惑地看着我。

我愣了一下，笑着说：“爸，我是说，咱家的芒果好、石榴好，你和妈的身体好，党的富民政策好……”

“到底上过几年学，说话都像唱歌。”父亲咧开嘴笑了。记得小时候，父亲很少这样开心地笑过。

过了一星期，小静发来微信，说她要搞直播带货，销售“攀果”，当然也包括我家的芒果和石榴。

我把这个好消息告诉了父母。

“这有啥好呢？”父亲皱着眉头问道，不知他是真不知道还是假不知道。

母亲瞪他一眼，说：“你傻啊，锣鼓听声，听话听音，小静是咱未来的儿媳妇。”

父亲回过神来，忙说：“好，好，好。将来有了孙子就叫盼果！”

“若是孙女呢？”母亲又喜又恼地嗔他一眼。

“孙女？孙女也叫盼果。”父亲嘿嘿呵呵地笑了。

“爸，妈，八字还没一撇呢。”我不满地叫道。

父亲和母亲对视一眼，无所顾忌地大笑起来。这笑声，混进空气中“攀果”馥郁的香味，久久飘荡在小院上空。

鲤鱼溪

鲤鱼溪是一个村子的名字，也是一条小河的名字。

在我没认识男朋友阿原之前，我不知道鲤鱼溪，也不了解鲤鱼溪的村民不吃鲤鱼的习俗。那天在饭桌上，也是跟阿原初次吃饭，当我翻开菜谱要点一道鱼时，阿原很坚决地阻止了。他给我解释说，他们鲤鱼村的人从来不吃鲤鱼。

“为什么？”我一下子充满了好奇。

阿原说：“我也不知道为什么，反正是老祖宗传下来的规矩，村里不管是大人还是小孩，不管是在外的还是在家的，都不吃鲤鱼。”

后来，我跟阿原回了一趟他的老家，才算揭晓了答案。

鲤鱼溪是一个偏僻、幽静的村落，四面环山，一条小河穿村而过。屋子的建筑已经很古老了，像是有些年头。阿原说，有的房屋已经有四百多年的历史。显然，这是一个古村落。小河说不上多么清澈，但有点深度，水流潺潺，不时见到各种颜色的鲤鱼在水里嬉戏，自由自在，优哉游哉。不用阿原介绍，我就知道，这条小河就是鲤鱼溪。

听到我们的脚步声，溪里的鲤鱼不但没有跑远，反而循声游了过来，一尾，两尾，三尾。呵呵，真是好玩。阿原看到我惊诧的样子，也不解释，弯下腰，“啪啪啪”地拍了几下手。说也奇怪，听到阿原的掌声，鲤鱼陆陆续续聚拢过来，像是见到了老朋友一样，欢呼雀跃，显得很是兴奋和亲热。真是奇了怪了！我蹲下身子，学着阿原的样子，试着拍了拍手，那些鲤鱼游到我的跟前，好像也不陌生。阿原拆开一盒点心，轻轻撒向河面。那些鲤鱼摇头摆尾，争相而食。我也拿了一些点心，去喂那些鲤鱼。

这时候，河对岸走过一支队伍，有十几个上了年纪的老人，一个个脸色肃穆，像是送葬的——队伍最前面的一位老人手里端着一个盘子，盘子里放着一个东西，不像是骨灰，距离太远，看不真切。阿原不说话，拉着我穿过一个小桥跟上了队伍，来到一个写着“鱼冢”的圆形拱顶的建筑前，只见领头的老人把盘子里的东西丢了进去——一只死去的鲤鱼！原来这是鲤鱼村人给意外死去的鲤鱼举行的一个仪式或者说是葬礼。

返家的路上，阿原解释说，从小时候记事起，鲤鱼溪的鱼死后，村里人都要举行这样的仪式。千百年来，他们已经把溪里的鲤鱼当成村里的一分子了。

若是山洪暴发怎么办？这些鲤鱼岂不被冲走了。我说出了心中的疑问。

阿原没有说话，往前走了几步，他用脚跺了几下，我听到了一种沉闷的声音，空洞洞的，好像下面是空的。阿原说：“这下面就是‘鱼藏’，类似的‘鱼藏’还有好几个，跟小溪连着，一旦山洪暴发，鱼儿就游了进来。即便有个别鲤鱼被冲走，它们也会逆流而上，回到鲤鱼溪。”

中午，我正在阿原家院子里吃饭的时候，忽然听到外面吵吵嚷嚷的，好像是说谁落水了。阿原，我，还有阿原的母亲都丢下饭碗跑出院子。

是邻居的孙子小豆豆在溪边玩耍，一不小心掉进了河里。小豆豆在水中一沉一浮的，随时都有被冲走或被水淹没的危险。闻声出来的村民大呼小叫，手忙脚乱。我推了阿原一把，阿原回过神来，扒开人群，刚要跳进溪里救人，旋即出现了奇观——一群鲤鱼托举着小豆豆！阿原抓住时机，迅速探下身子，伸手把小豆豆给拽了上来。

所幸，小豆豆只是受了惊吓，身体并无大碍。

围观的人不约而同地鼓掌欢呼，当然，也包括我。我看到，溪里的鲤鱼围拢过来，扭摆着，舞动着，是在为小豆豆有惊无险而欢呼，还是在为自己的见义勇为而歌唱？或者，两者兼而有之吧。

从鲤鱼溪回来后，尽管还没成为鲤鱼村的一员，我也开始戒食鲤鱼了。当我老了，坐在鲤鱼溪边，望着远方的山，看着近前的水，欣赏着溪里的鲤鱼，将是一件很快乐的事。

摸　秋

面缸见底了。娘病着，躺在炕上不哼不哈的，吓死个人。爹外出讨饭，三天了还没回来。云朵还是个十几岁的孩子，脸上的泪道子堆了一层又一层。这天下午，小池来了。他们是邻居，没事就在一块儿玩耍。小池偷偷对云朵说："咱晚上'摸秋'吧？"云朵这才想起这一天是中秋节。

在河洛地区，有"摸秋"的习俗。"摸秋"即"偷秋"，就是去偷别人家种植的瓜果。这一夜，虽为偷，但不视为盗窃行为。瓜豆之主非但不责怪"摸秋"者，反而以此为乐。相传元朝末年，农民为反抗元朝残暴的统治，纷纷起义。在洛阳出现了一支农民起义军，这支队伍纪律严明，所到之处，秋毫无犯。一天，起义军移防河洛，深夜不便打扰百姓，便在旷野露天宿营。有几位战士饥饿难忍，在田间摘了一些瓜果充饥。此事被主帅发觉，等天明了便准备将他们治罪。村民们得知后，纷纷向主帅求情为战士开脱过错，当地一老者机智地说了一句"八月摸秋不为偷"，那几个战士因此话而获赦。那天正好是中秋节，从此留下了"摸秋"的习俗。

听说要"摸秋"，云朵的眼睛不觉一亮。往年，"摸秋"是最让他们惦记的了。一来，那样的活动刺激，好玩；二来，他们的肚子整天咕噜乱叫，吃不饱啊。

云朵说："咱今晚偷啥？葱？还是菜？"当地有民谣这样形容"摸秋"："天青青，月明明，玉兔引路去偷青。偷了青葱人聪明，摘了生菜招财灵。""葱"与"聪"谐音，"菜"与"财"音近。这些都是人们对生活的一种期待，一种美好愿望而已，换句话说，是对这种小偷小摸行为的粉饰。

"'偷'啥'偷'？咱是'摸'！"小池对云朵说，"你娘病着，吃啥都没胃口，咱去摸几个苹果，给她换换口味，'苹果'也有平安的意思。"

小池比她大两岁，知道的就是多。云朵佩服得直点头。

小池说："云朵，今晚'摸'苹果，我就要四个，其余都是你的。"

小池家里四口人，除了爹和娘，还有一个妹妹。云朵说："我要两个，不，三个。”不论怎么说，也得给爹留一个。

“反正我就要四个，剩下的都是你的。”小池说。

云朵也就没再多说，心说“摸秋”又能“摸”多少呢？她知道，不光是小孩子，大人也“摸秋”。有些人家，害怕被“摸秋”，早早就把那些能吃的给收拾干净了。因此，去得晚了，忙活半夜，连个花生角也“摸”不着。

日头刚跌进西山嘴那边，小池带着云朵出门了。月亮升起来了，远山近岭还是影影绰绰的一片，看不真切。一些叫不出名字的秋虫欢唱着它们的小夜曲，此起彼伏，不知疲倦。萤火虫，三三两两，漫无目的地飞来绕去。微风略过，空气中除了玉米、谷子等农作物特有的馨香外，还有瓜果的香味，甜丝丝的，直往人的鼻孔里钻。云朵跟在小池后边，不住地吞咽口水。

到了邙山岭上，三拐两扭，两个人来到一棵苹果树下。小池猴子一样爬上树，迫不及待摘了一个塞进嘴里，一边“咔嚓”着，一边摘起来，准确地说，应该是“摸”，黑灯瞎火的，虽说有月光，苹果藏在枝头间，看不真切。他摘一个“嗵”的一声扔到地上，摘一个“嗵”的一声扔到地上。

“一个，两个……”听着“嗵嗵”的声音，云朵站在树下数着。

“够了，小池，够了。”云朵悄声叫道。

小池也不回话，只顾“嗵嗵”地往地下撂着苹果。

云朵既兴奋又害怕。高兴的是可以过苹果瘾了，同时担心若是苹果树的主人知道了，还不伤心死，还能有他们的好看？

很快，地上铺满了苹果。

直到小池够不着枝头、树梢处的苹果，他才不舍地从树上出溜下来。

“这么多，咋拿走啊？”云朵说。

“你转过身去。”等到云朵转过身，小池脱下自己的裤子，然后把裤腿一扎，把苹果装进两条裤腿里，之后搭在自己的肩头往回走了。这一次，云朵走在前边，小池走在后边，他没有穿裤衩，露着白花花的屁股呢。

第二天，小池被苹果的主人饱揍了一顿。

那一次“摸”来的苹果让云朵家整整吃了五天，直到云朵的爹要饭回来。因为“摸”来的苹果，云朵娘的病也好了——她不是真正生病，是给饿的了。

又过了几年，云朵嫁给了小池。

云朵是我的奶奶，小池是我的爷爷。根据两位老人的年龄，我算了算，那一次“摸秋”的时间应该是1941年。

我故作调皮地说：“奶奶，我明白了，您是爷爷‘摸秋’‘摸’来的。”

“傻孙女，咋说话呢？”奶奶轻轻捶打了我一下。

我又不解地问：“奶奶，摸秋不算偷嘛，他们怎么打爷爷呢？”

“你知道谁打的你爷爷？你爷爷的爹，你太爷爷，那棵苹果树是他们家的……倒不是说你爷爷摘了苹果，而是他上树时把褂子给挂烂了。”奶奶咧着没牙的嘴笑了，笑得是那样的开心，那样的满足，那样的幸福。

迎　神

短短三年时间，大林承包的靠山屯便摘掉了贫困帽，走上了小康。这在当地算是一个爆炸性的新闻。靠山屯的贫困是出了名的，兔子都不拉屎，麻雀都不垒窝，想想有多穷。三年前，县里要求驻村干部包干脱贫，先后安排了几个人，都以种种理由推脱了，大林却主动请缨，自告奋勇要到靠山屯去。当时，不只是县领导心里没有底，还有不少人等着看他的笑话呢。没想到，真的是三年不鸣，一鸣惊人。牛皮真不是吹的，火车真不是推的。

作为当地媒体记者，我奉命去采访大林。

“当时您的信心是怎么来的？”我开门见山，直奔主题。

大林笑着摇摇头，说：“老实讲，起初我心里也没底，自己又没三头六臂，只是想替领导解解围，心说即便靠山屯脱不了贫，没有功劳也有苦劳，组织上也不会处理我。”

看得出大林是个健谈的人，即便我不提问，他肯定会说出有价值的东西。他继续说道：“是靠山屯父老乡亲的见面礼打动了我，我才下定决心，即使自己脱一层皮也要让靠山屯脱贫。”

“什么见面礼？”我忍不住打断他的话。

接下来，大林侃侃而谈。

大林到的那天是正月初四。春节假期还没过完。当时，城乡公交还不正常，他花 200 元打的到的靠山屯。之前跟村支书老贵通了电话，老贵给发了位置，出租车司机才找到的。大林以为只有老贵一个人在村口等他。没想到，全村男女老少，上至八十多岁的老人，下至两三岁的娃娃，都在村口等着他。老贵他们准备了一个简易的轿子，说是要抬着大林进村。大林以为他们担心自己不会走山路，说什么也不肯坐。老贵说：“这是靠山屯的待客之道，入乡随俗，必须坐。”纠缠再三，没有办法，反正抬轿子的是三四个壮年小伙，大林也就坐上了轿子。轿子在前面走，众人跟在后边，当然还有鼓乐班，“咚咚锵，咚咚锵”，锣鼓喧天，很是热闹。走到每家门口，各家准备好的礼品送给大林。说是礼品，都是核桃啊、红枣啊、花生啊之类的山货。大林不好意思拿，关键是也没地方装啊。旁边的老贵好像知道大林的窘迫，忙替他解围，悄声对他说：“你分给大伙儿嘛。”大林也就借花献佛，把收来的山货分给围观的村民们，被分到山货的村民们也都很高兴，一个个好像捡到金元宝似的。直到每家每户都转完，最后才被村民抬到老贵家。村委会设施简陋，大林的饮食起居便安排在老贵家。

“这个见面礼也没有什么特别的嘛。”我打断大林的话，不以为然地说。

大林说：“我起初也跟你有一样的想法。大约四天后，我在老贵家翻阅当地的志书，才知道我享受的是特殊的礼遇，我是被他们当作了‘神’。”

“‘神’？”我一时也给弄糊涂了。

大林继续给我讲述。

大林从志书上看到，当地有一个习俗，腊月二十四是送神的日子。这一天，灶王爷要上天述职，禀报人间的善与恶。因此，家家户户在祭灶的时候，都要献上芝麻糖，粘住他的嘴，防止他老人家胡说八道。等到了来年的正月初四，灶王爷再返回人间，继续接受祭拜与监察人间的善恶。所以说，迎神的日子也非常重要，必须谨慎，不得草率。到了迎神这一天，人们在山神庙举行一场请神仪式，当然，除了灶王爷，还有山神爷、火神爷、龙王爷等神仙。村民带着事先准备好的猪肉、年糕、豆腐、瓜果等供品，到庙中烧香、磕头等祭拜一番，希望众神保佑靠山屯风调雨顺、五谷丰登。然后人们将庙里供奉的神像抬出来，依次走过各家门口，各家则拿出准备好的供品献给众神，再分发左邻右舍，为新的一年讨个好彩头，就是希望神灵在村里留下福泽，保佑一方水土。

我似乎知道了答案。

大林说：“老贵对我说，他们迎神迎了几百年，村里还是妮儿的鞋——老样子。所以，当我作为扶贫干部下派到靠山屯时，他们认定我就是‘神’，能给他们带来福祉的‘神’！”

我感慨地点点头：“被村民当作了‘神’，没有三头六臂也得拼命。”

“谁说不是呢？不过，要说真正的‘神’，不是我，是共产党！”大林笑了。

名 号

眼瞅着太阳要跟西山亲嘴了，小明晃了晃僵硬的脖子以及有些酸胀的臂膀，看着前边父亲的身影，鼓起勇气说道："爹，下山吧。"

"废话，赶紧！"父亲头也没回，熟练地采摘着茶叶上的嫩芽。"早采三天是个宝，迟采三天便是草。"

不就是今天谷雨嘛。小明噘着嘴，心里不服气。为了这一天的采茶，父亲特意把他从学校叫了回来。这一天，村里的男女老少都上山采茶，家里找不来帮手。明代许次纾在《茶疏》中谈到采茶时节时说"清明太早，立夏太迟，谷雨前后，其时适中"。这时候的茶叶少，质量高，且物以稀为贵。茶农们没有不知道的。

"谷雨这天采制的茶，喝了对人身体特别好，通全身不畅之气，有病可以治病，无病喝了防百病。"父亲似乎知道小明的心思，继续说道，"过了这村就没这店。这时候采摘的茶叶不如明前娇嫩，但芽叶肥壮……"

小明打断父亲的话，侃侃而谈："这个时节温度适中，雨量充沛，加上茶树经半年冬季的休养生息，使得春梢芽叶肥硕，色泽翠绿，叶质柔软，富含多种维生素和氨基酸，滋味鲜活，香气怡人……"其实，小明心里一百个不乐意，心说您老说的话，我的耳朵都听出茧子来了。

父亲没有觉察到小明的不满，兴奋地说："嘿嘿，就是比我多喝了几瓶墨水，说的话就是中听。"

小明心里不高兴，手脚上不免毛糙起来。

"住手！"父亲这时候恰巧回过头来。

小明给吓了一跳。很快，他明白过来，自己采的是幼年茶树，把不该采的叶片给采了下来。幼年茶树应"以养为主，以采为辅，打顶护边，采高养低，轻采养蓬"，成年茶树则"以采为主，以养为辅，采养结合"。毕竟是种茶世家，老祖宗留下来的规矩，小明还是知道的。

小明知道自己错了，吐了下舌头。

父亲没有再多说，转过身继续采摘。

太阳跌进了西山后边，天一下子黑了。父子两人背着茶篓，沿着崎岖的山路下山。父子两个忙活一天，也就采了两斤多的茶叶。到了山下，父亲发动摩托带上小明回家了。

匆匆吃罢饭，父亲开始炒茶叶。小明知道，当天采摘，当天制作完，确保茶叶的新鲜。在他的印象中，每年在这个时期，家人都要加班到很晚的。屋里屋外，一直弥漫着茶叶的清香。

小明用手试了一下，马上缩了回来——虽不是太热，但还是有点烫。父亲笑了一下，一边熟练地翻炒，一边说："我炒了几十年，有老茧，不怕热。"小明说："爹，咱也弄个机器吧？有人都用机器炒了。""别人是别人，咱是咱。"父亲气呼呼地说，说罢可能感觉到自己说的话重了，便给小明解释，"手工翻炒，容易掌握火候温度，茶叶碎度小，茶叶香气高。"

诗写梅花月，茶煎谷雨春。朱元璋的儿子朱权在《茶谱》中从品茶、品水、煎汤、点茶四项谈饮茶方法，认为品茶应品谷雨茶。但是，这么好的"猴魁"，知道的人似乎不多。小明记得有一次，他帮父亲去卖刚制作好的茶叶，有人竟说是柳树叶，气得小明差点跟人家吵起来……想到这里，小明对父亲说："爹，您到集市上卖茶时，总得给茶叶起个名字吧？还叫猴魁？"

"做茶容易，但做好茶却并不容易。"父亲摇摇头，叹口气，"现在市场有假猴魁，有的是用鲜叶制作，有的是用机器制作，已经影响到了猴魁的名声。"

想到满大街的"新茶"，小明随口说道："总不能叫新茶吧？这名号太一般了。"

"心茶？好！咱的茶就是用心做出来的，就叫'心茶'。"父亲说罢，满是皱纹的脸溢满了笑。

闻听父亲的话，小明两眼一亮，有了自己的想法。那天晚上，小明是闻着醇厚的茶香睡着了。那种馥郁的香味既浸泡着山水的精华，又浸润着生活的沉淀，一直绵延到他的梦里，走进了他的生活。

多年后，小明成立了自己的公司，他带领员工秉承先辈用心做茶的规矩，有了属于自己并享誉海内外的品牌——"六百里"太平猴魁。

同学会

一般情况下，文静不管秦路的事。尽管是多年的夫妻，她懂得相处之道，给对方留一点空间，不能把弦绷得太紧。自从秦路开始张罗他的大学同学会，她就有点心神不宁，心里就跟拱进只兔子似的。

这天晚上，文静刚回到卧室，就听见秦路在客厅打电话："这次同学会你一定要参加。蕾蕾，你是校花，若不参加，这次同学会就取消！"

校花？文静心里的小兔子跳动了一下。

文静在高中时也是校花，当时追求她的人不在少数，明里暗里好几个：大亮，小凯，波波，等等。当然，文静一个都没有答应。想不到，在二十年相聚的高中同学会上，她发现这几个老同学都摇身一变，与当初大不一样，不说钻石王老五的级别，起码事业有成，大亮是一家公司的总经理，小凯经营着一家酒店，波波是政府某部门的局长。在会上，趁着酒劲，大亮赤裸裸地表示，若是文静愿意，他立马回去办离婚手续。大亮的提议竟赢来一片掌声，吓得文静如惊弓之鸟，同学会没结束便中途开溜了。事后，文静听说，这次同学会后，真的有旧情复燃，婚外情都还是小儿科，居然还有重新组建家庭的。

打个不恰当的比喻，校花就是枚炸弹，就是不安全因素。结婚后，文静不止一次听秦路说过，当年他在学校的时候，一直暗恋着蕾蕾。临毕业的时候，担心过了这个村就没这个店，就跟吃了豹子胆似的买了一束玫瑰送给人家，蕾蕾倒是没拒绝，转手把玫瑰送给了老师……莫非秦路对蕾蕾一直念念不忘？他之前对自己的好都是假的？当年他乳臭未干，蕾蕾对他不感兴趣在情理之中。他今年四十岁，还是一朵没有凋谢的花，刚升为部门经理，拿着不菲的年薪，对女人还是有一定杀伤力的，难保蕾蕾不动心。

这么一掰扯，小兔子在文静的心里蹦跶个不停，但她不知道如何安慰这只小兔子。当初，她犹豫是否参加同学会的时候，秦路可是举双手赞同的，还说什么"扛过枪，下过乡，同过窗"的关系是最铁的；中国是个人情社会，混的就是关系，就是圈子。

在文静的忐忑不安中，秦路的同学会说来就来了。

聚会地点在省城。那晚秦路打车回来时，已经是半夜时分了。醉醺醺的，一进家门就歪倒在沙发上。趁着他醉酒的机会，文静破天荒拿起秦路的手机翻起来，通话记录中，蕾蕾的有七八个，最长的一次 12 分钟，最短的一次 3 分钟。文静跟喝了浮戏山柿子醋似的，心里酸溜溜的。她和秦路没结婚之前，电话一般都在 3 分钟以上，结婚后，特别是近年来，每次电话不超过 3 秒。再看秦路的微信，联系人中果然有“校花蕾蕾”，聊天记录中找不到蛛丝马迹，可能删除了，只有一条三万元的转账记录！根据时间推算，正是在同学会上！

文静心头的火气上来又下去。她试着跟“校花蕾蕾”打了一行字：抱歉，我今天只能转这么多了。

“校花蕾蕾”回复：量力而行，不必勉强。

文静对着手机“哼”了一声，又打出一句：我是不是转的有点少了？

“校花蕾蕾”：礼轻情意深，真情胜千金。接着是一束鲜花的表情包。

文静想了想，刚打出“我跟媳妇的关系不是很好”这行字，马上删除，改为“我跟媳妇吵架了”。

“校花蕾蕾”：模范夫妻还会吵架？是不是因为你醉酒她吵你了？

文静心里的兔子暂时安分了，她接着又打出一行：蕾蕾，我曾梦里见过你。

“校花蕾蕾”发出了一个窃笑的表情，然后留言：今天不就梦想成真了?!

文静再也无法矜持，把手机摔到沙发上：这日子没法过了，明天就去民政局！

忽然，秦路的手机响了——他鼾声如雷，无法接听。

难道是蕾蕾打过来的？文静拿起手机一看，标记的是“同学王幸”！她犹豫了一下，接通了，没等她说话，电话中就传来一个男中音：“秦路，真的是太感谢你了。蕾蕾把同学会上收到的 60 万捐款都转给我了，儿子明天就可以做手术……蕾蕾说，这次在同学会上的捐款是你提议的……我代表全家谢谢你，谢谢咱们这帮老同学！”

“王哥，不好意思，秦路喝多了。”文静挂了电话，然后删除了秦路手机上她跟蕾蕾的聊天记录。她之前听秦路说过，王幸的儿子得了尿毒症，家里的房子都卖了还欠着一笔天文数字的医疗费。秦路曾在同学群里发起过倡议，响应者寥寥。至此，文静终于明白了秦路举办同学会的用意。

模　范

常言说，有心栽花花不发，无意插柳柳成荫。大伟没有想到，这话在他身上应验了。他只是省交通厅某个下属部门的领导，没有想到在全国劳模的评比当中，他被“众星捧月”给推选出来，而且是全省交通系统唯一的一位。其实，在大伟看来，他只是做了自己的分内工作而已。按照老父亲的说法，吃啥饭叫唤啥声儿，你干的都是该干的。就像他，把街道打扫干净是他的职责，没有什么好炫耀的。

大伟的老父亲是一名环卫工人。不管是风和日丽，还是风霜雨雪，大伟从嵩山路路过的时候，总能看到老人家佝偻着腰身认真挥舞着扫把的身影……每每这个时候，大伟心里就暗暗发誓，一定好好干，不能给老父亲丢脸，要让他老人家安度晚年。单位三个头头连续出事，他们的老人，有的一夜白头，有的闭门不出，有的因气而病……有时候，面对诱惑，面对困难，大伟总要抽出时间，骑上共享单车专程到嵩山路上，看一看老父亲的身影。每次，大伟总能得出正确的答案。说实话，大伟之所以能走到今天，老父亲功不可没，换言之，老父亲就是他的榜样。

大伟成了全国劳模，就要享受全国劳模应有的待遇。这年夏天，上面安排他们去北戴河疗养。像过去，什么参观考察的，不管是公费还是自费，大伟一次都没参加过。这回大伟心动了，打算歇上十天半月。这天是个星期天，正是三伏天，天热得像下了火，大伟在家收拾行李，第二天就要去北戴河。若搁往常，大伟早上路检查了——这样的天气是修补公路的最佳时机。他倒不是担心工程质量——“领导在岗不在岗一个样”已经成了一线工人的口头禅，这也是他一直以来为之骄傲的地方，他是担心工人们中暑。

老父亲这天轮休，也在家。对大伟说：“大伟，陪我去公园转转吧。”

闻听老父亲的话，大伟心里不由一震！他整天忙于工作，从未陪老父亲逛过公园，更别说陪老父亲旅游了。所以，他满口答应了，说：“爹，去哪个公园？紫荆山还是碧沙岗？还是人民公园？”

老父亲说："商城遗址公园吧。"

大伟迟疑了一下，同意了。商城遗址公园，大伟还真没去过，主要是因为忙，没有时间，他只知道那里是大名鼎鼎的商代遗址。

从家门口坐上地铁，二十分钟就到了。

没有想到，商城遗址公园还是一座美丽休闲的公园。来自3600年以前的城墙，依然巍峨挺立。夯土墙呈梯形，城墙上生长着常见的槐树、柿子树和核桃树，不少市民在树荫下乘凉，有的打拳，有的在下象棋，有的在闲聊。走下城墙，步入公园的广场，有更多的市民在健身、娱乐：跳广场舞的，抖空竹的，玩扑克牌的，唱豫剧的……这里有荷塘，有竹林，有"家训"长廊，等等。公园中心广场选用黑色石头材质铺面，抽象曲线似殷商的玄鸟图案……处处渗透着商城遗址公园厚重的文化气息。

老父亲把大伟带到了一组"青铜模范"雕塑前。浮雕图案展示了青铜器的制作过程，从上面的文字介绍中，大伟知道了青铜铸造技术，知道了"模范"这个词就是来源于青铜铸造技术：制作器物的母器（样品）为"模"，依照它的轮廓，用陶或金属在外面塑成"范"。"模"与"范"，这两件严丝合缝的东西，成为几千年来人们铸造兵器、钱币和器物的规范模具。

大伟由衷地说："长知识了，没想到'模范'从这里来的。"

"如果'模'和'范'不规范，会出现什么问题呢？"老父亲盯着浮雕，像是说给大伟，又像是自言自语。

"如果'模'和'范'不规范……"话一出口，大伟就迅疾地闭上嘴巴，他知道老父亲要的不是他要说的答案。

老父亲看着大伟说："大伟，怎么不说了？"

大伟掏出手绢给老父亲擦了一把额头上的汗水，说："爹，您不要再说了，我知道该怎么做了……我现在叫'嘀嘀'，把你送到家，然后我去施工现场。"

老父亲欣慰地笑了，从口袋里掏出一把零碎票子塞给大伟："天热，多喝水。"

"爹，不用，我耐渴。"大伟还想拒绝。

"你是铁人，工地上那些工人也是铁人？"老父亲似乎生气了，说罢转身就走，"你打车去，我坐地铁。"

望着老父亲地上拉得长长的身影，大伟拿出电话，取消了第二天的行程。

路

连天峰海拔1512米，是中岳嵩山72峰中的最高峰。海拔不算很高，但自古至今，很少有人能攀登得上，它躲藏在嵩山众多的山峰中间，不仅在登封县城看不到，就是在其他位置，也很难看得到。在当地流传这样一种说法：登上嵩山太室山是“专科毕业”，登上少室山大寨小寨是“本科毕业”，登上连天峰是“博士毕业”。可见，登上连天峰是多么的艰难。

我们驴友就喜欢挑战，就喜欢走别人没有走过的路。这一天，我们“驴行天下”团队打算征服连天峰。

在山下已是赤日炎炎，进入山里便觉凉风袭面，高大的树木遮天蔽日，使人感觉像进了迷宫，抬头望不到天，周边的视野范围也不过几米。虽然给人的空间狭小，但移步换景，一步一层天。山路一会儿陡峭，一会儿平坦，但总的来说，陡峭的路段多。有的路段都是在山脊上行走的，两边都是万丈悬崖，深不见底，需要蹲在地上一步一步往前挪，那情形像是演员走钢丝。有的地方根本就没有路，或是丛生的荆棘，需要砍掉才能越过；或是光秃秃的石壁，人要像壁虎似的贴在上面，完全靠手和脚的力量向上一点一点地爬。有的地方需要骑在尖尖的石头上背朝后蹭过去，有五六米左右的地方几乎全靠手的力量撑在尖尖的石头上一点一点地往下挪……难怪明代袁宏道先生到少林寺时，曾有心登嵩山，却因“无所得路，乃止”。他曾这样描述嵩山：“山四匝皆壁，群山翳其外，迫之乃不见巅而见翳，游人多不惬。”好在我们有专业的工具，有丰富的经验，若是一般人，早就半途而废，打道回府了。

在走或者说找路的过程，我发现一直殿后的队长“二毛羔”沿路做着标记！我忍不住对“二毛羔”说：“队长，您这是干什么？”他这样做违背了行内的规定——局外人或许会知道，驴友都不走回头路，而且，驴友探出的路一般都不会做标记，为的是不愿让其他驴友“不劳而获”；有时即便是做了，人家也不领情，不会沿着路线走，非得另辟蹊径不可——不为什么，驴友就是这样的牛，有点“犟驴”脾气的牛。还有一点，队长这样做，太浪费时间了。

听到我这么质问，前面的队员也都回过头来，一脸的疑惑——看得出，都和我的心思一样。

“二毛羔”甩了一把额头的汗珠，说：“连天峰太险了，还是给其他驴友和登山者做个引导吧。”

他这么一说，大家都没再提出疑问。他是队长，这是其一。毕竟，人心都是向善的。

经过一番努力，终于登上了连天峰。一行人暂时忘却了疲劳，大呼小叫起来。太阳西斜，山风呼呼。一会儿工夫，大家身上的汗都消失了，反而感到秋天似的寒意。有的席地而坐，有的干脆躺在地上休息，有的不忘拿出手机拍照，发朋友圈。

看到天色已晚，“二毛羔”责令我们迅速下山。俗话说，看山跑死马。说的是山看起来不远，真要到达目的地，可就费老鼻子劲了。可是，我们要从连天峰的其他地方找寻下山的路径时，根本不可能。连天峰顶狭窄逼仄，山脊就像刀刃一般，周边是陡峭的山崖，根本看不到底。放眼望去，四周都是高低不一的一座座山峰，云雾缭绕其间，很难看到更远的地方。正是“天连嵩岭岭连天，晓抹青云晚带烟。且说匡庐高万丈，与天连也未相连”。站在连天峰，除了有一览众山小的感觉外，还看到了嵩山陡峭、险峻、神秘的另一面。好像是突然之间，太阳掉进了远山的那一边，视线暗了许多。

尽管身上带着照明的工具，大家还是乱了方寸。“二毛羔”就是“二毛羔”，领导就是领导，他很快拿出了方案——原路返回！无奈之下，我们只好如此——这在我们的登山史上是从来没有过的事情。

幸亏，有“二毛羔”做的标记，我们一行很顺利地下山了。

打群架事件发生后

这是一个真实的事件。是事件，不是故事。

时令已经进入四月，粉白的杏花还在枝头恋着，粉红的桃花已经迫不及待地挂了出来，唯恐错过了春天。小秦无意这些春色，山坳中，密不透风，蛐蜒似的路，稍不留心就在胳膊上画记号的荆棘，闷热，疲惫，使得他有些焦躁、懊恼。

建设村，光听名字以为是个新农村，哪知道是个群山环绕的古老山村，到了村里，给人的感觉是“正入万山圈子里，一山放过一山拦”。全村总人口174户685人，其中贫困户15户56人，村民平均年收入三四千元，这是小秦到村后翻山越岭摸排的结果。他今天是去找老贵的，老贵到山里采药去了。类似老贵的采药人，村里还有不少，随着挖掘越来越频繁，周围山上的药材几乎都被挖完了，村民们不得不到更远的地方去寻找。他已经给老贵谈过一次，建议他种植中药材，所得收入就不仅仅是维持日常开支，而是能够发大财的。老贵没有答应，但也有些动摇了。因此，他决定再给老贵灌输自己的理念，没想到他天不明赶到老贵家，老贵比他起得更早，已经进山了，“只在此山中，云深不知处”。他打算方便时在网上给老贵淘个手机，联系起来也方便一些。抬头看看悬在空中的日头，望望白云缠着山头的大山，他甩了一把额头上的汗水，咬咬牙，继续往山上走。

“嘴上没毛，办事不牢”。这是小秦刚进村时，大多数村民的心里话。他一个城里娃子，不到三十岁，却要带领这些在山里待了一辈子差不多修炼成精的村民致富奔小康，他们能信服吗？总之，有点看不起，有点不服气。这些都在他的意料之中，他也没在意。通过几个月的调查走访，通过与村民的交谈，他心里还是有些不爽，甚至是委屈。但是，他没有退路。他来的时候，父亲对他说：“干不好就别回来……姓秦的没有孬种，不要忘了，咱的先祖是秦始皇！”

山里的蝴蝶好像知道他的心思，在他前后左右展示着它们优美的舞姿，要为他排忧解难。忽然，他的手机唱起了《春暖花开》：“春季准时地到来/你的心窗打没打开/对着蓝天许个心愿/阳光就会走进来……”是村民邹国志打来的电话！邹国志在电话那端焦急地说：“秦书记你快来吧，蜂群争糖开始打架，死了好多蜂。”他愣了一下，很快回过神来，一边安慰邹国志，一边原路返回。邹国志家是村里的贫困户。小秦入户调查的时候，邹国志说，我不给组织上添麻烦，一不要钱，二不要物，我想申请低保。小秦知道，这是长期形成的“懒汉”思想在作怪，便引导邹国志发展中蜂养殖。邹国志最后答应了，没想到这才开始两个月就发生这样的事！他一路小跑，嘴里边暗暗祷告：老天保佑，千万别出事！千万别出事！

等到小秦跑到邹国志家时，得知蜜蜂打群架事件偃旗息鼓，他一屁股坐到地上，大口大口地喘息着。在场的人都用惊讶的眼神瞅着他。他这才发现自己浑身上下湿漉漉的，胳膊上被荆棘划拉得血淋淋的，裤子被剐蹭出不少口子，比

“乞丐服”还乞丐，两只鞋已经跑得咧开了嘴……他自嘲地笑了笑，心有余悸地问道：“打群架怎么制止的？”说实话，就是他在现场，也是没有一点招数。他又不是蜂王，蜂们会听他的？

一位村民说：“刚好来了一个外地人，他冲进现场，用泥土把蜂桶周围的缝隙堵死，用木棍把蜂门也堵上……”

“外地人？干什么的？”小秦不解地问道。

“好像是来旅游的吧。嗨，他也是瞎逞能，连个草帽也没带，头被蜂蜇得像个皮球，眼睛都睁不开了……”

小秦“嚯”地站了起来，一脸焦急地问：“他人呢？”

“被120拉走了。”

等小秦赶到医院，扒拉开围绕在床边的村民，好半天他才认出来，那个满身红肿的“见义勇为”者不是别人，是父亲！他眼里的泪水像是开闸的坝，一下子决堤了：“爸！”

原来，父亲担心他年轻，便给单位提出申请，和儿子一起驻村扶贫，今天是来报到的。

在这对父子兵的带领下，建设村人均年收入由原先的2000多元上升到近万元，邹国志发展中蜂养殖、中药材种植，加上宅基地复耕补助，2019年收入约15万元，彻底脱贫。

父亲的三国故事

这天晚上，一鸣回到家，又是一身酒气。父亲微微皱了一下眉头，说：“又有应酬？”

一鸣说：“没有，跟我几个兄弟小酌了。”一鸣是单位的局长，跟属下的关系处得好。时间久了，大家当面叫他局长，私下都叫他大哥。大哥长大哥短的，不知情的人还以为他们是亲兄弟。

父亲也知道，一鸣说的几个兄弟是他单位的同事。父亲并没有责怪一鸣，说：“三国的故事你知道吗？”

父亲今天没有吃错药吧？怎么问起这个话题？一鸣从小就怕父亲，还是老老实实地回答："爸，这个我知道。三国说的就是东汉末年魏蜀吴三国的故事。"

父亲说："刘备文不如诸葛亮，武不如张飞、赵云，为什么他们两个，包括其他兄弟都死心塌地拥戴他？"

这也太小儿科了吧？！一鸣的不以为然没有表现出来，老老实实地回答："就因为刘备有德，德行好，才有威望，才能服众。"

父亲点点头，又说："一鸣，你知道桃园结义的故事吗？"

《三国演义》谁没看过？这个难不倒一鸣，他张口就来："东汉末年，朝政腐败，再加上连年灾荒，人民生活非常困苦。刘备有意拯救百姓，张飞、关羽又愿与刘备共同干一番事业。三人情投意合，选定张飞庄后一桃园。此时正值桃花盛开，景色美丽，张飞准备了青牛白马，作为祭品，焚香礼拜，宣誓完毕；三个人按年岁认了兄弟。刘备年长做了大哥，关羽第二，张飞最小，做了弟弟。"

父亲说："这是《三国演义》里的版本，民间还有一个版本呢，你知道吗？"

一鸣怔了一下，缓缓摇了摇头。

父亲说："当时刘备、关羽、张飞三个人，在一棵大树下喝得醉醺醺的，都争着要当老大。刘备说，谁爬得高谁是老大。张飞闻听，二话不说，仗着一身蛮力，噌噌地爬到了树梢上。关羽呢，紧跟着爬到树杈上，说老二的位置就是我的了。刘备呢，嘿嘿一笑，坐在树根那儿，一动不动。"

一鸣给说糊涂了，说："爸，刘备最后怎么当了老大？您说的不对。"

"听人把话说完。"父亲不满地看了一鸣一眼，沿着刚才的话题继续往下说，"张飞说，我爬得最高，我是老大。刘备说，你爬得最高，那是树梢。先有树根还是先有树梢？张飞说，当然是先有树根了。刘备又说，若是没有了树根，还有树梢吗？张飞说，这不是废话嘛。刘备淡淡一笑，说，我占据了树根的位置，当然是老大了。关羽拍手称妙。张飞无话可说……"

"这个版本有点意思。"一鸣若有所思地说。

"喝点水，醒醒酒。"父亲给一鸣倒了一杯蜂蜜水，继续说道，"当老大的，首先得自己站稳脚跟，要不然，树上的兄弟都得跟着遭殃。称兄道弟没有错，说明关系处得好，关键是老大要认清自己的位置。"

至此，一鸣才恍然大悟，父亲是在借古喻今教育自己呢。

第三辑

幸福树

神 鞭

“神鞭”是德福老汉的外号。德福老汉自小就爱玩陀螺。玩陀螺具有季节性，一般流行于春天。“杨柳儿青，放空钟；杨柳儿活，抽陀螺；杨柳儿死，踢毽子……”便是极好的证明。德福却不这样，一年三百六十天，除了吃饭睡觉，时间都消磨在陀螺上了，即便到了二十啷当岁也如此。一个乡下人，不去侍弄庄稼，不去鼓捣点生意，这就有点不务正业了。也许是这个原因，没有一个女孩愿意嫁给他，一直光棍到老，真正的老顽童。德福老汉玩的陀螺花样百出，而且玩法创意多变：他玩的陀螺有木材的，有塑胶的，有金属的；他抽打陀螺时，可以倒立着打，可以转着圈打，可以翻着筋斗打……在整个河洛地区，玩陀螺的，还没有人能玩得过他。德福老汉打陀螺的鞭子也很特别，是用细麻绳捻搓而成的，有大拇指头那么粗，结实，不会滑动，两米多长，端头是长菱形的剑钉，不但能抽打陀螺旋转，自身也转，当它抽打陀螺的时候，发出响亮又清脆的声音。有不少人也想要德福老汉的鞭子，根本甩不起来，更别说抽打陀螺了，当地人称之为“神鞭”，久而久之，“神鞭”便成了德福老汉的外号。

1944年，日本人窜到了巩县，其实只是一个中队，几十号人，领头的唤作野太狼，他本人也是个“陀螺”迷，听说“神鞭”德福老汉后，差人把他“请”到据点来，说要比试一番。德福老汉爽快地答应了，约定三天后。临走前，两人还有一番对话。

野太狼说：“老人家，你肯定恼恨我们日本人为什么来中国。”

德福老汉盯着野太狼，一字一顿地说：“凡是中国人，没有一个不恨的！”

野太狼拿出一个小陀螺，一边玩一边说：“陀螺好比中国，鞭子好比大日本帝国。不抽打，陀螺就不会转动，换句话说，我们不来，你们就没有生机，就是僵尸一个。”

德福老汉不接野太郎的话茬，说：“比赛总得有个说法吧？”

野太狼说：“如果我输了，走人。如果你输了呢？”

“长这么大我还从未输过。”德福老汉不卑不亢地说。

“拿你们中国话说，骑驴看唱本——走着瞧。”野太郎的嘴角扯出一丝笑意。

从小鬼子据点回来后，大伙儿都劝德福老汉趁机逃走，毫无疑问，不管最终比赛结果如何，德福老汉都不会有好下场。德福老汉淡淡一笑，然后肃着脸说：“这里就是咱的家，往哪里走？该走的是小日本。”

约定的时间到了。德福老汉带去的陀螺是铁质的，个子大，看样子有两百多斤，呈倒圆锥形状。比试开始后，德福老汉双臂抱住陀螺，猛地一转，陀螺转动起来，却也摇摇欲坠，德福老汉忙挥起鞭子抽打陀螺，陀螺开始旋转起来，随着鞭子挥动频率的加快，陀螺转的速度逐渐加快。野太狼这才把他的陀螺搬出来，他的陀螺没有德福老汉的陀螺大，但轴心是斧头状的——德福老汉见状，暗暗吃了一惊。围观的小鬼子也都“嘿嘿”奸笑着，他们心里明白，一旦野太狼的陀螺碰到德福老汉的陀螺，德福老汉的陀螺必被撞坏，就不可能再旋转！如是这样，德福老汉必败无疑。

野太狼的用意也正是如此，他挥舞着鞭子驱赶自己的陀螺靠近德福老汉的陀螺，无奈，他的陀螺根本到不了跟前。一则是德福老汉挥舞的鞭子噼里啪啦，呼呼生风，无形中有股强大的力量；二则，德福老汉的陀螺的转速越来越快，本身就产生一种向外发散的力量，这两种力量合在一起，逼得野太狼的陀螺根本靠近不了。

野太狼心中恼怒，气得脸都成了猪肝色。德福老汉越玩兴致越高，似乎浑身有使不完的力气。野太郎的陀螺不及德福老汉的大，鞭子更像是兔子尾巴——不长，早已累得上气不接下气，他打陀螺的样子好似醉鬼在跳舞。胜败已成定局。看热闹的小鬼子都端起枪，瞄向了德福老汉。德福老汉忽然抽回绳子，原是左右开弓抽打陀螺，这次是直上直下劈打陀螺——说时迟，那时快，只听“嘣”的一声巨响，“陀螺”如同炸弹一样爆炸了，德福老汉，野太郎，还有周边围观的日本鬼子，无一幸免。

原来，德福老汉的陀螺是特制的，里面装有火药。当地人为了纪念德福老汉，每年春天都要举办“陀螺”比赛。时至今日，这项活动已经成为一个世界性的赛事，有不少外国选手，几乎年年都来参加。有趣的是，每届的冠军都是中国人，无一例外，都是河洛地区的选手。

大别山

1938年9月，正值秋天，山上的植被高低错落，远看一片绿色，像是给大别山披了一件绿颜色的毯子。近看，那绿色却深浅不一，墨绿、淡绿、嫩绿等，还有一些红叶、野花点缀其间，相映成趣。偶尔见到一两头黄牛在埋头啃草，那动作像是跟大地亲吻似的，怎么也亲不够；有几只山羊在山岩间跳来跳去……

忽然，“噹”的一声清脆的枪声打破了这里的宁静和安逸——日本鬼子进山了。准确地说是一个小队的鬼子，队长唤作野木次郎。“无恶不作”在小鬼子身上得到了详尽的诠释：有的烧老百姓的房子，有的抢老百姓家的粮食，有的去抓老百姓的鸡，有的欺负那些妇女和孩子……一时间，村子里鸡飞狗跳，浓烟滚滚，火光冲天，哭爹叫娘的声音此起彼伏。到了后来，村里的男女老少都被集中起来。小鬼子们站成一排，端起枪支，嬉笑着，准备把老百姓当作靶子来射。老年人掩面啼哭，小孩子瑟瑟发抖，有的瞪大着眼睛，呆呆的样子，似乎被吓傻了。

村里的族长江老爹，颤巍巍地走出来，给乡亲们求情。经翻译沟通，野木次郎才知道江老爹想用自己一个人的性命换取全村人的性命。野木次郎狂笑不已，举起东洋砍刀，想一刀劈了江老爹，又想这样太便宜他了，便指挥鬼子挖个土坑，想活埋了江老爹。

土坑很快挖好了，两个鬼子把江老爹推搡到土坑里。接下来，一掀土接一掀土撒落到江老爹身上。江老爹冷冷瞪着野木次郎，满眼的不屑和鄙视。男女老少都跪向江老爹，呜嗬呜嗬痛哭起来。

正在这紧要时刻，只听“啪”的一声枪响，野木次郎倒在地上。紧接着，密集的枪声响起，那些荷枪实弹的鬼子们全部被打翻在地——八路军来了。带队的是黄连长，击毙野木次郎的那一枪就是他打的。他们之前活捉了一个日本军官，才知道野木次郎进了大别山。幸亏他们赶到得及时，救下了江老爹，救下了全村的百姓。

接下来，黄连长和战士们一起帮助老百姓恢复了正常的生活和生产，之后又在山上挖了数个山洞。黄连长告诉江老爹，这些山洞，平时可以储粮，战时可以藏身。

后来，江老爹的儿子为了打日本人，当兵去了。多年后，江老爹和村里人才知道，他参加的是国民党。

1947年11月，深秋时节，跟十年前相比，景致相差无几。山上绿色的植被像是被红颜色染了，深深浅浅，有的趋近于黄色……天地间弥漫着冬天的气息。

半个月前，黄团长的部下撤出了大别山，他不得不留了下来。说实话，黄团长不想留下，他不是想跟着部队去战斗，他是怕连累了当地的老百姓。现在是非常时期，国民党、土匪时不时进山抢夺粮食，骚扰百姓，一旦发现老百姓收留了他，他倒不怕死，他担心老百姓跟着遭殃。再说，他的腿被子弹打中，已经感染化脓，想走也走不了。

得知黄团长要留下养伤，老少爷们争抢着收留他：

"住俺家，俺娘会擀面条。"

"俺家地方宽敞，住俺家。"

"谁也别争了，住我家！"江老爹一句话，大家伙都不吭声了。

不是说江老爹是族长，也不是说江老爹的儿子当兵去了，家里有地方，因为江老爹是个土先儿，对跌打损伤有一套治疗的办法。

就这样，黄团长住在了江老爹家。说是住在江老爹家，乡亲们没少来看望他，今天李家送来一张油馍，明天张家拿来两个鸡蛋……江老爹也不劝阻大家，在他看来，都是应该的，怎么感谢都不为过。

江老爹隔三岔五上山挖药材，回来炮制后，让黄团长内服或外敷。

在江老爹和乡亲们的精心伺候下，不到二十天，黄团长几乎能下地走路了。他坚持要住进山洞里，江老爹也就没再勉强他。在那个年月，住在村里确实危险。

有一天，村里响起了枪声。黄团长放心不下村里的百姓，就从洞里走了出来，想看个究竟，不想被一群土匪抓个正着。

土匪们盘问黄团长，黄团长答非所问，引起了他们的警觉，决定挖坑活埋黄团长。

江老爹和几个乡亲赶到的时候，黄团长已经被埋到腰部那里了。见此情形，江老爹吓坏了，点头作揖，给黄团长求情："他是良民，不是解放军。"

其中一个土匪认出了江老爹，因为他之前去过土匪窝，给土匪们治过病。

江老爹觉得有戏，忙说："他是我的外甥，来这里跟我学医。"

"腿怎么受伤了?"

"上山采药摔伤了。"

"真的是你外甥?"

"真的。真的。"

几个土匪交头接耳，似乎还在犹豫。

江老爹说："若我说的是瞎话，你们可以活埋我。"

就这样，土匪们把黄团长放了。

……

过了好多年，黄师长已经离休，第三次来到大别山时，得知两个噩耗：江老爹的儿子在一次与日本军队的交战中，牺牲了；江老爹已经去世——他因为曾经给土匪治过病，又因为儿子是国民党，在那个特殊的年代，受迫害致死。

让黄师长欣慰的是，没过多久，江老爹的儿子被授予了"革命烈士"的称号，江老爹也给平了反。

从青丝到白发

青丝篇

两人擦出爱情的火花源于那次聚会。

那天的聚会是在老师家。有十几个同学，她是唯一的女生。她娇小玲珑，漂亮活泼，成了大家关注的焦点。开始的话题，仅限于学习啊，生活啊。后来，熟络了，话题就放开了，说到自己的喜好，穿着，美食，等等。老师也被现场的气氛感染，开玩笑地对她说："淑敏，将来你要找什么样的人啊?"这个话题一打开，男生们都瞪大眼睛瞅着她，想从她的话里捕捉到蛛丝马迹。淑敏调皮地歪着头，看看这个，望望那个，然后对老师说道："老师，爱情靠的是缘分。"这话说的是真理，其实也是废话，那些男生不免有些失望，包括他。老实讲，他是从心底喜欢她的。老师察觉到男同学的表情，不落忍，半开玩笑半认真地说："在场的这些同学当中，你有没有中意的？”她莞尔一笑，王顾左右而言他：“名师出高徒，您的这些同学当然都很优秀了。”老师心里有数，她是不愿意得罪任何人，又说：“对外在的条件，如家庭，有没有要求？”“嫁人是一辈子的事，不能说不考虑，那些只能算是附加项。”她的话题一落，就有不少大胆的同学表白：

“淑敏，嫁给我吧。我会一辈子对你好的。”

“我家世代经商，进了我家，享不尽的荣华富贵。”

“淑敏，我家有房有车。”

“淑敏，嫁给我，一切你说了算。”

……

等到大家都表白完，她哪个的话茬也没接，大声嚷道：“都中午了，我快饿死了……老师，吃饭吧。”

老师这才抱歉地说：“哎呀，不好意思，你师母没在家，我不会做饭，咱今天下馆子吧？老师请客。”

“饭做好了！”他束着围裙从厨房里出来了。

大家都愣了一下，然后来到餐厅。餐桌上摆了一桌菜，有荤有素，五颜六色，热菜还冒着袅袅的香气。她叫道：“哇！都是我爱吃的。”

大家这才注意到，餐桌上有片儿川、酥油饼、西湖醋鱼等几道小吃，都是在刚才聊天时她提及的。

白发篇

记得谁说过，想要获得一个女人的心，就要先征服她的胃。这话百分之百的正确。那次聚会，他的表现一下子俘虏了她的芳心。后来，她就嫁给了他。

春去春来，花开花谢。转眼两个人就到了金婚的年龄。

金婚纪念日那天，本来，亲朋好友要给他们张罗一下，好好热闹一番。他说，忙碌了大半辈子，没有请过一天假，没有歇过一个节假日，趁着这个特殊的日子清静一天。她欣然同意。

亲友们失望之余，也都表示理解。

他听从她的建议，哪里也没去，就待在家里。

临近中午，他说，我们去饭店吧，想吃啥？

她说，不去饭店，就在家里吃。

他说，保姆今天休息，谁做啊？

她说，你做。

他愣怔了一下，结巴道，我，我会做吗？

她说，你做的片儿川汤汁醇厚，酥油饼外皮酥脆，西湖醋鱼酸甜味美……

听着她的絮叨，他感觉像听天书似的。过了好半天，才一脸难为情地说，淑敏，我都想不起来了。他每天除了吃饭睡觉，几乎与世隔绝，泡在实验室，想的是工作，干的也是工作。

看着他满头的白发，她心中一酸，说老头子，给我煮一碗面吧。

他想了想，满脸愧色地说，淑敏，先放水呢还是先下面？

她上前抱着他，眼里的泪夺眶而出。

……

三年后，1996 年 11 月，她，中国科学院生物物理研究所研究员沈淑敏去世。又过三年零五个月，2000 年 4 月，他，“两弹一星”功勋奖章获得者、84 岁的陈芳允去世。

鲸　落

将军的眼睛缓缓睁开了，眼珠子骨碌来骨碌去，眼神也渐渐有了光彩。冷不丁一看，完全不像是一个病恹了多天的老人。一直陪护在床边的大兵又惊又喜，忙扶着父亲倚靠在床头，他觉得父亲能挺过这一劫。主治医生把大兵叫到一边，说这是回光返照，赶紧准备后事吧。看着父亲反常的举止，大兵也觉得不妙，父亲有可能要交代后事。

将军似乎知道大兵的心思，微微摆了摆手，说，我是谁，我是“虎鲸”，一时半会儿死不了。

父亲退役前，曾是海军某部的一名高级将领。有一年，一支代号“海中狼”的海盗多次袭击我国的商船，甚至到近海领域骚扰我国作业的渔民。上级下达命令，让父亲率队歼灭这支海盗。父亲说，鲨鱼的别名就叫“海中狼”，生性凶猛，喜欢攻击猎物。父亲便给自己起名“虎鲸”。他解释说，“虎鲸”是鲸鱼的一种，以鲨鱼为主要食物，是当之无愧的海中霸王。当时，“海中狼”的武器曾优于我们的海军，但是，既然接到命令，那就是不管多大的困难，也要打胜仗，歼灭“海中狼”，不折不扣地完成任务。父亲凭着良好的水性和过硬的本领，潜入海中，悄悄登上了海盗的船只，“里应外合”，最终消灭了这支海盗。从此，“虎鲸”便成了父亲的外号。

难道父亲放心不下自己？大兵忙说，爸，您放心，我是一名海军，也会成为一只“虎鲸”的。

那是必须的。将军说罢，欣慰一笑。子承父业，大兵成为一名军人，曾荣立过一次三等功，是将军一直以来引以为豪的事情。

大兵想了想说，爸，记得您当年说过，生前尽忠，死后尽孝。上级部门已经同意了，百年后让您回老家陪爷爷奶奶。爷爷奶奶在世的时候，父亲没有回来几趟；他们去世的时候，因为在外执行任务，也都没能赶回来。

将军扯了扯大兵的胳膊，说，那是“虎鲸”之前的事了……我现在已经改变了想法。

大兵诧异地看着父亲，不知道父亲还要做什么。

将军歇息了片刻，积攒了一些气力，又用微弱的口气说道，我是“虎鲸”，我要学鲸鱼。

鲸鱼？到这个地步，还跟鲸鱼学什么？到了这步田地还要生命不息，战斗不止？大兵万分诧异。

鲸落。将军的嘴里又吐出两个字。

鲸落？啥意思？大兵忙用手机百度了一下鲸鱼。通过搜索，大兵这才知道，鲸鱼整体的平均密度高于海水，死后会沉入大海，它的尸体会成为其他鱼类的食物。对一些小鱼来说，光是吃完鲸鱼的尸体就需要三年的时间。因为鲸鱼的骨架很大，对于那些小动物来说鲸鱼残存的骨头就是很好的庇护所，一些动物会在这里待上几个月甚至是几年的时间。再往后，某些厌氧细菌又会看上鲸鱼的骨头，分解掉鲸鱼身体内部最后的养分和能量。最后，光秃秃的骨头会变成海底的礁石，继续守护着海洋……鲸鱼之死，有一个很诗意的名字——鲸落。

一时间，大兵觉得有点惭愧。自己是一名海军，关于海洋的知识知道得太少了。爸，您是说将来要把自己的骨灰撒向大海？大兵说出了心中的猜测。

将军摇摇头，有些生气地说，撒进大海只会污染海水。

爸，那您的意思？大兵实在猜不透父亲的心思。

对于鲸鱼来说，海洋是它的母亲；对于我来说，祖国就是我的母亲。鲸鱼把自己献给海洋，我要把自己献给祖国。将军停顿了几次，才把这段话表述完整。

大兵没有顾忌父亲此时的状态，忍不住说道，爸，您把自己的青春年华，把自己的一生都献给了国家，还有什么要奉献的？

将军没有吭声，歇息了一会儿，才又断断续续地说，我还有自己的身体，我要捐献器官，把自己交给医生去研究，这是我能为祖国做的最后一点贡献。说罢，将军头一歪，咽气了。

爸！大兵哇的一声哭起来。

在旁边其他人的提醒下，大兵才看到父亲一直睁大着眼睛，没有合上。

大兵忍着悲痛，呜咽道，爸，我答应您，我答应您。

在场的人都惊讶地看到，大兵的话音刚落，将军的眼睛缓缓闭上了，一脸的安详。

送　行

1931年秋末的一天，树叶上的叶子开始凋零，小北风呼呼地刮着，天地间已经有些肃杀之气了。他带着夫人悄然离开了他供职三年的国民党浙江省政府。

杭州的老百姓已经知道他辞官还乡的消息，都早早地站在各自的大门外为他送行，一街两巷，有老的，也有小的。看得出，他们的眼神里有不舍，有敬佩，同时还交织着一种复杂的情愫。有些上了年纪的老人眼窝子浅，不住地掉眼泪。

他虽然已近六旬，依然挺胸抬头，缓缓走在街道上，迎着父老乡亲的目光。他心里有愧疚，更多的是坦然——他虽然没能使这一方百姓安居乐业，但他尽心了，努力了，没有做过一件心中有愧或者说伤天害理的事儿。

忽然，他看到，每家门前都放着同样的东西，一盆清水和一面明镜！那一刻，他的心发堵，鼻子有些发酸。他知道，这是老百姓对清廉无私的最高褒奖。自古以来，杭州城怕是没有一个官员有过这样的待遇！又想，当官就不是为了发财，当官就应该清廉！一念至此，他那汪在眼里的泪始终没有跑出来。倒是对他们，对这满城的百姓，有着深深的自责和不安。假如继任者疏于政务，贪得无厌，遭殃的不是老百姓吗？可是，上峰已经不再信任他，即便不辞职，他忍辱负重无所谓，到头来受苦的怕还是老百姓。罢，罢，罢，一走了之，天下哪有不散的宴席。

望着他的背影，送行的老百姓“扑通，扑通”一个个都跪下了，先是一个人哭，继而两个人哭，三个人哭，四个人哭，旋即，哭声一片。

他没有转身，一边缓缓地走，一边自言自语道，这算什么事，又不是送终。

乘船走到一个偏僻的河湾，一条小船箭一般从芦苇中窜出来，拦在了他们面前。

打劫！他当即打了一个愣。

正是一群拦路抢劫者。

活了大半辈子，什么样的阵势没见过？很快，他镇定下来，冷冷地说：“要钱没有，要命尽管拿。”

其中一个蒙面人，手里举着耀眼的大刀，像是头目，说：“堂堂一个省政府主席，没有钱财？笑话！”

太太紧紧挽着他的胳膊，哀求道：“好汉，我们真的没有。”

大刀蒙面人盯着夫人，皱着眉头：“你是谁？”

太太说：“我是他的太太。”

“嘿，老妈子倒有可能。”大刀蒙面人扑哧笑了，压根不相信她的话。她的脸颊上早已爬满了深深的皱纹，穿着一身粗布衣服，特别是那一双手，粗糙得像是农村的老婆婆。大刀蒙面人不知道，他的，还有全家人的衣服、布鞋都是她一针一线缝纫出来的。

他没有去计较太太的真伪，朗声说道：“老夫虽然为官多年，没有积蓄，古玩字画，金银珠宝，一件都没有。”

大刀蒙面人一狠心，说：“若照你说的，行李中没有财物，就跪送你三十里。若是有财物呢？”

他不假思索地接上话茬：“那就杀了老夫。”外人不知道，生死在他眼里都是笑谈。在他办公室的墙壁上挂着一幅山水画，山水画后面藏着一个神龛，摆着一个他的灵牌——那是他的生死灵位！他上任那天起就立下誓言：誓为天下百姓谋福利而死，不贪钱不贪色，不赌博，不纳妾，洁身自好，松坚霞灿。我在职一天，灵位伴我一天，若有半点差错，决不犹豫，立即自裁，以谢天下！

大刀蒙面人跳上船搜找他的行李，经过反复检查，最终只找到二十块零碎的钞票，余下的便是旧衣服和书籍。

大刀蒙面人朝他深深地鞠了一躬，然后摆了个手势，带头跃入水中，和众弟兄在河滩上跪送他了三十里。

他，就是张难先，谱名辉澧，号义痴，湖北沔阳（今仙桃市）人。历经清末、中华民国和中华人民共和国成立后的20年。他反清、反袁、反蒋而拥共，1968年9月11日在北京病逝，走过漫漫94年人生路。2009年被选为“为新中国成立做出突出贡献的50位荆楚英雄模范人物”。

唢呐王

山里来了个吹唢呐的，自称姓王，大伙儿叫他“唢呐王”。至于他的底细，村里人并不清楚——他说自己的家乡被鬼子占领了，无家可归。山里人菩萨心肠，收留了他。山上有两孔破窑洞，他收拾一下，总算有个窝了。

“唢呐王”六十多岁，依然有着过人的耐力、娴熟的技能：有时站着吹，有时坐着吹，有时躺着吹，有时倒立着吹；有时用嘴吹，有时用鼻子吹；唢呐上有碗子、杆子、哨子等部件，他有时一边卸一边吹。有时吹传统曲谱，有时吹民歌小调。唢呐的声音清脆，或深远悠长，或婉转凄凉，仿佛在讲述着一个个不同寻常的故事，让听的人时而激情澎湃，时而沉思遐想，时而潸然泪下。这就是唢呐的特点：高兴了送你入洞房，悲伤时送你见阎王。更绝的是，别的唢呐班要好几个人才能把场子撑起来，“唢呐王”一个人就行：左手拿唢呐吹，左手臂的肘关处绑一扇钹；右手的手心攥个钹，手背面绑一根敲锣鼓的棍，鼓绑在腰上，胸前吊着锣……以至于有的时候大老远就听见锣鼓喧天，却不知这所有的声音是他一个人鼓捣出来的。

“唢呐王”不像个正经的庄稼人，每天来去匆匆，不是钻山林，就是往城里跑。村里人问他，他说上山砍柴。有时会说城里朋友办事，吹唢呐去。对此，村里人也不过多议论，兵荒马乱的年代，自家的日子稠得数不过来，哪顾上外人的？有一天，“唢呐王”带回来一个八路军伤病员。村里有人害怕得不得了，因为鬼子就在城里住，若是走漏了消息，那还了得？“唢呐王”笑着安慰大家，说：“没事的，山里偏僻，鬼子不会来的。若是有事，我不会连累大家。”直到把那位八路军伤病员的伤养好，“唢呐王”才把他送走。小鬼子猖獗的时候，也来扫荡过几次，村民们都安然无恙——“唢呐王”给大家约定了信号，有紧急情况，他就学狼嚎，大家赶紧躲起来。他的口技也是一绝，有一次学画眉叫，还引来了两只真画眉。

没过几天，来了一队小鬼子，搜寻“唢呐王”。“唢呐王”没在家，上山了。小鬼子就把村里的男女老少集中起来，说“唢呐王”是八路军的地下交通员，要他们说出“唢呐王”的下落，不然就统统杀了他们。正在这要紧关头，一声嘹亮的唢呐破天而降，热情欢快，高亢激烈，仿佛是天籁之音。村里人听出来了，那是“唢呐王”常吹的《百鸟朝凤》，先是一只鸟，接着两只鸟……有喜鹊，有黄鹂，有山椒，有斑鸠，有画眉，等等，百鸟和鸣，其乐融融，一派大自然的祥和景象。

“唢呐王”？小鬼子们回过神，兴奋异常，循着声音开往山里。山路陡峭、崎岖，山林高大、茂密，小鬼子们走得跌跌撞撞，一个个像是醉鬼。走着走着，听到密林里传来叽叽喳喳的说话声：

“指导员，你这是啥枪？”

“呵呵，这是匣子枪，缴获小鬼子的。一次装20发子弹，既能单发，也能连发，性能不亚于机关枪。”

“指导员，打一枪试试。”

“指导员，也让我们开开眼界。”

“就是，就是。”

“不合适吧？鬼子听到了怎么办？”

“咱这么多人怕个啥，正等着他们来呢。”

紧接着只听“啪”的一声枪响，子弹似乎刺破了天空，带着哨音而去。

……

难道是八路军的主力部队？不像是。不过，小鬼子们还是被吓坏了，从声音上判断，至少有一二十人！而他们，只是一个小队，八个人。地形又不熟悉，贸然进山，用中国话讲，无疑猪去缚虎——自寻死路。小鬼子也不是傻子，忙悄悄撤退。狼狈的样子，如同咬架吃了亏的野狗。

城里住着一个连的鬼子，头目叫山野木子。他听了小鬼子的汇报，如同一条多天没有找到食儿的狗啃住骨头似的兴奋，留下几个老弱病残的守门，其余的，统统开往山里。

这一次却也奇怪，山野木子带人进山后，只是听到了唢呐声，不远不近，若即若离，仿佛人就在眼前不远处，走过去，再支起耳朵辨认，又像是在山头那儿。望着大山深处，山野木子似乎明白过来，难道属下听到的一切都是“唢呐王”的“杰作”？莫非八路军使用的是调虎离山之计？山野木子正自疑惑，忽然听到城里传来激烈的枪炮声！隐隐约约，不甚真切，却也听得分明。他暗叫不好，带兵急急往回赶。等到了城里，碉堡已经被炸，营房被烧，到处一片狼藉。山野木子来不及撤退，成了瓮中之鳖……

那天，“唢呐王”下山后，村里人问他干啥去了。吹曲。他拍了拍腰间的唢呐。

村里人继续问他：“你是不是八路军？”

“唢呐王”笑了笑，说：“我只会吹唢呐。”

后来，“唢呐王”就从村里消失了。有人说，这个地方没有鬼子了，他去了有鬼子的地方。这话有人不信，说吹唢呐能打鬼子？吹吧。

英雄坟

1942 年深秋，山上的青枝绿叶渐次枯黄，有的已经恋恋不舍地离开枝头，在空中挣扎几下，最终无力地滑落下来。乌鸦在头顶上划过，冷不丁怪叫一声……四野一片肃杀、败落的景象。那天，刘福带着爹娘辗转到了袁村。说得更明白一点，他们是一路逃荒要饭过来的。这是一个偏僻的山寨，若不是一条山路与外边藕断丝连，几乎就是一个封闭的世界。寨里有四五十户人家，是从一个大家族繁衍出来的村子，这里的男人都姓袁，故称袁村。

村里人不想收留他们，让他们留下来，就得分配给他们一些让人活命的东西，如田地，如果树，如柴草，等等。在那个兵荒马乱的年月，撵他们走，无异于把他们逼上绝路。老族长也是菩萨心肠，沉吟了一下，说：“收留你们可以，但这孩子必须改姓，刘改为袁。”“这孩子”说的就是刘福。改姓还不简单，刘福想答应，他的爹娘“噗通”“噗通”跪下了。刘福的爹说：“刘福是俺刘家的独苗，改了姓等于绝了后。”老族长不高兴地说：“绝后总比绝命强吧。”刘福的爹一咧嘴巴，呜喃呜喃哭开了，鼻涕一把泪一把的：“没了后，将来谁跟俺上坟呢？”他没哭上几声，一下子昏了过去——可能是饿的，可能是累的，还有可能是被气的。老族长叹了一口气，算是接纳了他们。

把家安下后，他们算是袁村的人了。刘福这孩子也勤快，天天钻进深山里砍柴，自己烧不完，便东家一捆西家一捆地送。山里人毕竟纯朴，没有多少个日出日落，三口之家的刘家人便与袁村融为一体了，相处得很是和睦。

来年夏天，一支长途跋涉的八路军在袁村稍加休整，刚翻过山，日本人如苍蝇见血似的，一路追到了袁村。山高林密，一眼望不到边，小鬼子不敢进山，他们让村里人带路，要不然就大开杀戒。看到老老少少一个个瑟缩发抖、惊恐无助的模样，刘福站了出来，说要带小鬼子去找八路军。那时，刘福刚二十岁出头，胡子还没长出来，在外人看来，就是个愣头青。

小鬼子兴奋得像野狗啃住了骨头，收拾起架好的机枪，跟着刘福进山了。

刘福这一走，就再也没回来，真个是活不见人死不见尸。

村里人传言，刘福是跟日本人走了。刘福爹娘的日子可想而知。平时见面，村里人对他们翻白眼，甚至吐口水，或是说些发狠的话，完全没有了往日的温暖和乡情；他们种的蔬菜，花蕾一出来就被糟蹋了；他们不在家，门窗上会被涂上屎巴巴……老族长心里不忍，私下让他们逃往他乡。老两口不走，说走了，刘福就再也找不到家了。后来，运动来了，批斗他们成了家常便饭。老两口似乎也习惯了，不喊冤不叫屈，默默地忍受。两个人均是六十出头，头发全都白了，脸上沟沟坎坎，像是到了耄耋之年。

某年某月的某一天，忽然当地民政部门来到了袁村。袁村人这才知道了刘福失踪后的消息。

那天刘福把小鬼子带到一个绝境，然后自己从一个隐蔽的小路成功脱身。之后，他找到八路军，报告了小鬼子被困的消息。这支八路军在刘福的带领下，瓮中捉鳖歼灭了这队小鬼子。之后，刘福就跟着八路军走了。一次在与小鬼子的激战中，刘福牺牲了。因为事务繁忙，音信不通，部队没有把刘福的死讯及时给捎回来……来人还说，若不是刘福，那队小鬼子有可能放火烧山把袁村给毁了。

刘福的爹早在两年前就病逝了。这时候，刘福的娘已经是八十多岁的老人，种不动庄稼了，以捡破烂为生，有时乞讨。听了来人带来的消息，老人家一句话没有说，眼里的泪，却珠子似的一粒一粒滚落出来。

此时老族长已经去世，管理村子的叫队长，袁队长。袁队长对刘福的娘说："老……刘奶奶，您放心，我们全村人养活您！"

第二天早上，放羊的孩子发现刘福的娘躺在了刘福爹的坟头上，老人家收拾得干净清爽，早已没了气息。袁队长出面，组织村人把老人掩埋了，同时埋的还有刘福曾经穿过的衣服。坟上立着一块石碑，上面刻着三个大字："英雄坟"。每到清明时节，"英雄坟"前香烟缭绕，祭拜的人不断，几乎清一色的袁姓人。

如今，袁村已经改为刘村，尽管村里没有一家刘姓。

幸福树

早上起来，花奶奶一眼就发现，院里的老榆树跟往常不一样，垂头丧气的，没有了精神，说得文雅一些，枯萎了；说更准确一点，死了。她颠着小碎步，走到老榆树跟前，抚摸着斑驳的树皮，凝望着打蔫的树叶，才明白过来这是真的。她的心似乎要碎了，眼里的泪慢慢渗了出来，一滴又一滴。人也仿佛跟抽了筋似的，没有一点力气，抱着树干慢慢秃噜到地上。

花奶奶养有一只小花狗，小家伙机灵着呢，围着花奶奶转了两圈，发现情形不对劲，便对着山下汪汪大叫，发疯了一般。

听到小花狗的叫声，村支书老贵觉察到了异常，慌慌张张进了山，及时把花奶奶送进了医院。

花奶奶嫁过来那年，老榆树就有几把粗了，树冠像怒放的花朵，遮天蔽日的。到了夏天，下面透不进一缕阳光，凉爽着呢。除了冬天，其他几个时节都在树下吃饭。有时，花奶奶坐在树下纳鞋底，老头子靠着老榆树，半躺半坐，嘴里叼着旱烟袋，半天滋溜一口，很享受的样子。等到大栓出生，树下就热闹了。大栓三四岁的时候，树上树下攀爬，麻溜得跟猴子似的。等到有了孙子小宝后，儿子媳妇怕摔着小宝，压根不让小宝爬树。嗨，老话咋说哩，孩子摔大不生灾，葫芦吊大把不歪。他们不懂得这个。

花奶奶知道“幸福”这个词后，便把老榆树唤作“幸福树”。她说，若不是这棵榆树，一家老小都是死几死的人了。

有一年大旱，庄稼一出苗就旱死了。春上，把榆钱（榆树花）捋下来，蒸着吃；到了夏天，把榆树叶捋下来，熬汤的时候，下到锅里，汤也不稀了，还有菜吃；到了冬天，吃榆树皮。俗话讲，人怕没脸，树怕没皮。树没有了皮是要死掉的，害怕榆树死，割榆树皮的时候便剩下并拢两个指头那样宽窄。

那年夏天，日本人来了，烧杀抢掠，无恶不作，村里人死的死，伤的伤，逃的逃，花奶奶一家几口就躲在榆树上，被繁茂的树叶遮挡得严严实实，算是躲过了一劫。

……

二十多年前，大栓和媳妇孙子都搬到镇上去了。花奶奶不愿下山，说在山上一辈子了，镇里住着不习惯。

大栓就没再强求，遂了娘的意。他知道，爹还在山里埋着，娘不愿意离开，还有老榆树，娘都舍不得。山里空气好，幽静，有个小院子，养鸡喂狗，接地气，很有家的气息。要不是山上不通电，大栓还真不想离开呢。

花奶奶住了几天的医院，精神大有好转。这天，大栓喂她吃了饭，然后打开手机让她看一张照片。

看到那张照片，花奶奶的眼睛忽闪忽闪的——是老家的小院，老榆树青枝绿叶的，难道又返老还童了？

大栓说："娘，这是一棵光伏树。"

光伏树？花奶奶一脸的迷茫。

大栓赶忙解释说："娘，瞧这棵树顶上面有几块太阳能板子，能把日头的光变成电。"

"电？"

"变出的电不但咱家能照明，用不完还能卖钱呢。到了夏天，下面照样可以凉快，可以避雨，可以听广播……"

花奶奶边点头边说："现在的人真能，这是谁弄的？"

大栓说："娘，十一科技搞的，这是一家很有实力的公司……"

花奶奶瞅着树看了半天，想了想，说："好是怪好……我是今天脱了鞋不知道明天还穿不穿的人了，弄这样的树不是浪费吗？"

大栓打断娘的话，说："娘，您是老寿星，日子长着哩。"

花奶奶咧着嘴乐了。

大栓又说："娘，老贵领着小宝他们到外地转了一圈，小宝有了想法，打算利用咱的石头窑开农家乐呢。"

"农家乐？"花奶奶又糊涂了。

大栓解释道："就是开个农家菜饭馆，城里人喜欢这个。"

花奶奶盯着手机里的那棵树，喃喃地说："孩子，这才是'幸福树'！"说这话的时候，花奶奶的眼睛似乎被电点亮了，一下子亮闪闪的。

改名字

他乳名牛粪，学名牛奋。四岁之前，牛奋没有觉得自己的名字有什么，反而觉得挺好玩的。大人们叫他的时候，总是重复叫两遍甚至多遍。有的还特关心他："牛粪，你今天吃了吗？"他会很天真地回答"叔叔，我吃过了"或"叔叔，你吃没？"等到他稍微懂事后，觉得这个名字不好听。尽管他在北京长大，没有见过牛粪，但他知道"粪"不是好东西，他也清楚自己已从"粪"升华为"奋"，可是，他从一些孩子或某些大人的眼光中看出了他们的"不怀好意"。

牛奋对妈哼唧："妈妈，我要改名。"

妈妈说："名字是你爸爸给起的，不能改。"

牛奋委屈地噘着嘴："我这名字不好听。"

"怎么不好听？即便不好听，也不是说改就能改的。"

有一次，爸爸给妈妈打电话。爸爸在西藏当兵，难得回来一趟。妈妈曾对牛奋说过："见你爸爸一面，比织女见牛郎还难。"即便是电话，也是很少打的。妈妈不敢在电话里家长里短地啰嗦，报过平安之后，把话筒递给牛奋，让他给爸爸说两句。牛奋对着话筒大声说道："爸爸，我要改名字！""小兔崽子，你敢！""……"牛奋想不到爸爸会用这样的语气给他说话，愣了一下，"哇"的一声哭了。

那时候，牛奋正处于叛逆期，可以想象，他有多恨爸爸。爸爸再来电话时，他也很少跟爸爸对话了。高中三年，爸爸没回来过。考上大学那年，有了爸爸成为烈士的消息，据说是在边境线上巡逻时，遭遇了雪崩。

随着年龄渐长，牛奋已经不是初生的牛犊了，觉得自己的名字其实特响亮，特气派，特有诗意。"不待扬鞭自奋蹄"，说的就是牛，他本姓牛，起名奋，蕴含了爸爸多少祈盼啊。后来，谈了一个漂亮的女朋友。他还得意地自嘲，说这可真是鲜花插在了牛粪上。

牛奋大学毕业后，在北京找了份工作，接下来，顺理成章地，结婚，生子……如果妈妈不告诉他那个故事，他可能就此在北京终老一生。

是关于他名字由来的故事。

爸爸十八岁进藏。妈妈是内地人，两人结婚后，妈妈也去了西藏。牛奋出生的时候是个冬天，大雪已经封山一个月了，不能去医院，妈妈只能待在家里。山上没柴火，烧水、做饭、取暖用的都是牛粪。在那地方，牛粪不是垃圾，比黄金还珍贵。有的人家除了平时捡拾，还去集市上买。家里的牛粪已经所剩无几，屋子里冷得跟冰窖似的。那一天，雪无声地飘着，风吼吼地刮着。屋子尽管封闭着，风还是想方设法钻进来，像是有人在吹口哨。等他哇哇来到这个世上时，家里已经没有一点牛粪了。妈妈把他揽在怀里，周围用被子裹上都不顶用，最后，他还是给冻得没有了气息。妈妈吓傻了，爸爸巡逻还没有回来。在这危急关头，附近的藏民来了，冒雪送来了牛粪，不是雪中送炭胜似雪中送炭。牛粪点燃后，随着忽明忽暗的火苗，屋里的温度一点一点升了起来。这时候，出现了奇迹，他忽然睁开了眼睛，有了呼吸……后来，爸爸就给他取了个乳名“牛粪”。

妈妈讲完，已经是眼泪汪汪。

牛奋半天才回过神来：“妈，后来我们怎么回了内地？”

妈妈叹口气，说：“生了你以后，我的身体素质变得很差，你的高原反应也很强烈，为了我们娘儿俩，你爸爸就让我们回来了。”

“妈，您怎么不把我死里逃生的事早点告诉我？”牛奋有点不解。

妈妈看了牛奋一眼，略带一丝愧疚地说：“孩子，妈担心你知道真相，会去西藏……”

牛奋没有责怪妈妈，他认真地说：“妈，如今您有媳妇照顾，不用再担心身边没人陪伴了。我今年才42岁，正年轻，还可以去西藏做点事。何况，爸爸的骨灰还撒在那里，我应该去。”

“怎么，你要辞职？”妈妈给吓了一跳。

牛奋点点头。

看到牛奋倔强又坚毅的眼神，妈妈知道自己再多说也是无用的。

后来，牛奋去了西藏，到了爸爸生前工作过的地方。到了那里的第一件事，就是学习认识牛粪、捡拾牛粪，把湿牛粪弄成圆饼子，贴在院墙上晒。他没有想到，在高寒地带，低温加上烈日的暴晒，牛粪里面所有的水分和各种生物都没有了，燃烧的时候没有一点儿怪味，甚至还有一丝淡淡的好闻的味道。

牛奋去西藏没多久，妈妈看到他的网名改为“牛粪”。

红枣飘香

八路军走进老庙村的那天起，部队官兵严格遵守“三大纪律八项注意”，把一所破庙收拾一番就住了进去。他们每天到老百姓家里去，帮助老百姓重建被鬼子毁坏的家园，有的爬上房顶修缮房子，有的钻到灶间砌灶台……该吃饭的时候就回到破庙里，吃自己带的干粮。老百姓过意不去，有的拿出珍藏的粮食，有的把自家的皂角让战士们带回去洗衣服、洗头等。八路军纪律严明，没有一个接受老百姓“小恩小惠”的。

杨静的帮扶对象是王大娘。王大娘的儿子和儿媳都被小鬼子杀害了，留下一个不满八岁的孙子小豆豆。杨静一边安慰王大娘，一边激励她，让她从悲痛中站起，和全国人民一道把小鬼子赶出中国去！在杨静的帮助下，王大娘的心情逐渐晴朗起来。有时候，杨静以小木棍为笔，沙土为纸，或用锅底灰涂在墙上，白粉土制成粉笔，教小豆豆认字。

王大娘家的院子里有棵弯弯的枣树，枝繁叶茂，有着上百年的树龄。眼下正是秋天，枝头上挂满了枣子，嘟噜连串的，把枝头都压弯了。枣子红澄澄的，亮晶晶的泛着光泽，再有几天光景便该采摘了。这天眼看着天黑了，王大娘走到枣树前，伸手去摘枣。小豆豆跑了过来，嚷嚷道：“奶奶，奶奶，不要摘嘛！”王大娘说：“这枣子是给你杨姨吃的。”小豆豆一下子噘着嘴，显得很不乐意。王大娘说：“咋？不舍得让你杨姨吃？”小豆豆看了正在给奶奶缝补褂子的杨静，说：“我，我想把这些枣子卖了，买枪打小鬼子！”王大娘笑了，说：“你杨姨他们就是打鬼子的！”小豆豆看了一眼杨静，又看了一眼奶奶，似乎不相信奶奶的话。杨静说：“小豆豆，奶奶说的没错，我们就是打鬼子的！”小豆豆的脸上这才漾出了笑意。

杨静要走了，王大娘执意要把枣子给她，她不要。小豆豆呢，胳膊叉开挡住大门，说：“阿姨不拿不让走。”推让半天，杨静只好把枣子装进自己的口袋。回到驻地后，杨静把枣掏出来，借秤一称，一斤二两。于是，她按市价，用当时使用的货币，连夜送给王大娘。当时小豆豆还天真地问：“阿姨，为啥给钱啊？”

杨静说："小豆豆，咱八路军有三大纪律八项注意。"

小豆豆又歪着头问道："阿姨，啥是三大纪律八项注意？"

杨静就耐心解释道："三大纪律就是一切行动听指挥，不拿群众一针一线，一切缴获要归公；八项注意就是说话和气，买卖公平，借东西要还……"

小豆豆似懂非懂地点点头。

"嗨，有这样的部队，咋能不打胜仗呢。"王大娘感慨道。

又过了几天，杨静和王大娘坐在枣树下纳鞋底。忽然，枣树上落下几颗枣子，刚好掉到杨静身边的泥地上。

王大娘捡拾地上的枣子，在衣襟上擦了擦递给杨静："闺女，吃吧，掉地上的，是老天爷让你吃呢。"

"大娘，这枣不能吃！"杨静摇摇头。

"又没有人知道，只管吃罢。"王大娘劝说道。

"大娘，你知，我知，天知，地知，怎么会没人知道呢？"杨静环顾四周，"豆豆呢，我给他带枪来了。"

"我在这儿呢。"说话间，小豆豆从高高的枝杈间猴子一般哧溜滑了下来。

杨静这下明白了，祖孙俩为了让她吃到新鲜的枣儿，小豆豆爬上枣树轻轻摇晃树枝，落在地上的全是熟透的枣儿啊。

杨静从背包里摸出一把木头手枪，朝小豆豆晃了晃，小豆豆高兴得涨红了脸。

一阵微风吹来，院子里飘荡着枣香，那样的沁人肺腑，润人心田，使人差不多要醉了。

常香玉二题

看戏

这是一个真实的故事。

故事发生在1951年的秋天。故事的主人公是我的老乡，所以我清楚事情的来龙去脉，绝对没有添油加醋的成分。

听说郑州有唱大戏的，三个孩子嚷嚷着要去看戏。小玉不到 7 岁，小香 5 岁，嘉康 3 岁。看着这三个不谙世事的孩子，老张愁死了，甚至后悔把他们从西安的幼儿所接回来。

老张重重叹了口气，无奈地说：“孩子们，咱这里到郑州七八十里，远着呢，咋去？”

嘉康扬着脸，天真地说：“姥爷，咱坐妈妈的汽车去。”

小玉嘟囔道：“咱妈把汽车卖了。”说到这里，小玉的小嘴撅得能拴头驴。

小香歪着小脑袋想了想，说：“姥爷，咱坐火车去。”

那时，巩县有到郑州的火车，基本上都是货车，老百姓去外地，没钱坐客车，都是扒火车。铁路就从家门口过，每次路过的火车的车厢上，全都坐满了人，好像车厢是个磁铁，把他们牢牢地吸在上面。有一次，小玉问姥爷：“姥爷，火车跑来跑去，都去哪里啊？”老张说：“往东到郑州，往西到洛阳。”“姥爷，哪里是东啊？”“日头出来的地方就是东，落山的地方就是西。”……

现在听说小香要扒火车出门，老张说：“就你们小屁孩？甭想。”那一年老张的娘病了，到郑州买药，结果，车到许昌才停。等几天后老张把药拿回来，老娘已经咽气了。邻居老周哥，从郑州回来时，车到巩县不停，跳车时，一条大腿给摔断了，因没钱治疗，至今还瘸着。

忽然，小香“哇”的一声哭了。

老张忙拉过小香：“小香，好好的哭啥呢？不看戏就不看戏呗？有恁委屈？”

小香止住哭泣，说：“姥爷，我，我想回家。”

老张没好气地说：“你妈把房子都卖了，哪还有家？”闺女真憨，好不容易在西安买了一套房子，却把房子卖了。

小香不知道姥爷为什么生气，哼唧道：“姥爷，我，我想妈妈。”

小香这一说不当紧，嘉康的嘴一咧：“姥爷，我也想妈。”说罢，咧着小嘴哭起来。几乎是同时，小香和小玉也哭起来。

一时间，老张束手无策。说实话，他也想闺女。可是，闺女在哪里，他也不知道。不过，道听途说得了不少消息，今天这个说在新乡，明天那个说在广州，还有的说在武汉。你说说，一个女娃，三十岁不到，出去疯啥呢？就你中，就你能？！看着三个孩子一个个哭得跟没娘孩子似的，老张眼角的泪也止不住流起来。

老张这么一哭，三个孩子倒吸溜着鼻子，不哭了。

小玉到底年龄大一些，说：“姥爷，俺不想妈了，俺也不去郑州看戏了。”

小香说："姥爷，您不哭，俺不坐火车了。"说罢，小香哭得更厉害了。

第二天早上，老张一觉醒来，忽然发现三个孩子不见了！他回过神来，才明白他们离家出走了。老张急忙起来寻找，先是在村里，后来到县城……那时候，没有交通工具，没有通信工具，可以想象寻人的艰难。老张用脚步丈量着巩县的每一寸土地，见人就打听，遇到水井就趴在井口看半天……

就在老张在巩县疯一般找三个孩子的时候，他们已经到了郑州的街头。头天晚上老张扯起呼噜后，三个孩子就溜出了家门。他们不敢扒火车，害怕迷路，顺着铁路走。小香说："姐，到郑州能找到妈妈吗？"小玉说："只要有唱戏的，找不到，也能打听到。"天黑漆漆的，路边的秋虫此起彼伏，还有不知名的夜鸟，冷不丁地怪叫一声，小香带着哭腔说道："姐，我害怕。"嘉康"哇"的一声哭起来。

小玉也害怕，但谁让她是姐姐呢，她说："不怕，小香，咱唱吧。"

"中。"小香哽咽道。

嘉康记不住词，跟着两个姐姐哼起来：

"刘大哥讲话理太偏，谁说女子不如男，男子打仗到边关，女子纺织在家园……"

妈妈在家的时候，三个孩子经常听她唱这一段。

这一走，就是一个晚上。他们的鞋子已经全都磨烂了，脚趾头都从里面露出来。脸上花花搭搭的，是汗水、泪水和尘土的混合物。小玉背着嘉康，小香搀扶着小玉，一步一趔趄。好心人还是多，以为他们是叫花子，有的给块馍，有的给碗水……在路人的指点下，他们来到了演出的地方。幸好，小孩子是免票的。他们挤过人群，站在观众席的最前边。台上演出的是豫剧《花木兰》：

"……为从军比古人我好说好讲，为从军设妙计女扮男装，为从军与爹爹俺比剑较量，胆量好，武艺强，喜坏了高堂，他二老因此上才把心来放……"

三个孩子看傻了，高兴得跟着现场观众一起拍巴掌。

掌声未息，演唱花木兰的演员快步走下台，上前抱住三个孩子，一下子泪眼婆娑——那是他们的妈妈，常香玉。

后来的新闻是这样报道的：1951 年 8 月，常香玉把房子和汽车都卖了，把孩子送到托儿所，然后带领剧社人员从西安出发，先后在开封、郑州、新乡、武汉、广州、长沙 6 个城市进行了半年的巡回义演，演出 170 多场，义演捐款达到 15.2 亿元旧币（相当于现在的 4000 多万元人民币）。常香玉和香玉剧社终于实现了为志愿军捐献一架飞机的愿望，飞机被命名为"常香玉剧社号"。中国人民志愿军空军驾驶着“常香玉剧社号”战斗机在朝鲜上空穿云破雾同美军搏击，打击侵略者。

绝唱

起初，她不想住院，她知道自己的病没救，花钱不说，还占用医疗资源。事实上，她得的就是不治之症——癌。她没事似的对家人说：“我已经八十了，就是台机器，零部件出点问题也正常，没事。”她跟天下所有的父母一样，不想给子女留遗憾，想给他们一点尽孝的机会，最后还是住进了医院。

她住院的消息传出后，许多人，上至各级领导，下至普通百姓，都为她担心，有不少人跑到医院看望她；那些外地赶不过来的，寄鲜花、邮苹果，通过种种渠道表达对她的关心。

尽管她住进了医院，一个张姓著名导演还是抱着试试看的态度来了，除了慰问，他是有目的的——有一场大型的演唱会，张导想让她参加，出场费30万。那时候，她的病情得到暂时的缓解，身体感觉不到疼痛了，有说有笑的，精神头好了许多。

说实话，在她一生当中，还没拒绝过任何人。她曾经说过，人家找上门来，是看得起自己。自己有多大能耐，不就是会哼两句吗？她说：“我也想去，怕身体吃不消。”

张导说：“您就唱一段……30万不行，50万。”

“不是钱的事，真的不能去。”自己的身体自己清楚，不能给子女添乱，不能给组织增加麻烦。

“您就去一趟，不唱也可以，报酬一分不少。”张导还不死心。说实话，她的名气太大了，只要她到场，演唱会就成功了一半。

不管张导怎么说，末了，她还是拒绝。她心里明白，若不是商业演出，若不是这个张导有点花花草草的事，还会考虑的。

过了一段时间，原计划回家休养，想不到病情复发，癌细胞扩散，已经开始便血尿血了。尽管有最好的医生，最好的仪器，最好的药物……遗憾的是，她的身体还是每况愈下。

当得知奥运场馆建设工地上有一场专门慰问河南农民工的演出时，躺在病床上的她决定出演。

她把想法说出来时，大家都惊呆了，以为她糊涂了。

“我没有糊涂……若是不去，怕是再没机会了。”她停顿一下，又积攒了一些力气，断断续续地说，“老乡们爱听我的戏……我也想他们呐。”

医生说：“你一唱，就要运气，丹田附近有刀口，很容易绷开。”

她笑着说：“我唱了一辈子，这点分寸我还是能把握的。”

“妈，您唱了一辈子，还没唱够吗？！”女儿说着，眼窝里已经藏满了泪。

医生随口说道：“是慰问演出，没有出场费的。”

她打断医生的话，没好气地说：“有出场费我也不要！”

医生知道自己说错话，忙赔礼道歉，说：“您真的不能再去，身体比演戏重要。”

她说：“在我眼里，戏比天大！”

就这样，谁也劝阻不了，只好依她。若是坚持不让她去，病上加气更糟糕。

她说：“我多天没唱了，还得练一练。”

女儿有点生气了，但还是耐着脾气说：“妈，大家知道您有病，即便唱得差一点，都能理解。”

“不行！得练！”于是，她吃了止疼药，开始练唱。练习了几次后，她自己感觉满意了，才罢休。

那天是2003年12月23日，刚过冬至，小北风呼呼地刮着，天气十分寒冷。不顾医生和亲朋的反对，在女儿的陪伴下，她来到了北京奥运会建筑工地。演唱之前，医生交代她，一旦感觉刀口疼就停下来，千万不能硬撑。

她吃了止疼药，穿戴齐整，精心化妆后，上场了。一个转身，一个亮相，气质、形象惊艳全场，她一开口更是震惊了在场的所有人。她唱的是现代戏《柳河湾》片段：

工地上敲罢了下工钟，我手推菜车往正东。

沟东头有一片向阳地，社员们能吃饭来能歇工。

我把菜车推过去，换几个零用钱还方便群众。

车中菜全是俺家院里种，样样干净都讲卫生……

吐字铿锵有力，嗓音婉转动听。随着她的演唱，大伙儿跟着一起唱。现场除了响彻不断的掌声，还夹杂着呜咽声，他们知道，这是一个病魔缠身的人，一个刚刚换下病号服的人。

演唱结束后，她擦了擦额头的虚汗，强忍着钻心般的疼痛，在女儿的搀扶下，缓缓走下台子，微笑着和涌上来的一个个民工握手、问好、合影。没有坚持到底，她便歉意地对众人说：“老乡们对不起，俺坚持不住了……”

回到医院，女儿一边给她换衣服，眼里的泪珠一边往下滚：她上身的内衣湿漉漉的，那是被汗水浸湿的！下身的衣服，毛裤、绒裤也都湿了，不是尿，也不是汗，是血，鲜红鲜红的血！女儿再也忍不住，失声痛哭。她说："别哭，我还活着呢。"她这么一说，女儿"呜嗬呜嗬"哭得更厉害了。

没过多久，她就撒手人寰，与世长辞。

国家孩子

布和担心的事情发生了，在北京读研的第四年，扎拉嘎木吉谈了个男朋友，阿勇，家是上海的。孩子啊孩子，阿布（蒙语：父亲）不是不让你谈，怎么偏偏谈了个南方的娃子呢？整个寒假，布和都不忍心说出扎心的话来。他发现，但凡提到阿勇，扎拉嘎木吉都是一脸的蜜月味，眼角、眉梢特新娘。

过了四月，尽管草原上还没有一丝绿意，春风已经把春的气息带来了。紧绷了一个冬天的草原，因为有了春风的吹拂而开心松弛开来。扎拉嘎木吉要去学校，再有几个月，她就该毕业了。布和觉得再不说，就没有机会了。他刚要开口，扎拉嘎木吉抢先了一步，她说："阿布，我马上该找工作了，我和阿勇商量好了，我俩一起……"

布和心里一紧，打断扎拉嘎木吉的话，说："孩子，先让我说好吗？"

扎拉嘎木吉怔了一下，点点头。

"孩子，你知道阿布的名字在蒙语中的意思吗？"

"阿布，我知道，结实的意思。"扎拉嘎木吉说。

布和的思绪一下子飞到六十年前。"我一岁半时，除了睡，吃喝拉撒啥都不会做，不会说话，不会走路，体重只有七斤……你伊吉（蒙语：奶奶）就给我取名布和，盼望我结结实实的。"说罢，布和又问，"孩子，你小时候问欧沃（蒙语：爷爷）去了哪里，伊吉曾告诉你，说去了很远很远的地方。你懂事后，以为欧沃去世了，我也没给你说明真相。"

"难道不是吗？"扎拉嘎木吉眨巴着月牙泉似的眼睛，一闪一闪的，好像微风掠过水面。

布和摇摇头，轻轻叹息一声，说："孩子，你伊吉一辈子就没有结过婚。"

“不可能吧？若是没结婚，恕我直言，您是从哪里来的？抱养的，不是吧？”扎拉嘎木吉感到不可思议。

“阿布还真就是抱养的。”布和点点头，继续回忆道，“阿布的老家在浙江，当时，家里吃没吃，穿没穿，说实话，阿布是被亲生父母遗弃的。和其他无依无靠的孩子来到了内蒙古。当时你伊吉还是接收站的护工，因为阿布的身体弱，别的孩子都被其他家庭领养走了，阿布没有人领养，后来，她收留了阿布。”

“阿布，您是‘国家孩子’？”扎拉嘎木吉惊讶地说。

1960 年，因为自然灾害的缘故，有三千名南方孤儿被送到内蒙古草原，被大爱无疆的蒙古族养父母收养。草原人不说这些人“孤儿”，说他们是“国家的孩子”。尽管之前阿布没给扎拉嘎木吉讲过，作为内蒙古人，她知道这段历史。

布和说：“你伊吉不结婚，是为了把全部的爱都给我。”

扎拉嘎木吉说：“阿布，我明白了。您是担心我毕业后不回草原吗？”

布和说：“孩子，相比南方，草原还落后了一些。如果你走了，且不说我，怎么对得起草原？怎么对得起你伊吉？”

扎拉嘎木吉扑哧笑了，说：“阿布，我和阿勇商量好了，一块儿来内蒙古实习。”

布和轻轻摇了摇头，说：“阿勇家是上海的，你将来肯定是要嫁过去的。”

“阿布，听人把话说完好不？阿勇不但打算在内蒙古实习，找工作，还要把家安在草原呢。”扎拉嘎木吉嘴里带着气，眼里含着笑。

这下轮到布和眨巴眼睛了：“他，他父母同意？”

扎拉嘎木吉说：“阿勇是双胞胎。他，还有他的父母，担心你离不开草原，所以，同意阿勇的决定。”

“孩子，这是为何？”布和还是不解。

“因为阿勇爱我，他知道‘扎拉嘎木吉’是传承、继承。”说罢，扎拉嘎木吉按了一下手机的免提键，传来一个男孩的声音：“阿巴嘎（蒙语：叔），您刚才的一番话我都听到了，您是国家的孩子，我和扎拉嘎木吉也都是国家的孩子，只要祖国有需要，哪里都可以去。我相信，经过咱们几代人共同的努力，草原也一定会成为人人向往的地方。”

看着扎拉嘎木吉甜蜜的表情，不用求证，电话那端就是她的男朋友阿勇！布和笑了。他的笑里藏着欣慰，含着富足。蒙古包外边有几株桃树，整个冬天光秃秃的，似乎一夜之间，枝头上挂满了粉红色的花蕾。布和知道，过不了多时，这些花蕾就会像一个个爆竹，噼啪噼啪地把草原的春天引爆。

赈 灾

乾隆四十年（1775年）九月的一天，河南巡抚何煟到巩县来了。

这年七月，巩县刚遭受一次水患，当地地方志记载："山水暴发，倒灌入城，庐舍漂没，龙章多方安集，岁荒支公帑数千缗为粥，活饥民。"其中说的"龙章"便是知县陈龙章，灾情发生后，在他的尽心操办下，百姓得以活命，灾后重建工作也取得了明显效果。

陈龙章以为何煟受皇帝的旨意，要来表彰巩县官府以及在救灾中贡献较大的民间士绅、大户。按常理，这也属正常。当朝皇帝乾隆的爷爷康熙在世时曾感叹："赈荒一事，苟非地方官实心奉行，往往生事。盖因聚饥寒之人于一乡，势必争夺。"

陈龙章说："何大人，下官自为桑梓谋耳，敢言功乎？别的不言，康掌柜应给予重赏。"

"就是那个有百万家族之称的康掌柜？愿闻其详。"何煟示意陈龙章说下去。

接下来，陈龙章就简明扼要地给何煟讲述了康家掌门人康云从设"粥棚"一事。

为了避免编造的嫌疑，还是使用陈龙章的原话合适：多设点，请地方缙绅贤士主持，选饥民中健旺好洁者执事，专人监理粥的生熟厚薄及掺杂与否，以筷子插在碗中不倒为原则，尤其要杜绝加石膏或生石灰以使其看来洁白浓稠；上下午各施一次，雨天可并为一次，发放时先老幼后少壮，先妇女后男子，儿童由专人管理，不愿前来就食的体面人要派人送与。一改过去的泥灶和草柴，用砖灶和木柴。修缮路桥，以免饥民跌伤。久饿之人不得骤食等。

何煟连连点头，看得出他也很满意。

陈龙章的心刚要放松一下，何煟不动声色地说："本官此番来巩，不是要为你们歌功颂德，是来问罪的。"

陈龙章哆嗦了一下，跪在何煟面前："下官有罪，不该假传圣旨，开仓放粮。"

何煨的脸上掠过一丝笑意，说："仓内的粮食不是让康掌柜那些大户及时给补上了吗？粮食不差分毫，何罪之有？"

姜还是老的辣啊，陈龙章又哆嗦了一下。

"陈知县请起！虽然有罪，罪不在此。"何煨呵呵一笑，紧张的气氛一下子消失了。

陈龙章想了想，忙说道："何大人，康掌柜设粥棚时，下官不该授意他往粥锅里掺石子和沙子……"

何煨打断陈龙章的话，说："你这样做，杜绝了那些假冒饥民的刁民，可以救更多的饥民啊，哪里有罪？"和珅后来当权赈灾时，就把这一招学了去，被人告发时，和珅还振振有词地说：在粮食里掺了沙子，第一，那些贪官污吏就不会私自截留；第二，如此差的粮食在那些真正的灾民眼中，是可以救命的，所以虽然差他们也会吃，但对于那些好逸恶劳的人来说，他们肯定是吃不下去的。不明真相的人还以为是和珅的原创呢。

何煨不愧是巡抚大人，什么都逃不过他的眼睛。已经平身的陈龙章暗暗佩服。

何煨说："皇帝已经下了罪己诏，并承诺今后要广施仁政，以敬畏上天的惩戒。"

"罪己诏"是皇帝的自我批评。在过去的皇帝看来，尽管自然规律不可掌控，人唯谨敬可顺时承天。

皇帝都开始自我反省了，谁还敢表功？陈龙章知道"痒往哪里挠"，忙羞愧地说："何大人，下官知罪，此后定会在河工上有所为。"何煨热衷治理河道，精通河工，唯有河道畅顺，遇到洪水，方可无虞。

何煨这才满意地点点头。

可惜的是，一个月后，何煨病逝。乾隆帝念其一生治理河道功劳甚大，特赐太子太保（从一品官，有衔无职，荣誉性的官衔）。真的是虎父无犬子，何煨的儿子何裕成，勤奋读书，考取功名，曾历任河南巡抚、陕西巡抚、江西巡抚等职。他集父亲与自己两代人治河之经验，著成《江南全河指要》，为后人留下一部极为珍贵的水利著作。在当朝水利官员中，何氏父子并称"能吏"。

陈龙章呢，在巩期间，严明敏达，厘弊剔奸，吏民肃然。特别是在黄河、洛河等经巩河流的河工方面下足了功夫，禁止放牧伐林，涵养水土，挖河疏浚利于畅通，等等。在他任上乃至数年，再无水患。此外，他每月在县衙中开讲两次，同时听取民间的意见，赢得了文人志士的尊崇。《巩县志》名宦一章中记载：知县陈龙章，字飞白，广南举人，乾隆三十八年任，屡办河工……署中月两课，始终不倦，文士翕然宗之。及告归，吏民攀留，为筑小憩亭，与士子唱酬其中。岁余乃成行。

为官如此，夫复何求?!

高　手

在乱世，习武的人不在少数，说得高雅一点，强身健体保家卫国；说得俗一点，为了能够保护自己、保护家人不受他人欺负。康百万和周二爷都是河洛地区数一数二的士绅，有钱有势，有头有脸，少不了看家护院的，外人不一定靠得住，更愿意把至亲培养出一身本领，于是，康家的少爷康小勇、周家的公子周明便结伴来到了温县陈家沟。

“上至能能，下至哼哼，大人小孩，都会扑腾”，“喝了陈家沟水，都会跷跷腿”，这些都是从陈家沟流传出来的顺口溜，可见陈家沟习武成风，民间诞生了不少太极高手。陈长兴便是其中的一个：陈长兴，字云亭，陈氏十四世，太极拳第六代传人，自幼受业于其父秉旺，太极拳、械出神入化。成年后以保镖为业，在武术界享有盛名，被称为“牌位大王”，意即平日练拳姿势端正，久而久之，不管走路还是站立，都立身中正。无论看戏、赶会，站立千万人中，任凭众人如何拥挤、推搡，他脚步丝毫不动。凡近其身者，如水触石，不抗自颓。自从陈长兴打破“传男不传女，传内不传外”的祖规，收下“偷拳”的杨露禅为徒后，上门拜师学艺的趋之若鹜。

康小勇和周明有幸成为陈长兴的徒弟。

陈长兴教他们的是太极拳之老架，其站桩立身端正，落地生根，不偏不倚，稳如泰山。从起式、金刚捣椎，到当头炮、金刚捣椎、收式等七十二个动作，一招一式看似简单，实则暗含着无穷之力，真的是“劲牵四两动千斤，变化神奇后制人。拳扫狂风驱虎豹，拳击霹雳震乾坤”。

闲言少叙，言归正传。冬练三九，夏练三伏，三年期满，康小勇和周明辞别师父，回到了巩县。

邙山头上盘踞着一股土匪，头目唤作“座山虎”，去周二爷家滋扰了两次，第一次，周明施展拳脚，一脚踢折一个喽啰的腿，一掌打死一个喽啰。第二次，“座山虎”的一只眼让周明给打残了，若不是“座山虎”逃得快，怕是要一命归天。周二爷很是高兴，心说犬子去陈家沟没有白学，也不再心疼自己付出的几十两银子的学费。后来，康小勇上了邙山，不知道他用的什么招数，居然收编了“座山虎”，壮大了康家的团练。为此，官府还奖励了康小勇，老百姓也到康家门前敲锣打鼓，有庆贺的意思，也有感激的成分。周二爷气不过，以为陈长兴让康小勇吃了偏食，把自己的绝招传授给了康小勇，如若不然，“座山虎”也不会服帖。

周二爷便乘船过黄河来到陈家沟，找陈长兴问罪。

陈长兴听了周二爷的一番诉说，拈着胡须，呵呵一笑，说：“周掌柜，老夫给你讲两个徒儿在习武期间的一件小事。”

“悉听尊便，周某洗耳恭听。”周二爷心气难平，满不在乎地说。

“有一年冬天，那天下着大雪，我让徒弟们去野外跑步。每天十里地，雷打不动。途中，看到一个小乞丐饿晕在路边，小勇就把自己身上的棉袄脱下来给小乞丐穿上，然后背着他回来了。老夫当时还质问小勇，师父若是不收留呢？小勇说，您要是不收，我就背回康家庄园……”

周二爷打断陈长兴的话，说：“这跟练武有何关系？”

陈长兴没有接周二爷的话茬，继续说道：“那天小勇救助小乞丐的时候，贵公子阻拦他，让他别管闲事。小勇把小乞丐背回来后，又坚持跑完十里路。从那天起，老夫就相信，小勇这样的孩子能干大事。”

“所以您就把绝招教给了他？”

“老夫对徒弟们都一眼看待，也从来没有‘留一手’。”陈长兴摇摇头。

“康小勇为何能制服‘座山虎’？明摆着他比周明技高一筹嘛。”周二爷不服气地说。

“学艺先学德，做人德为先。德有多高，艺有多深。”说罢，陈长兴意味深长地看了周二爷一眼。

“……”周二爷脸红了一下，似乎还想辩驳。

陈长兴接着说道：“那个小乞丐在老夫的武馆休养了一段时间，后来自己走了，上了邙山，跟着‘座山虎’混饭吃。第一次去周家抢劫，就让周明把腿给打折了。”

“活该！”周二爷愤愤不平地说。

陈长兴说："若不是小勇上山说服他们，让他们改邪归正，听说'座山虎'还准备伺机报复周家呢。这些土匪也都是良民出身，被逼无奈才占山为王、打家劫舍的。"

"就应该把他们千刀万剐！"说这话的时候，周二爷咬牙切齿。

"真正的强者，不在于打趴下多少人，而在于扶起多少人！"陈长兴轻轻叹了口气，像是说给周二爷，又像是自言自语。

碗油灯

康百万在扩建庄园的时候，招募了大量的匠人，这些匠人当中，有石匠、木匠、油漆匠、雕刻匠，等等。他们都是河洛地区的，干了一天活儿，不在康家过夜，每天晚上回家，次日再来，可谓早出晚归，披星戴月。那年月，兵荒马乱的，老婆孩子在家不放心啊。

看到大家如此辛苦，除让厨房三天两头改善伙食外，康百万变相给大家发一些福利。在那个年代，除王公贵族用得起蜡烛外，大部分人家晚上照明用的还是煤油灯，尽管是煤油灯，还是有相当一部分人家因为生活艰难，肚子常常填不饱，自然买不起煤油。康百万便想出了一个主意，他让人在院门口的大水缸里装满油，白天捂上盖子。每天晚上工匠们走时，康家给所有人分一个新崭崭的瓷碗，然后给每个碗里盛满灯油，再发个灯芯，美其名曰"碗油灯"，让大伙儿回家时照路。

有的舍不得用，走出康家大门就给吹灭了，熟门熟路，摸黑都能走到家。即便不吹灭，一路上用的也很少。"碗油灯"拿回家后，将没用完的油倒出来。大伙儿也深知康百万的好意，却不好意思将碗拿回康家，怕康百万再给灌油。再说，那碗也太好看了，光滑，洁白，耀人的眼，他们洗刷干净后，舍不得挪作他用，宝贝一样藏起来。但是，康百万不依不饶，第二天晚上，照例再给每人分个碗，灌满油，分根灯芯，让他们照着走路。

一天一碗油，时间长了，大伙儿都不好意思了，总是百般推辞。工头松年说："康掌柜，康家有银子，也不是大风刮来的，千万不要这样。"

康百万呵呵一笑，捋着胡子说："大伙儿忙碌了一天，黑灯瞎火的，点灯照路，安全要紧。"

"康掌柜……"松年匝吧匝吧嘴，其实他还想说，你管吃管喝，将来还要给我们发工钱，已经待大伙儿不薄了。

康百万摆摆手打断松年的话，说："这点油对康家来说，那是九牛一毛。"

松年知道康百万认准的事，十头牛也拉不回，不再吭声。

就这样，每天晚上放工后，在康家做工的匠人都能领到一碗油，无一例外，新崭崭的碗，满当当的油。

腊月二十三，小年，依照当地的惯例，是结算账目的日子。新年不欠旧年账，说的就是这一天。吃罢晌午饭，康家工地也放假了。康百万破例没有给大伙儿清算工钱，说过几天给大伙儿带话。

康百万的为人在本地有口皆碑，松年和大伙儿也没有想那么多，就放心地背着斧子、瓦刀之类的工具往家赶。

松年的家在后寺河，走到青龙山脚下时，被四五个蒙面的土匪给截住了。为首的是一个瘦高个，他举着明晃晃的大刀，恶声恶气地说："老老实实交出工钱，可免你遭受皮肉之苦。"

松年双腿打战，结巴道："好汉，康家没给结算工钱啊。"

瘦高个冷笑一声，说："瘦死的骆驼比马大，何况康家这匹骆驼越来越壮实，会欠你们的工钱？坟上烧纸，蒙鬼去吧。"

"真的，好汉可以去打听一下。不，不，不，可以搜身。"松年此时不再害怕，因为他身上除了工具，确实没有银子。

瘦高个举着大砍刀上前搜身，果然没有搜到一文钱。狗咬尿泡空欢喜，他沮丧地踢了松年一脚："倒霉！滚！"

闻听此话，松年便跟撵兔子似的跑走了。

后来，松年听说，他们这伙匠人在回家的路上都有相似的遭遇。都说，幸亏康家没结算工钱，要不然，全都落到歹人手里了，这个年就没法过了。

腊月二十六，康百万给松年捎信说，那些装油的碗都是中上等的巩县白瓷，可以到集市上变现，算是康家支付的工钱。

对于巩县白瓷，松年略知一二。巩县白瓷器型规整，胎体薄而坚致，胎色较白，釉层细腻透明。巩县白瓷最早出现在隋代，兴盛于唐代，曾一度成为贡品。除一部分作为贡品外，民间所用的茶器也都是巩县白瓷。松年抱着试试看的态度，揣了两个赶到孝义集的古玩市场。没想到，一个碗卖了500文——当时一两银子2000文，知县一个月的俸禄也不过二三两银子。

至此，松年才明白了康百万的良苦用心。

香包奇缘

她自小就爱缝制香包，似乎跟香包有一种解不开的情愫。除了别的女红，她做的最多的便是香包，她缝制的香包形状各异，有心形，有月牙形，有圆形，有菱形，等等；她采用的原料除了常见的牡丹花、丹皮、苍术、辛夷、艾叶，还有河洛地区特有的，如荆籽、柏铃、野菊花等。天长日久，她，还有她的闺房，便弥漫、荡漾着一种浓郁的芳香。因此，她被邙岭一带的人称为“香妮儿”。

赵匡胤年少时，家在洛阳夹马营（今洛阳偃师）的他，常到巩县游山玩水。这天，他骑马到邙岭打猎。途中突然病倒，昏迷不醒，被巩县孝义堡（又称三田故里）的百姓救治。当地土先儿田老汉把脉后，让人灌了一碗绿豆水，然后着人把他抬进“香妮儿”的闺房，一天一夜后，赵匡胤醒过来。赵匡胤得知自己被三田故里的田老汉救了一命，自是感激万分。田老汉说：“小哥最应感谢的该是‘香妮儿’，若不是她的闺房，小哥不可能好转得这么快。”赵匡胤的眼睛眨巴了两下，才发觉自己躺在一间闺房里。房梁、床帏、窗棂上挂着形色各异的香包，图案精美，色彩鲜亮。他下意识地抽动了一下鼻子，一种浓烈的芳香气味直抵肺腑。他不觉心中一动，听娘说，他出生时，一股奇异的香味弥漫了三天三夜才消失，人们都叫他“香孩儿”。“香孩儿”，“香妮儿”，莫非自己跟这个“香妮儿”有缘？

田老汉继续说道：“小哥内热外寒，染上了瘟疫，幸亏症状较轻。这间闺房，还有这些填充了特殊中药材的香包，它们散发出来的香气，驱蚊消暑，散风驱寒，还能理气止痛，驱瘟辟邪，大大提高了小哥的免疫力。小哥一边服用洒家的土方，一边呼吸房间里特殊的气味，这才醒过来。”

“‘香妮儿’呢，我要见她。”赵匡胤挣扎着要坐起来。田老汉拦住了他。赵匡胤自小在军营长大，野惯了，何曾知道男女授受不亲的古训？田老汉笑了笑，说：“小哥的身子还弱……‘香妮儿’走远亲了，小哥暂时见不到。”其实，“香妮儿”是躲起来了。

赵匡胤怅然若失，不免有些遗憾。

田老汉从案几上拿过一个裹着的手绢，层层展开，原来是一个做工精致的香包——两个心形连在一起的香包，底色是枣红色，用绿、白等五色丝线绣着两个图案，左边是龙，右边是凤。田老汉说：“这是‘香妮儿’赠给小哥的，小哥可要好生保存。”赵匡胤双手接过，端详半天，然后宝贝似的掖进自己的怀里。

在此后的行兵打仗过程中，赵匡胤要求士兵一律佩戴香包，因为他们多在野外住宿，香包可防止蚊虫叮咬，除菌爽神，预防传染病，增强免疫力，从而提高了战斗力。有两次传递情报，使用的道具也是香包。每当遇到坎坷时，看到香包上飞舞的“龙”，赵匡胤便又信心百倍，斗志昂扬。

赵匡胤称帝后的建隆元年（960 年）九月，某天晚上就寝时，刚刚被册封为皇后的王氏，也就是孝明皇后，发现了他随身佩戴的那个连心形香包。

赵匡胤一时感慨不已，滔滔不绝：“若不是香包，朕早就没命了；若不是香包，也不可能走到今天……”接下来，他就给孝明皇后讲述了这个香包的来历。随后，他自责道：“朕离开孝义堡后，一直想着抽时间回去看看‘香妮儿’，看看田老人家，结果一次也没成行。”

孝明皇后盯着赵匡胤，说：“皇上，妾说句不该说的话，这就是您的不是了。”

“但说无妨。”

孝明皇后说：“皇上，您可曾知道，在河洛一带，香包可是定情之物啊。”

“啊？朕当时病恹恹的，还是个乳臭未干的小屁孩，她怎么会看上？”赵匡胤极是不解。

孝明皇后说：“皇上，闺房是女孩子的秘密所在，是随便让陌生男人进的？当时您危在旦夕，为了救您性命，人家也是豁出去了。这事传开去，她还怎么出阁？也只有跟您了。”

看着“龙飞凤舞”的香包，赵匡胤恍然大悟，懊悔不已。

赵匡胤率领文武大臣，沿着黄河岸边的官道，从开封赶往巩县。

当赵匡胤一行来到孝义堡后，从田老汉那里得到消息，“香妮儿”一直未嫁，数日前在洛河边洗衣服时，不慎落水身亡。

这是个意外？抑或是另有他因？一时间，赵匡胤心里五味杂陈。当即，他不管君臣礼仪，亲自赶往凤凰山，在“香妮儿”的坟前祭奠。

赵匡胤回开封不久，下令所有官吏一律佩戴香包，言说这是礼仪要求。自然，也有求吉祈福的美好愿望。

赵匡胤驾崩后，被葬在了巩县凤凰山附近。有风水先生说，巩县处在嵩山的北面、黄河的南面，是绝佳的茔地。也有民间传说，称赵匡胤临终留下遗诏，他生不能跟“香妮儿”在一起，死后要留在巩县陪伴她。自从赵匡胤陵定巩县后，凤凰山东边的山改称青龙山，两山遥遥相对，一个似龙，一个像凤。

乃至到了今天，巩义（原巩县）盛产“曌亮香包”，其传承人为赵海亮，据说是祖传。一笔写不出两个赵字，其先祖是不是赵匡胤，估计赵海亮本人也理论不清，毕竟时隔一千多年，太久远了。

寻找“泥咕咕”

我在当地一家敬老院当义工。敬老院的老人中有个叫八爷的退伍老兵，一辈子未娶。老人的房间里有一个“泥咕咕”。准确地说，是一只燕子形状的“泥咕咕”。色彩已经不是那么鲜艳了，底色是黑色，背部用绿、红等勾勒出树叶状的羽毛，两只彩绘的耳朵上各有一个洞眼。可爱，古朴，拙中透出雅来。这么一个古旧的物件，老人却视若珍宝，我要给它擦拭，他都不让。又一个周末我去敬老院的时候，带了一个新的“泥咕咕”，打算把八爷那个换掉。

没想到，再次遭到八爷的拒绝。接下来，老人给我讲述了这个“泥咕咕”的故事。

那一年，八爷在大伾山上伏击敌人时被流弹击中腿部，大部队撤退后，他留在当地百姓家中养伤。这家是个手艺人家庭，平时制作“泥咕咕”。他们就地取材，把村边的黄胶泥挖回家，加水和成泥巴，用木棍捶打几遍，使其变得柔软细腻，如面团一般。工具是一根竹棍儿，削成一头粗一头尖，用以雕画泥玩具的鼻、眼、嘴和身上的花纹。这些“泥咕咕”有以三国、水浒和瓦岗军为原型的人物，也有老虎、狮子、大象以及燕子、斑鸠、孔雀等形象的动物和飞禽。再根据其形状，在不同的部位打眼通孔。制作出来的泥咕咕晾干透后，放进小土窑里烧制，成型后用嘴能吹出不同的声音。这家有一个女孩梅花，跟八爷年纪相仿。八爷躺在床上，每天的饮食起居都由梅花照顾。等到八爷病好，两个人产生了感情。梅花要跟八爷走，遭到八爷的强烈反对："我是去当兵打仗，不是回去过家家。"梅花知道八爷的脾气倔，送给八爷一个"泥咕咕"，对八爷说："我等你，今生非你不嫁。"八爷说："等胜利了我再来找你！"从此，两个人天各一方，音讯渺茫。

讲到这里，八爷指着桌子上那个燕子形状的"泥咕咕"，自豪地说："她送给我的这个泥咕咕，在战场上立了大功。侦察敌情时，我吹着泥咕咕模仿鸟的叫声传递情报。"

八爷拿起"泥咕咕"，轻轻吹了起来。时而像燕子唱，时而像小马叫。我忍不住要接过来试试，八爷摆了摆手，说："有个搞收藏的出了个天价，我都没卖。"

"八爷，您就没找过梅花奶奶？"我好奇地问。

"等战争结束，一切稳定下来，已经是八年之后。我曾到浚县寻找，她家的老房子已经不存在了。听人说，被敌人烧毁了，梅花一家不知道躲到哪里。我找了好久也没找到……"八爷失望地说。

"既然这样，您可以再找一个老伴嘛。"

八爷摇摇头，黯然说道："我的心里只有她，任何人都进不去。"

当天晚上，我根据八爷提供的线索，写了一篇《寻找"泥咕咕"》的文章，然后投给了浚县的文友，很快在当地各级媒体上刊发了。

没过多久，我接到了一个电话，一个苍老的声音急不可耐地传过来："闺女，你说栓柱真的还活在人世？"栓柱是八爷的大名。

我忙不迭地答应着："老人家，当然是真的。请问您是——"

"我，我就是梅花呀。"

我抑制不住兴奋地说："梅花奶奶，您方便微信视频吗？"

"方便，方便。"

我没有马上开微信视频，忙跑去把消息告诉给了八爷。八爷又惊又喜，说："别急，别急，让我收拾一下。"

我忍不住笑了，帮助八爷换衣服，擦脸，刮胡子。

视频打开。两个满脸沧桑的老人都愣住了，半天不说话。

"梅花，真的是你吗？"八爷先开口了。

老奶奶点点头："你真的是栓柱？"接下来，手机那端出现一个泥塑的英俊男子，穿着军装——是八爷！我看过八爷的退伍证书，这个泥塑的形象就是八爷。

“七十多年了，能不老吗?”八爷一边说，眼里一边流泪。

“你，你这个傻瓜！我等了你一辈子。”镜头转换了，满屋子的“泥咕咕”。看不到老奶奶的样子，估计也在抹眼泪。

等后来见到梅花奶奶，我还知道一个重要的细节：当年八爷在梅花家养伤的时候，为了躲避敌人的追捕，八爷和梅花装作新婚的夫妇躲在一个被窝。也是这个缘故，梅花一辈子没嫁。

没隔多久，在敬老院里，当地政府为两位年过八旬的老人举行了一场隆重的婚礼。

一场无关风月的爱情

结婚还不到一个月，他就走了。他说要去天津完成未竟的学业。没结婚前，他就在那里读书。她有些不舍，但她知道，好男儿志在四方，她不能阻拦他。她虽没有多少文化，但她敬重有文化的人。

那时，她才二十出头，正值青春年少，独守空房的滋味只有她自己知道。漫漫长夜，无尽的思念。有多少个夜晚，都是隔窗望着天上的月亮升起又隐去，月圆又月缺。他们是父母包办的婚姻，她明白，嫁鸡随鸡，嫁狗随狗，嫁给扁担横着走。一日夫妻百日恩，何况他们做了二十多天的夫妻。

忽然有一天，她收到了他的回信。收到信的那一刻，所有的委屈都烟消云散，换之而来的是满满的柔情蜜意。他在信中描述了这样一件事：那天在天津的英租界，他正在街上行走，后面来了一辆人力车，车上坐着一个日本军官。当车行至他身边时，日本军官用手中的木棒朝他打了一下。他一个箭步蹿上去，右手使劲挥起一拳，“扑通”一声把日本军官打倒在车上，打得日本军官呜里哇啦直叫。等日本军官缓过神来，他已飞步拐进一条偏僻的小巷里。他说：“东洋鬼子欺人太甚，我只好以牙还牙，让这个家伙尝尝我们中国人的厉害。”他说得很轻松，她感到既好气又好笑：真是个孩子！想来他才19岁，不就是个孩子嘛。

又过了一些时日，她再次收到他的信。他说他到了苏北，和当地老百姓一起抗日。恐怕一时半会儿回不来，她还年轻，如有合适的就再找一家。

有姐妹就劝她，趁坡下驴，趁着年轻，还没生孩子，就再找一家。她没有同意。她知道，他是好心好意，是心疼她，但他不该这样说话啊。即便他做了对不起她的事，她也不会的。在那个年代，男人有个三妻四妾是很正常的，话又绕回来，有三妻四妾的男人都是很优秀的。她无暇考虑自己，更多的是为他担心，抗日，不就是打仗嘛，想到打仗，她脑海里盘旋的都是那些血腥的画面。

他好像知道她的心思，就在她为他日夜担心的时候，又给她来信了。他在来信中说，虽然在抗日前线，当地老百姓都会保护他，他不会有事的。似乎怕她不相信，还讲述了这样一件事：他听说余荡乡白庙附近有人家遭伪军抢劫，就带人去当地一个姓陆的人家打听情况。后来被汉奸知道了，领了日军去找陆老太，敌人问："这里可有白桐本？"——他的大名就叫白桐本。陆老太拿出一只黄铜盆说："先生，只有黄铜盆，没有白铜盆。"敌人将铜盆向地上一甩，说："白桐本在哪里？不是要黄铜盆！"陆老太哭丧着脸说："白铜盆实在没有，只有黄铜盆呀！"日军气势汹汹地说："不是问你黄铜盆，是问你有没有看见新四军！"陆老太拿出一条旧毛巾说："家里只有旧毛巾，没有新毛巾！"敌人没奈何，气急败坏地走了。

他说得妙趣横生，她看得心惊胆战。这一次，他没有再说让她改嫁的事情，看来，他也只是说说而已。她枯寂多天的心田又滋润起来。

直到1949年，他还没有回来。她着急了，不顾家人的劝阻，辗转来到了江苏如皋。当她说出他的名字后，她惊讶地发现，当地大人小孩，没有不知道他的。后来，她见到一个孩子，白路，是他的儿子。

什么？他的儿子？她恍如隔世，原来他成了家，怪不得不回家了呢，怪不得没再来信呢。那一刻，她委屈，她伤心，她想哭，她想吼，为什么？到底是为什么？

"娘！"孩子叫道。

她没有答应，她不知道该不该答应。

接见她的人明白她误会了，忙说："这是白区长收养的孩子，这个孩子是个孤儿……"

她暗自庆幸没让眼泪掉下来，没说出难听的话来，她喃喃自语道："他人呢？怎么没看到。"

走进如东县烈士陵园，她这才知道，早在1944年3月，他就走了。"我不相信……我不相信……他是怎么走的？他是怎么走的？"后来，她断断续续知道他牺牲的经过：1944年3月15日，他赶到堤南乡一户人家和当地干部谈工作。曹埠伪军中队长得到汉奸密报，带了伪军包抄过来。不幸的是，他疟疾复发，无法及时转移。在突围时，他头部、臀部均中弹负伤，昏倒在血泊中被捕。当晚敌人将他解压往马塘，途中他苏醒后，拿起一根树枝舞动起来，轻轻哼唱着：“起来，饥寒交迫的奴隶！起来，全世界受苦的人！满腔的热血已经沸腾，要为真理而斗争……”敌人无计可施，在伪《江北日报》上刊登“如皋赤共区长白桐本被俘自述”的假消息。3月23日晨，他见报后痛骂敌人无耻，趁护理人员不备，忍着剧痛撕扯开头部绷带……壮烈殉国。

她屈指算了算，他死那年才24岁！她瘫倒在他的墓前，两眼噙泪，哽咽难语：“我等了你一辈子，但我等得值！我不后悔……”

她叫周淑銮，一辈子未生育子女，也没再嫁人，侍奉公婆，勤俭理家。1999年7月8日病逝于老家河南巩义，享年82岁。

马战友

整个连队只有一匹马，名义是连长的坐骑，可是连长很少骑它。这匹马不是什么名贵的品种，而是一匹普普通通的马，个头一般，毛色纯黑，不带一点杂色，性情也温顺，没有发过脾气，大家给它取名“老猫”。

连长常自己省下口粮，悄悄塞到“老猫”的嘴里；有时间了，给它洗洗澡；遇到风雪天，害怕它冻着，把自己的褥子抽出来披到它身上……有一天，因为没有粮食，厨师拿它出气，仅仅是抽了它一鞭子，连长狠狠批了厨师一通。

在一次伏击战中，连队两个战士受伤，急需送到三十里外的总部医院。若是派人抬担架去，时间慢不说，需要占用四名战士，本来人手就不够，而且战斗还处于胶着状态。怎么办？连长看到“老猫”，两眼一亮，说：“让‘老猫’带着两名受伤的战士去！”通讯员小刘吃惊地问道：“连长，这可以吗？”连长说：“可以。”连长这样说，也只有四分的把握。上个月，连长骑着“老猫”到医院做阑尾炎手术。等手术做完后，连长昏迷中尚未苏醒。医院不知道“老猫”，派了个车送连长——战争期间，医院人满为患，无大碍的都让提前出院。连长走后没多久，“老猫”竟挣脱缰绳，撵了一路，独自回到驻地。

既然连长发话了，大家就把两名受伤的战士绑缚在“老猫”身上，然后，连长指了指方向，轻轻拍了拍它的屁股。“老猫”似乎什么都明白，头一仰，撒开四蹄，“哒哒”地跑远了。

战斗结束，消灭敌人二十二名，缴获重机枪两挺，轻机枪四挺，迫击炮一门，炮弹十二枚。连长很是高兴，准备安排人往山下抬时，“老猫”回来了。看到它大汗淋漓的样子，连长心头一紧：两名受伤的战士给送到医院了？还是半路出了什么岔子？他上前拍了拍“老猫”的头，忽然看到马嚼子上拴着一团纸条。连长解开，上面写着：两名受伤的战士已经到医院，生命无大碍。连长愣怔了一下，上前抱着“老猫”的脖子，亲了个够，比打了胜仗还激动。

至此，大家不得不对“老猫”另眼相看。

那次，通讯员小刘骑着“老猫”给团部送信回来，途中遭到敌人的伏击。“老猫”虽然没有受过训练，但是，它一点也不含糊，仿佛对身边飞过的子弹视而不见，反而加快速度，箭一样往前冲。等逃离险境，“老猫”没有减速，以越来越快的速度往连部赶。事后小刘说：“那一刻，我感觉‘老猫’像飞一样，不弱于一匹真正的战马。”

等到小刘和“老猫”赶回驻地，小刘刚从马背上跳下来，“老猫”一下子瘫倒在地。起初，大家以为它是累的。连长走到跟前，忽然发现“老猫”的眼里渗出泪水。他忙蹲到“老猫”跟前，用手去抚摸它身上的毛，摸到肚子那里的时候，依然湿漉漉的，但不是汗水，是血水！连长这才发现，“老猫”中弹了！未来得及处理、包扎，“老猫”就因为失血过多，永远闭上了眼睛。

厨师提议，既然“老猫”死了，可以剥皮吃肉。小刘不干了，说：“要不是‘老猫’，我早就没命了。”还有上次“老猫”独自驮到医院去的两名战士，他们也不同意“卸磨杀驴”，不，在这里应该说是马。

意见不统一，大家都把目光投向连长，他是“一家之主”，是杀是埋他说了算。

连长重重地叹口气，说：“‘老猫’是咱们连的一员，按烈士的待遇，厚葬它。”

听到连长的话，在场的战士都诧异不解，埋就得了，还厚葬，未免有点过分。

连长看出大家的疑惑，像是自言自语又像是给大家解释：“那一年，我跟随皮徐支队路过河南巩县老庙村，在当地征兵时，老百姓的热情很高，除青壮年踊跃报名外，六十多的老人，十一二岁的孩子，都要求当兵。还有一位王大娘，牵出了她的马，她说自己一辈子无儿无女，就让那匹马当她的儿子上战场吧。那匹马就是‘老猫’……”

新中国成立后，王大娘隔三差五就能收到一张汇款单，这些汇款单来自全国不同地方，汇款人姓名一栏，填的都是“马战友”。

第四辑

匿名者

狼来了

也不知道过了几座山、翻了几道岭，愣是没有寻到一点吃的玩意儿。每遇到个洞穴，即使再小，我都没有放弃过，都要进去找寻一阵儿；每个草窝，我也是拱个底朝天……结局都是一样的，一无所获，不说鸟蛋，连个蚂蚁窝都没有。如果我没有记错的话，我已经折腾了三天两夜。如果我面前站个人，他一定会发现我两眼无光，饿得呈现出绿色来。

我思来想去，决定进村，说实话，我不想进村，不是怕危险，而是不想去骚扰人家，但是没有办法，实在是走投无路了。我走得四肢无力，摇摇摆摆，像是醉汉。有好几次，都差点栽倒，我明白，一旦栽倒，有可能再也站不起来；我还明白，再不安慰一下胃，怕是要饿死山里，这辈子就完蛋了。

日头爬到半空中了，村里静悄悄的，少见人烟，听不到鸡叫犬吠猪哼哼，一个人影也看不到。哪像过去，到处热热闹闹的，吓得我们躲在山上，村边都不敢接近。庄稼地大多都荒芜了，长满了杂草，怎么都不种庄稼了呢？我四下瞭望了一番，看看没有什么危险，便来到了一个小院。

这户人家没有喂狗，要不然早就叫唤起来了。有三五只鸡在院子里散步，极是悠闲。我真羡慕这些鸡们，还有猪们，有人喂吃端喝，风刮不到，雨淋不着，衣食无忧，优哉游哉。我咽了下口水，刚要踅摸过去，鸡们“叽叽嘎嘎”跑了，连飞带跳，转眼便不见了踪影。我也没有力气去追寻它们。我拿鼻子使劲嗅了嗅，闻到了一股特殊的气味，这气味让我兴奋，让我激动，真是天无绝我之路。我想笑，想叫，但是没有力气。

我循着气味走了过去。院子的石板上有个襁褓，襁褓里有一个八九个月大的婴儿。婴儿的脸蛋很是红润，像是山上秋天的野果。他（她）闭着眼睛，鼻孔发出均匀的呼吸，他（她）正在熟睡当中。我忍不住拿舌头去舔了舔婴儿的脸蛋。婴儿一下子被惊醒了。我也给吓了一跳，刚要施展本能去收拾他（她），发现他（她）居然没有哭，也没有一丝一毫的害怕，反而对我咧嘴一乐——小家伙笑了。

这一笑，让我心里松弛了许多，温暖了好多。他（她）的笑是那样的真诚，那样的纯真，那样的温馨，那样的醉人……好长时间没有见到这样的笑容了。那一刻，我真想把他（她）叼回家养起来。可惜，我不能这样做，我连自己的温饱都解决不了，拿什么养活他（她）呢？

我忍不住咽了下口水，龇了龇牙，咧了咧嘴。我发现，这个婴儿一点儿也不设防，还是对我“咯咯，咯咯”地笑着，用他（她）粉嘟嘟的小手抚摸我的脸庞。不知为什么，那一刻，我的眼眶湿润了。

我刚要转身而走，忽然听到身后“啊”“啊”的两声惊叫。我扭转头，看到两位六十岁左右的老人，一个老头子，一个老婆子，他们站在院子门口，一副惊慌失措的样子。

完全下意识地，我龇了龇牙，咧了咧嘴。

两位老人明白过来。

那个老头子顺手拿下肩上的锄头，朝我挥舞着。我明白，他把我当成了敌人，想与我斗一场。

那个老婆子也用手里的篮子挡在自己面前，一边朝我使劲地嘘着。我知道，她不欢迎我这个不速之客，她的意思是让我滚。

我恼了，又龇了龇牙，咧了咧嘴，同时发出不满的吼声。

老头子挥舞着锄头，近前了两步。我看到他的眼神里充满了杀气。我四下看了看，想翻墙而过，但是没有力气；想从他们身边夺路而逃，但是，两个人挡在路口——我无路可逃。

这时，又陆续过来了不少人，都是上了年纪的老人，他们的手里都拿着东西，有石块，有镰刀，有棍棒，有菜刀，有擀面杖……他们一律发出不友好的言行举止，一边挥舞着手里的东西，一边朝我怒吼着，好像我十恶不赦，必须除掉。

没有别的选择，只有拼死一搏了。人们常说，先下手为强，后下手遭殃。我还知道，人们还常说，擒贼先擒王。看来，我也得跟他们学学。我瞅准领头那个老头子，使出吃奶力气，一个箭步跑过去，当我一口咬住那个老头子的脖子时，身上被刀棍同时袭击。我疼痛难忍，不得已松开了嘴。在跌落地上那一刻，我听到那个婴儿“哇哇哇”的哭声，声嘶气噎，悲从中来。

最后一个猎人

青龙山的人除了德富，一个个都下山了，有的搬到了镇里，有的迁到了城里。老伴临走那天，嘟囔着要他一起撤，说山里的猎物是五黄六月下大雪，稀罕着呢，政府也有了政策……他脸一黑，打断老伴的话，说，我是猎人，不打猎干啥？德富的脾气倔，跟头倔驴似的。哼，你不走，狼非吃了你不可！老伴丢下这句话，便跟着儿子媳妇进城了。

靠山吃山，靠水吃水。这个村的人也不例外，家家户户打猎的传统最早可追溯到爷爷辈。山上的动物并非取之不尽，寻不到猎物，村里人为了生存，便砍伐山上的树木，做成家具或原木出售。青龙山原先的植被遮天蔽日，钻到林子里迷路那是常有的事。可时间一长，青龙山像是谢了顶的中年男人的脑袋，光秃秃的。

政府收缴了猎枪，但德富有自己一套捕猎的方法。如下绳套，在猎物可能出没的地方铺设一根结实的绳索，一头固定在大石头上，一头挽个活套，一旦猎物的爪子踏入绳套，必被束缚，俗称“下束”；如设关子，用石头垒成一个鸡窝形状的建筑，里面拴一只活鸡或其他食物，只有一方留个门，倘若有猎物踏进门，石门会自动关闭，俗称“皮子关”；如下铁夹子，若是猎物踩上，肯定要遭殃，虽不致死，伤残是免不掉的，战斗力便大大减弱，很容易成为猎人的囊中之物，此法唤作“下夹子”，等等。因此，平时德富上山，手里攥根枣木棒，腰里别把镰刀，足矣。

山里的动物除了老鹰、麻雀之类的飞禽，四条腿的走兽不多见了，有时出去一天，连只兔子都捡不到。气得德富对着光秃秃的青龙山，对着整天阴沉着的老天哇哇大叫，满腹的气愤、委屈，还有无奈。

这天晚上，是一个刚刚暴雨过后的夜晚，天气闷热闷热的。德富辗转反侧之后刚要进入梦乡会见老伴，忽然听到嗷呜的狼叫声，悲怆，凄厉！这个久违的声音让德富一下子兴奋不已，五十多岁的人了，还是一个激灵从床上爬起来，习惯地去抽枕头下的猎枪——糟糕，什么也没有。他有点慌神，不敢去开门。从窗户看出去，趁着隐隐的月色，他认出是那只独眼狼！他不由得打了个颤，思绪一下子回到了十年前。

那一天，德富的“皮子关”钻进去一头狼。他赶过去的时候，这头狼呜呜叫着，像是在哭泣。他透过石缝看到，这头狼只有一只眼睛，挺着大肚子——原来是一头怀孕的母狼！察觉到德富的气息，狼匍匐在地，“呜呜”哭得更伤心，完全没有了狼的野性和凶猛。那声音，那眼神，似乎在哀求德富。德富犹豫了许久，直到他发现母狼眼里淌出的泪，才一狠心，放走了它。之后有一段时间，他早上起来，家门口常有被咬死的兔子，他怀疑是母狼所为。

真是狗改不了吃屎，狼改不了吃肉啊。这一刻，德富心里好后悔，若是当初结果了这头母狼，就不会有今天这个场面。怎么办？自己手里没有枪，德富有点慌神了，对着窗户大吼了两声：“走！走！”独眼母狼不为所动，还在呜呜地叫着，瘆人，凄凉，似乎在诉说着什么。德富转身找到半块砖头，从窗口甩出去，独眼母狼跳跃着躲避了一下，转身又对着德富的房子呜呜地叫着，铁了心要跟德富一决雌雄，好像再说“你不出来，我就不走”。这时候德富反倒不害怕了，因为独眼母狼刚才躲闪的动作，暴露出它的弱点，灵敏性不如年轻的同类，一条腿也瘸了。假如这头独眼母狼不走，再引来其他的同类，糟糕的就是自己。不如趁现在还有点力气，冲出去拼个你死我活。想到这里，他拿起门后的一根棍子，把门打开了。

独眼母狼看到德富出来，转身跑了。德富本打算把它撵走就算了，谁知道，独眼母狼跳跃着跑了几步，又折回身来呜呜地叫着，挑衅似的。德富的倔脾气又上来了，道路有些泥泞，他还是挥舞着棍子撵了过去。独眼母狼见状，扭头就跑，跑了几步又转过头来，好像看看德富跟上来没有。若是没跟上来，便停下来；若是跟了上来，它就在前面跑……就这样，直到把德富引到另外一座山头。这时候，天已经渐渐放亮，德富撵得气喘吁吁，一只鞋子也跑掉了。难道独眼母狼要“诱敌深入”，进而攻击自己？想到这里，德富不敢再追了，转身沿原路返回。到了村口那儿，眼前的景象让他大吃一惊——青龙山跟毁了容似的，坍塌了半边，把整个村子淹没了，包括他家的房子。

德富到底没有进城，他留在了青龙山，改行当上了种树人。

大　师

老马刚结婚那会儿，那时他还是小马，经常跟妻子利娟吵架，大吵三六九，小吵天天有。究其原因，也不是什么大不了的事，都是些鸡毛蒜皮的事，譬如这一天，利娟下午逛街回来，小马正在看电视，厨房里还保留着中午的狼藉。利娟不满地说，你少看一会儿电视也把碗给洗了。小马说，你没事逛街干啥？若是不逛街，厨房还会那么乱吗？利娟说，你没逛街，不是也没拾掇家务？小马说，你无理取闹。利娟说，你有理也闹……类似这样，三句话不到，便叮叮咣咣吵起来。幸好，小马有点涵养，看到利娟的火气上来了，便偃旗息鼓，以“鸡不跟狗斗，男不跟女斗”收场。

吵的次数多了，小马也感觉不是个事，影响夫妻感情不说，墙壁也不隔音，左邻右舍听见了都是笑话。他也不想吵架，有时想回避也回避不了。就像抽烟的人，知道抽烟的危害，但就是杜绝不了，有瘾。

胡同口那儿有个算命先生，据说很有些道行，天干地支，易经八卦，一套一套的，人们都叫他大师，他姓甚名谁倒没人知道。这天，小马转到胡同口那儿，看到大师孤零零地瞅着来来往往的人群发愣，就想照顾一下他的生意，顺便给自己算一算，看看有没有破解之法。老实讲，小马也是没事寻开心，下雨天打孩子，闲着也是闲着。

小马把自己和利娟的生辰八字报给了大师。大师微闭上眼睛，手指翻来覆去一掐算，睁开眼，说：“小伙子，你爱人是火命，你也是火命，你想，两股火在一起还能有个好？”

“言之有理，我说家里的火药味怎么这么浓呢。”小马觉得大师分析得有道理，“大师，有没有破解之法？”

大师笑了：“当然有了，要不，老少爷们会给我个‘大师’的封号？”

小马也笑了。

大师说：“你命里缺水，有水就好了。”

“改名字？爹的姓娘的名，都叫几十年了，不能改。”小马摇摇头。

"不改名字。"大师说，"很简单，看你愿不愿意干。"

小马说："只要不是违法的事，我愿意干。"

"当然不违法。"大师微微一笑，"你每天回到家，多往厨房和洗手间去，多与水接触接触。这个应该不难。"

"不难是不难，但是，管用吗？"小马感觉有点风马牛不相及。

大师说："要不你试试，没有效果再来找我。"

人家把话说到这个地步，小马再怀疑就没道理了。小马说："卦钱多少？"

大师说："随缘。有钱就随便给几个，没钱就走人。"

小马摸摸口袋，还真没钱，晃了晃手里的手机："微信转吧？"

大师指了指胸前。

小马也笑了，大师胸前挂着一个扑克牌大小的微信二维码。他没再多说，扫过去一百元。

回到家后，利娟没在家，准是去逛大街了。小马没去看电视，不敢玩游戏，跑到厨房去了。跑到厨房，不能干待着啊，看到水池里的碗没洗，便主动挽起袖子洗起来。洗罢碗又跑到洗手间，看到堆在洗衣机上的衣服，能手洗的开始手洗，不能手洗的，分类放进洗衣机……都忙完，开始打理自己——洗澡，大师不是说了吗，他命里缺水，得多接触水。等到他收拾得干净清爽出来，利娟回来了。

有点太阳从西边出来的感觉，利娟很不适应。破天荒的，利娟没有吵他。

就这样，一天，两天，三天……一个月，两个月，三个月……一年时间到头，小马和利娟真的没有吵架，关系比初恋时还黏糊。当然，有时利娟也主动洗碗，厨房的事不全是小马干的。

一年，两年，三年，到了十年头上，小马和利娟被所在的小区评为模范夫妻。

那个大师还在胡同那儿摆摊。利娟买了礼品去感谢他。他说，不要感谢我，要感谢，感谢你家老公，他才是真正的大师！

利娟愣了一下，忽然间什么都明白了。

碰　瓷

那天是个周末，吃罢午饭，迷瞪了一会儿，我就骑上电动车，溜向宋陵公园。

宋陵公园是我们这个小县城唯一的一个开放性公园，似乎约定成俗，一些退休的老同志不会书法，也不会照相，除了吃饭睡觉，其余时间都泡在这里，除了健身，更多的是喷空，就是说闲话，家事国事天下事，事事关心，没有说不到的，没有不敢说的，不过，还是以当地新闻为主。头一天聊不完的话题，第二天接着聊。如果你出差几天，想知道当地都发生了什么事，来这里蹲上一支烟的工夫，什么都晓得了。时间久了，宋陵公园成了“老年活动中心”的代名词，也有叫“老年广播电台”的。我临近退休年龄，打算把落脚点定位在宋陵公园，因此趁空先来踩踩点。没有一点爱好还真不行，要不，老了遭罪。

穿过热闹的大街，走到一个偏僻街口，我刚拐过弯，看到一个老大爷跌倒在路边，扭曲的脸渗透出痛苦。路过的有人，也有车，但都没停下来，好像老大爷不存在似的。我愣怔了一下，急忙刹车，赶过去搀扶那位老大爷。我刚一伸手，几乎同时，老大爷伸手死死拉住了我的衣角。

完了！那一刻，我想到了逃离，但，老大爷的手像大闸蟹的爪子，抓住了就不松手。

我四下看了看，路边没有摄像头，行人也有几个，却是匆匆而来，匆匆而去，一个个比四条腿的跑得还快。

真就跳进黄河也洗不清了。我深深叹息一声，埋头对老大爷说：“老人家，您是不是有病？”这时候我还心存幻想，没有把人想得那么坏。

老大爷朝我嚷道：“谁有病？你不撞我，我会摔倒？”

“老，老叔，我没撞您啊。”

老大爷振振有词：“没撞？没撞扶我干啥？有病啊。”他说话的分贝很高，唯恐路人听不见似的。路人还真就跟聋子似的，没有人愿意过来当法官。

“大爷，我真的没病，不，真的没撞。”

“大爷？祖宗也不行。”

我知道，遇到难缠的主儿了，这次是插翅难飞。有那么一刻，我恨我自己，我干吗这么贱呢？

我长叹一声，其实也是泄气了，对老大爷说：“老人家，好，算是我撞的。”

“瞧这话说的，什么算是你撞的，就是你撞的！”

“好，就是我撞的。您说这么着，我送您上医院。”

老人家的两只眼睛忽闪忽闪的，比刚才亮多了，攥着我衣服的手也没刚才那么有力了。

我瞅着路上窜来窜去的出租车，打算叫一个。老大爷看出了我的初衷，口吃似的说道：“俺，俺不上医院。”

我心里明白，人家的目的是钱，当即掏出钱包，连同十元的票子，总共一千六百八十元，都塞给了老头。

老头抓的那只手松了，接过钱，掖进了腰里。他的脸色也少了恶意，还隐隐出现了笑意。

我转身去骑电动车，等我骑上车打开锁，瞄见老头灵活地钻进了一辆的士。在我愣神的一刹那，的士放了一个不太响的屁，远去了。

我骑着电动车来到了宋陵公园，看着宋仁宗皇帝荒草萋萋的墓冢，心里一下子释然了。

走进那支庞大的队伍当中——因为是周末，来的人当中还有不少年轻人。我给大家讲述了路上发生的一幕。我说，在来的路上，看到一个老人倒在地上，我赶忙上前把他搀扶起来。

“不怕他讹你吗？”一位大叔打断我的话。他这么一说，其余的人都把目光聚焦到我这里。

面对大家焦急的目光，我摇摇头，说：“没有，老人家真的是有病。”

闻听此话，大家都“嗷”了一声，可能是我的故事不够精彩，一律失望的表情。

那位大叔说：“幸亏遇到你，要不，再耽误一会儿，还不要了老头的命？”

这些人当中有个业余作者，在当地日报写了篇文章拍我的马屁，把我誉为当代雷锋。

我把报纸拿给妻子，给她说了前因后果。

“你为啥说谎呢？难道为了出名？”妻子的脸上写满了问号。

“我怕把真相说出来，一旦遇到哪位老人真的摔倒了，或许这位老人就是你我，怕是没有人再施以援手了。”我不是清高，这的确是我的真实想法。

妻子也是个文学爱好者，又写了篇后续报道，说出了事实真相。

这在当地引起了不小的波动，读者纷纷给我点赞。

一星期后，我收到一笔匿名汇款，金额是一千六百八十元。

遗　产

那天早起，老许喝过小米粥，说是躺下眯一会儿。这一“眯”就再也没有醒来。认识他的人扒拉着指头算了算，说老许享年九十三岁。老许平时身体棒棒的，零部件全部正常，依照古人的说法，也算是寿终正寝，善终，不像他的老伴，病恹恹了多年，前两年才撇下他去看地了。“看地”是当地对一个去世的人的一种通俗说法。左邻右舍，亲戚朋友，包括单位的同事，几乎异口同声地说，老许肯定会给大亮和二亮留下一笔巨款——大亮和二亮是老许的两个儿子。总而言之，老许的遗产很丰厚。

这话并不是信口开河，空穴来风，是有根据的。老许是1950年参加工作的，一直在当地一家化工厂上班；老伴参加工作稍晚，但也是有工作的人。在那个年头，双职工是挺让人羡慕的。两口子生活简朴，一年四季穿的永远是工装。到市场上买菜，都是最便宜的，甚至是菜贩子扔掉的菜叶子。等到把大亮和二亮抚养大，娶妻生子分家另过后，两口子的日子更是简单或者说是俭省。家里的电灯泡是最小瓦数的；鞋子穿到修鞋师傅无法修复为止；平时都是以素食为主，偶尔改善一下生活，买回来的却是猪皮，有时买个猪蹄，啃过之后，再把骨头炖汤喝……家里的电视还是黑白的，家具都是几十年前的，表面的漆都脱落了；家里的一只小板凳坏了修，已经修了无数次。那次，二亮的女儿，老许的孙女，一屁股坐下去，小板凳七零八散，小孙女也摔了仰八叉。至此，这个小板凳才算进了垃圾桶。老伴病那几年，保姆换了一个又一个。咋了？她们受不了老许的节俭，如淘菜水不能倒，用来冲厕所；洗脸水不能直接放入下水道，得用来拖地，凡此种种。若说老许缺钱，纯属无稽之谈，连鬼都不相信。他和老伴退休前，两个人的工资加起来有八千多块，大亮和二亮也都有工作；老两口退休后，工资年年涨，每月都有一万出头了。

大亮和二亮给老爹老娘零花钱，老许也不要，说孩子们也不容易。老许说的是实话，大亮早早下岗，现在在一家超市当保安，给孙子娶媳妇、买房子，月月还房贷不说，还拉下了不少的债务。二亮在一家工厂上班，每天骑个电动车风里来雨里去，也不容易……按咱中国人的传统，老许该接济孩子们一下，他却不。老许没读过多少书，说出的话却有很有哲理，都快赶上那些大学问家了。他对老伴说，两个孩子如有本事，不需要咱帮；若是没本事，再帮多少也没个够。仔细想想，老许的话不无道理。

如此一来，老许两口子就不能不让人说三道四了。有人说他们是小气鬼，有人说他们是吝啬鬼……反正都跟“鬼”粘上了边，算不得正常人。

老许这一走，不得不让人怀疑他给两个孩子留下了丰厚的存款。大亮和二亮也相信老爹会有存款，不料想，他们收拾老许的遗物时，一个存折也没见着，倒是发现了厚厚几沓子捐款单，从1978年开始，年年都有捐款，数额从20元到1万元不等，仅20世纪90年代，两笔捐款，每次都是1万元。从捐款单上看，他捐款的范围很广，有水灾了，他捐；地震了，他捐；台风来了，他捐；慈善活动，他捐；希望工程，他捐；精准扶贫，他捐……四川汶川地震，捐5000元；青海玉树地震，捐4000元；甘肃舟曲泥石流，捐款4000元；南方冰雪灾害，捐3000元……仅保存的这些捐款单据，累加起来有三十多万元。

看着这一张张汇款单据，大亮和二亮都落泪了，一方面是心疼老人家，一方面是后悔他们误解了老人家。

当地有个企业家知道这件事后，要出资40万元收购这些单据。没想到，遭到了大亮和二亮的一致拒绝。

大亮说：“这些单据就是老人留给我们后世子孙的遗产，是不能用金钱来衡量的。”

“这是我们许家的传家之宝，不能丢。”二亮的态度也很明朗。

一个月后，兄弟两个收到一笔匿名捐款，金额是40万元。他们商量后，就把这40万元全部捐给了当地的红十字会。

吴华佗

“吴华佗”不是一个人的名字，是一家诊所的字号。吴家世代行医，传到吴甲这儿，已经是第五代了，“吴华佗”的字号是从他曾祖父那辈得来的。吴甲的几位先人，看病都是“望、闻、问、切”，中药，推拿，刮痧，针灸，拔罐，老祖宗的那一套。诊所里除了听诊器，啥设备也没有。吴甲大学毕业后，没有留在省城，而是回到了“吴华佗”。吴甲学的是西医，中西合璧，陆续购买了一些现代化医疗设备。为此，他的爷爷，还有父亲也没有提出反对的意见。

从“吴华佗”开张那天起，门口的对联一直都是“但愿世间人无病，何愁架上药生尘”，新变旧，旧换新，传了一百多年，从未更改。在当地，曾流传着吴家几代人治病救人的故事。

吴甲的曾祖父，在一个大雪纷飞的早晨，一位逃荒要饭的姑娘病倒在他家门口，他二话没说，就喊人把姑娘抬到家里，又是灌米汤，又是扎针。姑娘转危为安后，不愿离开吴家，因为她是个孤儿，无家可归。在此情况下，吴家就收留了她，后来成了吴甲的奶奶。吴甲的爷爷，在抗日战争时期，无偿救治八路军伤病员。有一次上山采药，小腿被毒蛇咬伤，幸亏他带着刀具，忍痛割掉了咬伤的那块肉，才保全了性命。吴甲的父亲更是秉承祖训，对于村里那些家境困难的患者，能用偏方的用偏方，扎针，拔罐，从不收取一分钱的费用……总之，“吴华佗”一直是“医者仁心”的忠实践行者。

当朋友小芳把吴甲的家世背景介绍给我时，我心里一阵窃喜，觉得吴家的家风在当下跟大熊猫一样珍贵——冥冥之中，我觉得吴甲就是我要找的另一半。但是，吴甲的父辈是父辈，吴甲呢？他的照片我从小芳的手机里见过，带着近视镜，高大，单薄，一副文弱书生的样子，还能看得过去。医术嘛，有他的爷爷和父亲指导，自己又有专业知识，可以在实践中慢慢提高。他的为人处事，行为准则，即常说的“三观”如何，还是个未知数，一辈子的事，不能马虎，我决定来个微服私访，一探究竟。

“吴华佗”就在村口那儿。“吴华佗”的招牌黑底金字，有些古旧，但在阳光的照射下依然闪着金光。门上的红对联颜色淡了些，贴得工工整整，字迹清晰可见，右边是“但愿世间人无病”，左边是“何愁架上药生尘”。有三三两两的村民进进出出。我刚要踅过去，忽然发现一辆三轮车“突突突”地停在诊所门口。进的药品？瞬间，我的眼睛直了——只见开车的师傅下车了，他穿着工装，后背上印着“大发养鸡场”，他掀开车厢上盖的篷布，利索地搬出了一箱鸡蛋！我的心一下子凉了，现在好多药店为了卖药，搞促销活动，一次性购药200元以上，送两斤鸡蛋，一次性充值2000元，赠送50元的药品，等等。难道“吴华佗”也与时俱进，向“钱”看齐了？看着一箱箱鸡蛋搬进“吴华佗”，我想不信都难。

真的是乘兴而来，败兴而归。途中，我给小芳打了个电话，汇报了鸡蛋一事。

接到我的电话，小芳也感到惊讶：“怎么可能？不会吧？”

我冷冷一笑，说：“麦苗韭菜我分不清，但鸡蛋我还是认得的！”

“现在是市场经济时代，人家要生存，搞促销情有可原，现在百分之九十的药店都这样。”小芳相信了我的话，又替“吴华佗”辩解。

“别人可以，‘吴华佗’不可以！若是搁过去，我非砸了他的牌子不可！”我气呼呼地说罢，不等小芳说话，就挂了电话。

半个小时后，小芳的电话打过来了。我不想接，电话却固执地响着。“吴华佗”有错，小芳没错啊，她还是我的好友嘛，我不情愿地接了。小芳说：“哎吆我的亲妹妹，你搞错了，‘吴华佗’不是你想的那样。”

什么？我搞错了？小芳说：“鸡蛋是‘吴华佗’购买的不假，是免费给村民发的也不假，但不是促销——”

说到这里，小芳故意卖起关子，不说了。我差不多要恼的时候，小芳才“格格”一笑，说了实情：“人家发放鸡蛋是有条件的，一年当中没在‘吴华佗’开过药的，送鸡蛋10斤；在‘吴华佗’看过一次病，药费不超过50元的，送鸡蛋6斤；在‘吴华佗’看过两次病，药费不超过100元的，送鸡蛋3斤……”

“真的？”我一点也不矜持地叫起来。

一路顺风

2021年4月的一天，我应邀赴邯郸参加一个文学活动。巩义到邯郸没有动车，只有普通的火车。本来就喜欢慢节奏的我，没有犹豫便购票上车，K386，成都开往沈阳的列车。

到达郑州站后，火车“吐”了一些人，又“吞”进去一些人，这些被“吞”的人当中有一位满头白发的男子，座位在我对面。毕竟还没出河南，都是老乡。我对“白发男子”微笑以示问候。“白发男子”也很健谈：“这节车厢是18车，所在的方向是东还是西？”

我愣了一下，一时没明白他的意思。

“白发男子”问：“这趟车是从西开来的还是从东开来的？”

我说：“这趟车是从西边开来的……我在前一站，巩义上的车。”

“白发男子”的脸色凝固住了，卜卦似的，手指头一扒拉，说：“这是最后一节车厢……怎么这么倒霉？”

最后一节车厢怎么啦？难道他把车厢号跟“十八层地狱”联系起来了？我笑着安慰“白发男子”：“‘十八’也不错，一路发嘛。”

“白发男子”摇摇头，说：“坐汽车应该坐后边，坐火车一定要坐前边。”

“为什么？”我还没反应过来。

“白发男子”说：“汽车容易撞车，坐后边安全；火车容易脱轨，坐前边安全。”

我恍然明白，但不以为然，说：“现在的交通安全系数高多了，不会有事。”

“白发男子”摇摇头，说：“不怕一万，就怕万一。”

“没事的。”我笑着安慰“白发男子”。

“白发男子”说：“这趟车怎么还不走？是不是前方出事故了？”

我告诉“白发男子”，这趟车本该8：08到郑州，8：23开，偏偏提前了，不到八点就到了郑州。

“白发男子”的头不停地转动，像是在寻找什么，一边自言自语道：“这可咋办？这可咋办？”

“老乡到哪里下车？”我试图转移他的注意力。

“新乡。”

“一站地，不到一个小时就到了。”

“倒霉了，危险随时都会发生。”“白发男子”还沉浸在他的世界当中。

这时候，过来一位中年女性乘务员。“白发男子”像是抓到了救命稻草：“美女，我想调换一下车厢。”

“您可以私下跟乘客商量。”美女边走边说。

“白发男子”的目光追着美女：“美女，我想补个卧铺。”

美女转过身来，露出了八颗牙的微笑：“这个可以有。”

“白发男子”微信扫码补差价，美女用手中的玩意儿（便携式电子补票机）给“白发男子”出了一张票。

“白发男子”喜滋滋地拿着票，朝我微笑了一下，朝车厢的另一头走去。

我拿出一本山歌的《康百万》翻看，刚看了一篇小说的开头，火车启动了——8：23到了，火车准时出发。一分钟不到，“白发男子”转了回来。

我说：“您怎么回来了？”

“白发男子”原来的座位已经有人了，又没有别的空位，他就靠座椅站在过道上，哭笑不得地说：“早知这样，我就不改卧铺了。”

“怎么啦？”

“白发男子”的下巴歪了歪，示意我看窗外。

我这才发现，火车的方向跟来时刚好相反，来时由西向东，此时由东向西，我所在的18车厢由尾变头了。我很快明白过来，从巩义方向来时走的是陇海线，此时已经更换火车头，走京汉铁路北上，东西向改为南北向了！

“大爷，您可真逗。”我憋不住乐了。

他忙摆了摆手：“别叫我大爷，我四十刚出头。”

我不好意思地挠了挠头，按年龄，他该叫我叔呢。

心里的阴影消除了，尽管没有座位，“白发男子”的兴致还是高了许多，一路上谈笑风生，讲俺们河南的少林寺，洛阳的龙门石窟，三门峡的白天鹅，巩义的康百万庄园，等等。河南的胜地还没有聊完，新乡站就到了。“白发男子”下车的时候，我们互道祝福：

“一路顺风！”

“一路顺风！”

幸福的女朋友

小樱跟幸福谈了八年，两人都过了三十岁生日，本以为要更进一步，看个好儿（喜日子），携手入洞房，谁知道，幸福竟提出了分手。小樱失望、伤心，但也没办法。男女之间本就是两相情愿的事，强扭的瓜不甜。幸福安慰小樱，说毕竟恩爱一场，做不成夫妻还可以做朋友嘛。一句话，他们属于好聚好散。幸福的亲戚朋友，包括他的老爸老妈，都说他的脑袋瓜被笨驴给踢了，说人家小樱虽不是天仙，但也属于那种癞蛤蟆都想吃的天鹅，性格又好，知书达理，三观还正。

难道你见异思迁，移情别恋了？幸福的好友安子问他。

幸福点点头，说我找了一个比小樱还好的女朋友，她叫樱花。

安子说，怎么个好法？

幸福说，樱花不吃零食，不吃大餐，不要零花钱，不要化妆品，不要时装，不跟我吵架，不网购……小樱再自律，都怕做不到。

安子说，她是表现给你看吧？现在不吃，不等于将来不吃，现在不要，不等于将来不要，现在温柔，难保将来不会成为母老虎。

幸福淡淡一笑，说哪天你闲了，可以去见识一下，是骡子是马不用溜，一看你就知道。

安子没再多说。他知道，若是执意反对，只怕他们的朋友也做不成了。后来有一天，安子便去见识了樱花。不见不知道，一见吓一跳。果然如幸福讲的那样，樱花可以算作一个完人，安子想瞅毛病居然没有找到。

小樱觉得挺委屈的，从安子那里得到情报后，决定上门一探究竟，看看樱花到底有多好。

这一天，得知幸福和樱花都在家，小樱造访了。

进门后，小樱突然发现：幸福的新女友樱花跟自己长得几乎一模一样。难道自己还有个孪生姐妹？没有听父母说过啊。

樱花表现得很热情，上前拉住小樱的手：欢迎光临！

樱花的手热乎乎的，光光的，滑滑的，像是没有用过护肤品，但为何保养得这么滋润？小樱还发现，樱花的手脖上确实没有镯子，葱段似的手指上也没戒指。

幸福对樱花说，樱花，我的前女友漂亮不？

樱花柔声说道，当然啦，跟我一样漂亮。

小樱心里一下子对樱花有了好感，问她，樱花，幸福帅不帅？

樱花看了幸福一眼，柔柔地说，月球上都怕找不到比他更帅的了。

这女孩真会说话。换作自己，怕是不会这么婉转。小樱还是不甘心，说，樱花，你都会做什么？

樱花说，我可以做家务、聊天、打游戏，好多啦，你和他做的事我也会做。

小樱的脸腾地红了，心说这人的脸皮怎么这么厚啊？看到樱花的脸，小樱忽然想到自己的脖子上还戴着条项链，是镀金的，两人刚认识时，幸福送给自己的，他还说有了钱再给自己买一条真的。小樱决定趁机还给幸福，想到这里，便摘下项链，说，樱花，这是幸福给我买的金项链，我给你戴上。

小樱把项链戴到樱花洁白的脖子上，那一瞬间，樱花像犯了病似的栽倒了。小樱下意识地躲闪了一下。幸福刚好走到跟前，猝不及防，樱花直挺挺地砸到幸福身上，两人相拥着倒在了地上，一下子都没了气息。

那场面，小樱既难为情，又惊慌失措，想别过脸又不忍心，忙大声叫道："樱花！樱花！幸福！幸福！"

不幸的是，两个人都昏迷过去，一个也喊不醒。

小樱忙拨打了110和120。

……

听说幸福住院了，安子忙赶到医院。他走进房间，只见幸福躺在病床上，头上缠着绷带，身上插着管子——他被樱花砸到地上的时候，头部着地，轻微脑震荡。医生说，住几天院就可痊愈。

幸福睡着了。护士没有在场，伺候幸福的是他的女友。

安子惊讶地说，樱花，照顾病人你也会啊？

我不是樱花，我是小樱！那个女的狠狠瞪了安子一眼。

安子眨巴了几下眼睛，确认眼前的人是小樱后，也给搞糊涂了，说，小樱，这到底怎么回事啊？

小樱说，事后我才知道，我给樱花戴项链的时候，触碰到了一个关键开关，她倒下后把幸福砸伤了。

安子说，我就说嘛，那个日本产的机器人女友根本就不行。

据说，摔坏了重要零部件，接近报废，彻底不行了。小樱抿着嘴笑了，一脸的羞涩，还有满满的自信。

皇　陵

经过一个冬天的冬眠，小麦嗅到春天的气息便疯长起来。麦苗伸展着腰身，个头一天天增高，叶子的颜色墨绿墨绿的，麦穗逐渐饱满。眼下正是灌浆的时刻呢。赵河俯下身子闻了闻，似乎闻到了成熟小麦的那种醉人的馨香。若搁往年，一个月后，田里便是丰收的场面、欢腾的场面——那是父老乡亲们的节日。小时候，大人们在田地收割麦子，他和小伙伴们跟在大人的屁股后面，捡拾散落的麦穗、麦粒。累了，就骑到那些石马、石羊身上，或钻到石狮子肚子下去玩。想到这里，赵河抬头望着麦田中间的那些石刻。

马、羊、狮子，还有文臣、武士，一个个神采飞扬，栩栩如生……经历了上千年，还是有一些沧桑感、厚重感。小时候，赵河一个人都不敢来，看到那些石刻就害怕。后来，跟着大人来的次数多了，不再害怕，反而感觉它们像一个个敦实的乡下汉子，可爱、可亲。也就是因为它们，明天这些麦田就要被毁掉，因为这里是省级文物保护单位，必须保护起来。可是，这个皇陵包括皇后陵、皇室宗亲墓、名将勋臣墓上百座，地面石刻上千件，占地面积约一百平方公里。面积太大了，没有资金倒是次要的，关键是这些墓葬，除了坟冢和石刻，空余的土地老百姓都种着庄稼。眼看着麦子就要丰收了，毁了实在可惜。若是把这些土地收回来，他们怎么生存？

赵河忍不住叹息一声。他是农民的儿子，他知道土地对于农民的重要性。他还是个官员。上午开会时，主管领导没有拍桌子，说出的话软绵绵的，但很有力度，像是极具杀伤力的太极。若是明天没有行动，他的结局可想而知。

“孩子，叹啥气呢？今年的麦子长势不孬啊。”

听到声音，赵河扭头一看，发现老父亲站在身后。

老父亲说：“放学后，我听村里人说你来皇陵了，才找过来。”老父亲一直是村里的民办教师，如今年过花甲，还舍不得离开学校。

赵河顿了一下，就含糊地把主管领导的意思表达了出来。

老父亲扑哧一声笑了，然后说道："这个皇陵连盗墓贼和专家都看不上，用得着保护起来？"

老父亲不是开玩笑。赵河知道，这个皇陵里埋的皇帝，本着从简的原则治理国家，他从自身做起，包括之后的几位皇帝，皇宫没有一个像样的风格，陵墓也简陋。即便有一些简单的殉葬品，也早被乱兵和土匪给挖掘走了。

老父亲又说："若是政府来保护，需要多少的财力和人力？假如圈起来，岂不是此地无银三百两？反而会引起不法分子的注意。"

赵河有跟老父亲一样的想法，就在会议上他还用类似的话跟领导辩解。人家是一把手，说出的话就是圣旨。赵河叹口气，给老父亲解释："他们说，普天之下，莫非王土。说土地自古就是国家的……"

没等赵河说完，老父亲就"呸"了一声，说："他们没学问，你的书也白读了？那句话是《诗经》上的，真正的含义是说以天下之大都是王需要为之负责的，也就是只有对天下人负责的人才可以成为王者。"

老父亲爱读书，最爱看的就是《诗经》和《易经》。他曾给父亲买过好几个版本的。

赵河是大学生，岂能不知道那句话的涵义？父亲可以这样说，他不能这样说。

老父亲说："土地是农民的，没有土地咋能叫农民？其实，这些陵墓根本不需要国家保护，把土地分给老百姓，他们视土地如命，会更加珍惜，更加爱护。"

赵河记得小时候，他曾问过父亲那些石刻是干什么的。父亲就告诉他："孩子，这些石人石狮子是看护庄稼的。"

老父亲继续喋喋不休："孩子，这些石老虎和石羊为啥排在一起？就是皇帝希望自己的后代要和老百姓和平共处。永兴陵，永兴陵，他不是希望自家的天下永兴，他是希望天下的百姓永兴。现在都新中国了，更不会为难老百姓，更不会用推土机毁了这些庄稼。"

赵河苦笑了一下。在官场这么多年，他略知一些道道。有些事看似荒唐，却也是能拿到桌面上的，且有法可依、有章可循，反而抓不到把柄，还会出政绩。

老父亲似乎知道赵河的纠结，说："不用回家卖红薯，回来就给孩子们教书。有你接班，我就可以歇歇了。"

一阵微风吹过，麦苗随风摇曳，麦子的清香扑面而来。赵河贪婪地呼吸着，充满阴霾的心情一下子晴朗朗的。

在回城的途中，就在赵河琢磨辞职报告怎么写的时候，接到主管领导的电话，让他缓一缓，不要贸然行动。

匿名者

老王在月亮湾一带颇有名气，大人小孩没有不知道的。他一不从政，二不经商，他有一手绝活儿，会看风水，俗称阴阳先儿、算卦的，文雅一点说是卜卦。当地有一句歇后语：老王放屁——神奇（气）。足见他在当地的影响。除了阳宅阴宅，结婚看好儿（好日子），需要他掐算，亡者入土，也要他定时辰，即便刨棵树，还要找他定日子……总之，好多事都离不开他。因此说，他在月亮湾算是个名人。

老王最经典的案例是“一指禅”。有一年，村里好几个学生参加高考，具体说来，张婶、李嫂、刘叔家各有两个考生。大人们不放心，请老王给算算结果，老王推辞不过，只好分别给三个家长伸出一个指头。不等他们多打听，老王就又竖起食指说：“天机不可泄露。”后来，张婶家的两个考上了大学，李嫂家的考上一个，刘叔家的两个考生一个都没过线。老王对张婶说：“不出所料，都考上了，一个都不剩。”他对李婶说：“果然，考上一个。”刘叔不等他解释，便心服口服：“不出老王所料，一个都不行。”

事情传开后，都说老王神，是大师。老王笑笑，也不多做解释。他这人还有一个长处，给人掐指算卦，不管给不给红包，不管给的红包大小，也从不计较。

扯远了，说正事。有个爱心人士匿名给村里捐款30万元，让村里建一所小学。

说来也巧，学校刚建成那一年，路过一个留着八字胡的阴阳先生。村主任贵叔也是一时嘴痒，让“八字胡”给看看学校的风水。

“八字胡”岭上看看，岭下转转，微闭眼睛，只见嘴唇颤动，听不到声音，然后猛地睁开眼睛，说：“不妙，这里是火龙地，容易发生火灾。”

贵叔给吓坏了，不解地瞅着“八字胡”。围观的村民也都面面相觑，一脸惊恐。

“八字胡”手指学校后边，说：“那是什么？”

贵叔说：“那是烟囱啊，当地发电厂的。”

“八字胡”说：“烟囱走火，烟囱不就是火龙吗？因此烟囱附近就是火龙地，火龙地是长不出庄稼和树木的。”

“这跟学校有啥关系？”贵叔还是不解。

“学校是干什么的？”“八字胡”反问道。

贵叔说：“学校是教书育人的啊，这还用解释？”

“八字胡”便恨铁不成钢地说：“十年树木，百年树人。树木和庄稼都长不了，还能育出人才？”

贵叔琢磨琢磨，还真是那么回事儿，虽说“八字胡”的解释有点牵强。当即，贵叔心里跟吃了只苍蝇似的，不舒服。围观的几位村民小声议论，如临大敌。

“八字胡”说：“如果控制不力，火将变成吞噬一切的恶魔。”

“这可如何是好？总不能把学校拆了重建。”当时村里建校选址时，实在找不出地方，决定在这里动工时，贵叔找了老王，让他看看是否合适。老王搭眼一瞅，伸出一个指头，说了一个“中”字。

“遇到本大师算是贵村的福气……当然有破法儿，不过，需要跟神仙通融……”说到这里，“八字胡”的手指捻了几下。

贵叔明白了，“八字胡”要红包。

这时候，老王到了跟前——村里有人给他通风报信。老王从口袋里摸出几张纸币，拿出打火机，说：“既然是给神仙买路的，是不是要烧给神仙啊？”

“这，这，这……”“八字胡”面红耳赤，知道遇上茬了。

老王对贵叔说：“学校这块地方是风水宝地！为什么？就是因为学校后边这根烟囱！”

贵叔，现场的其他村民，包括“八字胡”都一律瞅着老王，满脸的问号。

老王说：“烟囱像一根又粗又大的高香天天在烧，天天在保佑……学校还能不平安，还愁不出人才？烟囱通天接地，暗含天人合一、步步高升的风水理念，怎能说这地方不好呢？”

这话说得滴水不漏。贵叔笑了，围观的村民也都拍起了巴掌。

“八字胡”见状，灰溜溜地走了。

学校开学那天，贵叔趁着老王多喝了两杯，便想掏他的实话：“你们整天子丑寅卯疑神疑鬼的，到底有没有风水？”

“有！风水是什么？风水是人心。”老王喷着酒气，指着自己的胸口说，“良心好了，风水就好。”

这话有人信，有人不信。信的人说，老王说的是实话。不信的人说，老王喝多了，胡咧咧哩。

贵叔和村里的老少爷们不知道，捐款30万元建校的匿名者正是老王。

体　检

儿子单位体检，建议老父亲跟着一块去。儿子在单位是个小头头，这点特权还是有的。老父亲不愿意去，人老了，跟机器一样，日子久了，零部件能没个磨损？有时候，毛病不大，医生能说破天，反而把病人吓出毛病来。这番话都是老人心里话，没给儿子说。儿子执意让老父亲去。老父亲不忍拂了儿子的美意，也不愿意儿子背上不孝的骂名，就跟着儿子一块去了。

平时有个感冒，医生把所有能用上的机器都用上了（有时候恨不得反复用），更何况是体检，而且公费的。所以说，检查的项目很详细，皮肤、牙齿、毛发、指甲、骨密度、血氧饱和度，等等，一切无关痛痒的项目，但只要是身体上有的部位也都不放过。体检大楼跑了一遍，不亚于老人登了一次山，累得够呛。有儿子在身边陪着，心里再不舒服也不敢说，还得装作很满意的样子，不能给儿子的孝心打折扣。

检查结果出来了。

医生看了看儿子的体检表，又看了看老人的体检表，把儿子单独叫到一边，说情况很不妙，尿毒症。

儿子吃了一惊，说有最好的治疗方法吗？

医生说，唯一的好办法就是换肾。目前医院还没有肾源，只有亲人之间可以移植。

唉，老父亲怎么这么没福气呢，该享福了却得了这么个病。儿子一下子沉默了。心想，父亲六十多岁了，即便自己把肾给他一个，也不见得还能活多少年；

自己呢，不到四十岁，刚走上领导岗位，换言之，今后的路还很长，少了一个肾肯定会对身体有影响的……想到这里，儿子就对医生说，放弃治疗吧。

医生诧异地看着儿子，一时间怀疑自己听错了。

儿子脸一红，说老爷子心疼我，他是不愿意让我给他换肾的。

医生说，你就这么肯定？

儿子说，知父莫如子，我最了解自己的父亲了。

医生说，好，我就再问问老爷子吧。

随后，医生又把老父亲叫到套间里。

看到医生严肃的表情，没等他开口，老父亲就说，大夫，是不是很严重？

医生点了点头。

老父亲忽然笑了，说您别吓唬我，俺能吃能喝，会有多严重？再说，即便真的很严重，俺自愿放弃治疗。

为什么？医生追问。

老父亲叹口气，说，俺不想给儿子增加负担。

医生说，假如有治疗方法，如让儿子给你捐一个肾呢。

那更不行！老父亲断然说道。儿子还小，不能因为俺毁了他的身体。俺老了，命贱不值钱。

医生心里一堵，有点后悔把儿子堵在门外。他说，老爷子，您还没听我说明白呢，是您的儿子患了尿毒症，如果两个人配型成功，需要切割您的一个肾给他。

老父亲一下子呆了，好半天，才喃喃地说，大夫，您说的是真的？

真的。医生点点头。

扑通！老父亲给医生跪下了，一边流着泪一边说，俺愿意把自己的肾捐给儿子，一个不行，就捐两个。只要能救儿子，俺把命搭上都中！

医生上前搀扶起老人，说老爷子，没有那么严重。若是配型成功，一个肾就够了，也不会太影响您的身体。

老父亲擦了一把眼泪，说大夫，您别给儿子说实情，把我俩推进手术室……就说是俺病了。

医生怔了下，不知道该怎么回答老人的话。他不知道，儿子已经在门外听到了他们两个人的对话。此刻，儿子泪流满面，心里边翻江倒海。

逮麻雀

接到老爹的电话，子明便开车回来了。那天是个周末，子明本来已经跟人约好了酒局，只好临时取消。他知道老爹的脾气，不是火烧眉毛的事，一般不跟他联系。倘若不回去，老爹可能“你这个王八羔子”地骂到单位来。这一次，他不敢劳驾司机。上次回老家，他让司机开车。老爹黑着脸熊他，“你又不是不会开车，干嘛麻烦别人？你吃饭是不是也让人喂？当了鸡冠大的官，就啥也不会干了？”等等，说了好多。

说来也巧，子明到家的当天夜里，天空热闹地扬起了雪花。老爹兴奋得像个孩子，说，早点睡吧，今晚咱爷儿俩不拉呱，明早再说。

看到老爹和老娘的身体依然硬朗，家里也没有什么糟心事，子明也就放下心来，拱进被窝专心致志地刷抖音。

第二天早上起来，雪已经停了，空气新鲜清冽，仿佛洗过一样。院子的地面上已经积了厚厚的一层。老爹对子明说：“来，咱们捉麻雀。”

“捉麻雀？”子明又重复了一句。

老爹点点头。

都啥年代了，还捉麻雀？真是返老还童了。老爹还不到六十，怎么也有这个征兆？子明心里叹息了一声。记得20世纪六七十年代，家里穷得没米下锅，到了雪天，家家户户捉麻雀，把捉到的麻雀用泥巴包裹起来，放到火炕上烤，等香气弥漫开来，剥掉泥巴（麻雀的毛发也随着泥巴一起脱落了），什么调料不用放，滋味也不亚于早些时候街头的烧烤。子明抬头看了看院子那棵老枣树，果然枝头上站着数只麻雀，嘀嘀咕咕，叽叽喳喳，一不小心，抖落一阵阵的雪沫子，乱纷纷的，像梨花飞。每到雪天，它们就为生计犯愁。

老爹已经掂出了铁锨、箩筐和绳子等一应工具。

看到老爹的兴致这么高，子明不敢怠慢，赶紧上前接过铁锨，清扫起来。等空地出来，老爹用一根筷子一样长的木棍把箩筐的一边支起来，箩筐下边滚了一把玉米，金黄金黄的，与四周的白雪形成了鲜明的对比。然后找来一根长长的绳子，一端拴在木棍上，绳子的另外一端，老爹让子明攥着，之后两人躲得远远的，避开那些麻雀。时候不大，那些麻雀可能觉察不到了危险，也似乎抵御不了玉米的馨香，滑翔到箩筐周围，又是叽叽喳喳交头接耳一番，好像探讨着该不该进去。最后商量的结果是，有四五个进去了，有两三个在外边放哨。不等老爹指示，子明猛地一拽绳子，棍子倒了，箩筐也倒了，把那些吃玉米的麻雀一网打尽。箩筐外边的几只麻雀，也算是机灵，急忙扇动着翅膀，"扑棱"到了树上。

若在过去，绝对属于一个辉煌的胜利，值得欢呼雀跃的。即便是当下，子明都三十好几了，也还是很有成就感的。

箩筐下的麻雀叽叽喳喳，树上的几个也在喳喳叽叽。若是仔细辨别，它们的叫声还是有很大区别的。

老爹问子明："它们说的啥？"

子明摇摇头，说："这门外语我还真没学过。"

"别贫嘴。"老爹瞪了一眼，继续说道，"树上的麻雀为啥不离去？因为它们是一个家族，被斗住的又可能是它们的子女或者父母，失去了亲人，能不伤心？"在当地，"斗住"类似"抓到"的意思。

"有道理。"子明点点头。

老爹看着子明，指了指箩筐，说："这些麻雀为什么能被斗住？"

"因为它们贪吃。"说这话的时候，子明几乎是不假思索。

老爹走过去，一把掀起箩筐，那些死里逃生的麻雀们，叽叽喳喳，欢呼着逃远了——那些在树上伤心的麻雀也随着它们飞走了。死里逃生，它们不定有多高兴呢。

子明愣了一下。

"咱又不吃。"接下来，老爹像是对子明，又像是自言自语，"如果是人，可就没有这么幸运喽。"

子明心里一颤。这一刻，他如石化了一般——两个月前，他刚刚被提拔为局长。此时，他忽然明白了老爹让他回来的目的。即便不下雪，老爹还会整出别的故事来。他想了想，忙对老爹说："爹，趁着积雪还没结冰，我还是走吧。这天气，保不准什么地方闹灾呢。"

"好，你娘在厨房给你烙好了油馍，带几张走吧。没啥事不用往家跑……"老爹呵呵笑着，背着手往大门外走去。子明这才看到，大门外停着的车，车身上没有一点积雪，通往村外的道路也被清扫出来了。

吹萨克斯的年轻人

老公最近换了个岗位，不是心仪的位置，心里不爽，半个多月过去，还像经了寒潮的青菜，蔫头巴脑的。我搜罗了不少笑话、段子，有的都进入到内衣的层次，他依然高兴不起来。最后让心理咨询师也给会诊了，还是萎靡不振。

这天晚饭后，依照惯例，我俩儿去文化广场散步。现在的人真是悠闲，每到晚上，跳舞的，踢毽的，打太极的，很是热闹。忽然，我听到一阵悠扬的音乐声——原来是一个露天音乐会。说是音乐会有点抬举了，没有明星大腕，缺少舞台灯光，都是本地的音乐发烧友自发组织的。现在这年头，圈子多，除了刚才列举的各种健身圈外，钓鱼的有钓圈，养鸽子的有鸽圈，养狗的有狗圈，追星的有“饭圈”，等等，当然，相比较而言，音乐圈属于高雅的圈子。

一个三十岁左右的年轻人在吹奏萨克斯。

萨克斯的名曲就那么几首，我也略懂一二。此刻，他吹奏的是《瞬间》，音色柔和优美，旋律轻松优雅，虽说是短短的“瞬间”，却给人永恒的感觉。一曲吹罢，掌声四起，不少人起哄道：“再来一个，再来一个。”年轻人没有推辞，说：“好，我再给大家献上一首《茉莉花》。”年轻人不仅指法娴熟，吹奏技巧相当高超，蕴含着丰富的情感。《茉莉花》婉转优美，荡气回肠，让人忍不住浮想联翩，就像扑面而来的微风，随风弥漫着淡淡的茉莉花香。接下来，年轻人吹奏了《回家》。年轻人尽管年轻，看样子不像是新手，应该是吹奏萨克斯的老手了。

晚上回到家，我的耳畔还在回荡着萨克斯的旋律。我心中一动，对老公说：“要不，你也练习吹奏萨克斯吧？”音乐可以调节人的情绪，何况，萨克斯的表现力又那么强。

老公同意了。

我暗喜：有了萨克斯，老公一定会重振雄风。

老公对音乐一窍不通，决定拜师，就拜那个年轻人。年轻人是干什么的？学校教音乐的，还是办辅导班的？

小地方有小地方的好处，办个事、找个人都是很轻松的事，辗转了几个电话，终于得知那个年轻人的电话。看看时间尚早，当即就给年轻人打了电话。

年轻人也是爽快人，让老公次日去找他。

第二天是周末，一大早，我随老公去了。

年轻人住在城郊接合部那里。那里的房子还是老式的平房，十分破旧，有的房顶上还搭着牛毛毡、石棉瓦。这里住的人，大多是那些干杂活的，譬如通下水道、清理化粪池、拉个脚之类的活路。隐约还闻到一股腥臭、腐烂的味道，不仅是下水不畅的缘故……我不禁皱了下眉头。老公嘀咕道：一个搞音乐的怎么会住这里？大隐隐于市，小隐隐于野，若要隐也不该隐到这地方来啊？

忽然，附近传来了萨克斯的声音。

循着声音，我们来到了目的地——一个略显杂乱的院落，四周堆满了废旧纸箱什么的。

年轻人微闭着眼睛，满脸陶醉的样子。听得出，他吹奏的是《清晨》。刹那间，我的眼前仿佛展开了一幅画面，春暖花开，风和日丽。

一曲吹罢，年轻人这才发现我们的到来，忙抱歉地打招呼，搬凳子。

当老公闪烁其词地问到年轻人的工作时，年轻人坦然地说："搞能源再生利用的。"

老公愣了一下，说："能源再生利用？像是个新名词，具体干什么？"

年轻人没有说话，指了指周围的废旧纸箱。

"收废品的？"我下意识地问道。

年轻人点点头。

"啊？"我和老公面面相觑，登时石化了一般。

此后，老公的精气神与往日大相径庭，每天都快快乐乐的，像小时候过年一样。尽管因为种种原因，他没跟年轻人学习萨克斯，偶尔谈到年轻人，他依然会说那是他"师父"。

路

大伟被提拔后，每天回到家里，总是一副愁眉不展的样子，像是有满腹的心事。

知子莫若父。老爸看在眼里，急在心头，本不想干预儿子的工作，想了想，还是忍不住说道："大伟，不论干啥事，头三脚难踢。慢慢来，不着急。"

大伟心里一热，作家山歌说的没错，真正关心自己的还是自己的亲人。既然老爸问了，大伟不能不说："爸，您知道，我担任的是单位纪检书记的角色，这个工作不好干。"

老爸点点头。大伟说的不错，在单位里边，若是工作认真，势必要得罪人；若是睁一只眼闭一只眼，那就有违自己的良心，不配上级领导对他的厚望。特别是纪检书记这个岗位，非同小可，有多少双眼睛盯着呢。

大伟叹口气，说："爸，近段时间我还常常失眠，愁得光想辞职不干。"

"工作总得有人干，不能退缩！"老爸瞪了大伟一眼，又缓和了一下语气，继续说道，"你背后除了我这个靠山，还有一个更大的靠山，共产党！还怕什么?!"

大伟的眼角湿润了，他真想给老爸一个大大的拥抱。

老爸说："今天刚好是周末，你不上班，我带你上街转转。"

大伟不知道老爸的葫芦里卖的什么药，还是老老实实跟在父亲后边，出门了。

人民路中段有家中医院。现在医院都是人满为患，门前那条路经常堵车不说，隔三差五还要出一起交通事故，前年吧，当地政府在那里修了一座天桥和一个地下通道。

老爸指了指天桥和地下通道，对大伟说："看到天桥和地下通道，你有什么想法?"

大伟愣了一下，心说老爸怎么会提出这个问题？嘴上还是认真作答："有了天桥和地下通道，方便了行人，避免了交通堵塞和事故。"

老爸微微一笑，说："你再认真看，看看能瞅出什么问题。"

"爸，我又不是学建筑设计的，能看出什么?!"大伟觉得老爸有点不可思议。

"你认真看。"

"爸，您是说有人承揽这些工程，有偷工减料和行贿受贿的可能……"

"真是三句话不离本行。"老爸也憋不住笑了，"你再看，不会一点问题都发现不了。"

大伟瞅了瞅天桥，瞅了瞅地下通道，他有点恍然大悟的感觉，但又担心自己是不是能说到点子上，便迟疑了一下，说："爸，我发现天桥上几乎没有人，走地下通道的人不少。"

老爸点点头，说："你知道为什么?"

眼下正是春天，若说是怕晒，原因又很勉强。大伟实在想不出原因，便摇了摇头。

老爸说："走，咱亲自去感受一下。"

大伟怔了怔，还是老老实实跟着老爸走了一边，先走天桥，然后走地下通道。

各自走了一次后，老爸问大伟："感觉到了什么?"

大伟摇摇头，不觉脸也红了。他似乎感知到，老爸提的问题肯定类似脑筋急转弯，很简单，而自己又不知道答案。

老爸说："你看，要走天桥，是先上台阶，然后走过平台，再下台阶。若是走地下通道，是先下台阶，然后过隧道，最后上台阶……"

"爸，我明白，这是人的惰性使然，走天桥和走地下通道相比，走地下通道相对轻松，尽管两者的距离一样，但是后边的情形不一样，天桥后边是下台阶，而地下通道后边是上台阶。"

老爸笑了："所以说，干工作也是这样，特别是纪检工作，开始有点难，到了后边就轻松了。若是开始轻松，到后边你就难受了。"

大伟长出了一口气，说："爸，我明白了。走，今天我请客。"

"不，我请客，你买单。"

父子二人对视一眼，不约而同都笑了。一个人的笑里有高兴，有欣慰，有期望；另一人的笑里有感谢，有释然，有信心。

重　逢

他是一名边防哨所的战士，有半年没有回家了。妻子怀孕八个月，前几天在电话里说，她去产检时，医生说胎位不正，需要住院观察。他不是不想家，不是不挂念妻子，职责所在，使命所系，他只能“忍痛割爱”了。无数次与妻子重逢，都是在每晚的梦境中。

那天，寒风卷起积雪，在天空中肆意飞扬，打在脸上像是小石子，很是疼痛。这样的天气，他早已习以为常了，一年十二个月，大雪封山的日子就有五个月。他和战友踩着没膝深的积雪在巡逻时，抓住了一名盗猎分子，正准备移交当地公安机关，犯罪嫌疑人突发阑尾炎，需要送到山下的医院。边防哨所只有六个人，没有更多的人手，班长派他开车押解犯罪嫌疑人去医院。他是当地人，是最合适的人选。

从海拔5000米的哨所，到距离最近的医院，有五十多公里，因为是山路，且飘着雪花，吉普车跑得并不快。走到山下，雪花的威力开始减弱，零星地飘撒着，若有若无的样子。

临近医院时，犯罪嫌疑人停止了呻吟，给他“讨价还价”：“小兄弟，你把我放了，我会感谢你的。”

“我不放你，你也得感谢我。”他冷冷一笑，一边开车一边说，“虽然大雪封山，幸亏修了公路，若搁前几年，有你的罪受。”

犯罪嫌疑人知道这些边防战士油盐不进，不再说话，又开始了呻吟。

在医院的走廊上，他忽然遇到了妻子。她挺着大肚子，笨拙地走着，像个企鹅。他怔了一下，与妻子对视一眼，便擦肩而过。他不用回头就知道，自己的后背上此刻落满了妻子的问号。

没想到，当犯罪嫌疑人被推进手术室后，他也一下子瘫倒在地，昏了过去。

他醒来后，看到了妻子坐在床头。他以为是在梦中，使劲眨巴了两下眼睛，没错，是妻子！“那个盗猎分子……”他一边说一边挣扎着要起来。

妻子按着他，说：“当地公安已经过来了，你就放心吧。”

他松了一口气，看着妻子皮球一样的肚子，说："你，还有肚里的孩子没事吧？"

妻子抱着"皮球"，说："现在医学这么发达，不会有事的。"

看着妻子甜蜜的样子，他放心了，说："我，我这是怎么啦？牛一样的身体也会倒下？"

妻子说："大夫说你是劳累过度，休息两天就好了。"

他目不转睛地盯着妻子，她的眼神里有无助，有不解，有哀怨，有爱意……忽然，她的眼泪涌了出来。

他忙说："你看你，哭啥呢？弄得像临终告别似的。"

她忙用手去捂他的嘴。

看看病房里没有其他人，隔着妻子的衣服，他轻轻抚摸着那只"皮球"，愧疚地说："在走廊上与你相遇，没顾上说一句话，你不怪我吧？"

她摇摇头，说："我知道你还想说，不管犯罪分子，他会跑，不理睬妻子，妻子也不会跑。"

他笑了，笑得有点心疼。他说："我们那里已经告别了点煤油灯、烧牛粪堆、柴油机发电的历史，有了电；哨所新建了温室大棚，也能吃到新鲜蔬菜了；哨所不仅设有图书阅览室，还引入了'唱吧''桌式足球'等多种休闲方式；网络信号即将全面覆盖，到时可以给你视频聊天了……嗨，你该高兴才是，怎么又哭了？"

妻子的眼泪如珍珠似的，在脸上跳跃着。听到他的问话，她也不吭声，塞给他一张纸条，只见上边写着："如果我牺牲了，抚恤金全部给你；如果我伤残了，离婚证给你，你再找个合适的人家；如果我回来了，我把一辈子都给你……"

那是他写的，一直装在口袋里，给他换洗衣服时，被她发现的。

他张了张嘴刚要解释，他的手机唱了起来："咱当兵的人，就是不一样。头枕着边关的明月，身披着雨雪风霜……"是班长打来的电话。

班长询问了他的病情，然后告诉他："你种在温室大棚里的玫瑰花开了，明天去接你时，顺便给你爱人送去。"

他笑了，脸上洋溢着幸福。妻子不知道电话的内容，看到他快乐的样子，也跟着笑了，满脸都是甜蜜，眼角眉梢特新娘。

寻找光明

光明十八岁那年的寒假，那天父母没有在家，因家里线路老化，发生了一场大火，他面部的烧伤面积达百分之八十以上，鼻子严重变形，眉毛彻底没了，他的一只耳朵还被烧掉半个……把他抢救过来，家里所有的积蓄已经花了个精光，哪还有钱给他进一步治疗？医生说，即便是有钱美容，也不可能恢复到原来的模样。

为了这个家，还有光明的未来，爸爸外出打工赚钱，妈妈在家陪伴着光明。光明每天躲在房间，不愿出门，有时候一整天不说一句话。妈妈不知道该怎么劝说他，唯有背后默默地流泪。

有一天，妈妈外出参加一个饭局，回来后对光明说："孩子，我带你去一个地方……"

"我哪儿也不去！"光明打断妈妈的话，赌气似的说。

妈妈迟疑了一下，小心翼翼地说："那个地方是一家餐厅，没有灯光，即便正常人也必须带上眼罩，谁也看不到谁，连吃的食物也看不到，只能凭触觉和听力……"

可能光明觉得好奇，没等妈妈说完，就抢先说道："好，我去。"

于是，妈妈和光明出门了。光明"全副武装"，带着帽子、眼镜、口罩、围巾等。这是他出院后第一次到外面的世界去，有点紧张，又有点兴奋。

走进餐厅前，他们将手机、蓝牙耳机等一切可能发光的物品寄存。然后。妈妈把手搭在服务生的肩头，光明把手搭在妈妈的肩头，还有人将手搭在光明的肩头，凭听力，光明能感觉到后边还有不少顾客。"家人们，请小心脚下的台阶，不要怕，有我在。"光明听得出，这个温暖的声音来自前边那个服务生。

接下来的就座也是靠触觉来完成的。光明既忐忑又激动，小声说道："妈妈，大家都这样吗？""是的，孩子，尽管我这是第二次来，心里还是有点害怕。"他们的对话被旁边的服务生听到，他说："别害怕，我就在你们身边。我们服务生的脚脖上都绑有铃铛，你们只要听到铃铛响，就可以随时招呼。"

美食上来了，先上来的是一道水果拼盘。光明和妈妈看不到，只能摸索着，小心翼翼地去触摸盘子。这时，只听旁边有顾客嬉笑着说："我把勺子喂到鼻子上了。"妈妈对光明说："咱们用手抓，不用餐具。"光明无声地笑了，他左手扶着盘子，右手去盘子里抓。"妈妈，像是小番茄。"光明叫道。妈妈说："我抓到的是荔枝……"

因为看不见，耳朵似乎变得格外灵敏，周围隐隐约约的声音也都让光明捕捉到了。

"老公，今天回去，我再也不吵你了。"这个声音是前边传来的。

"小蕾，只要有人，其他都是次要的。"这个是后边传来的。

这时候，餐厅里响起电子琴的声音，伴随着音乐，传来一个女孩的歌声，唱的是《隐形的翅膀》：

"每一次都在徘徊孤单中坚强/每一次就算很受伤也不闪泪光/我知道我一直有双隐形的翅膀/带我飞，飞过绝望……"

"这是放的曲子吧？真好听。"光明停下来找食物，像是说给妈妈又像是自言自语。

身边那个服务生接上话茬："这是我们餐厅的服务生唱的，那个弹奏电子琴的也是我的同事。"

一顿饭，光明和妈妈用了一个多小时。

回到家，妈妈对光明说："孩子，你知道吗，这家餐厅的服务生都是残疾人。"

"什么？残疾人？"

妈妈点点头，说："引导我们进餐厅的是个弱视患者，唱歌的是个盲人，弹奏电子琴的患有唐氏综合征，两个厨师，一个听力有障碍，一个是坐在轮椅上的……"

好半天，光明才哽咽道："妈妈，我能看见，能听见，有手有脚……我真幸福。他们能做的，我也能做！"

妈妈笑了，说："孩子，每个人身上都自带一束光，只要找到合适的位置，那束光才能被人发现。就像星星，如果白天出现，人们很难看到。"

……

有读者若是认为我在虚构，可以走进北京西单北大街109号西西友谊酒店8层的木马童话黑暗餐厅，说不定你还能遇到光明，他也应聘到这家餐厅来了。当然，你可能见到的"光明"是餐厅"微光明区"墙上的星星、月亮装饰，因为光明在后厨当厨师。如果你去得晚了，即使到后厨恐怕也找不到光明，他或许跳槽到哪个五星级酒店当大厨去了——自这家餐厅开业至今，已经有 90 多位残疾人先后来寻找“光明”，他们无一例外地说，在这里找到了“光明”。

第五辑

爱心菜

爱心菜

鸡叫头遍的时候，老王和老伴就在大棚里忙活开了。

等到一畦畦白菜扳倒，老王的头上已经袅起热气，他甩掉棉衣，坐在田埂上歇息。老伴嗔道："还是三九天，能的你?!"

"一干活就热乎了。"老王站起来，顺手抓起一个编织袋，双手张开口子，"来吧，赶早不赶晚。"

老伴没有动，用袖子擦拭一下鼻尖的汗珠："不能不去?"

老王瞪了老伴一眼："废话，吐出来的吐沫咋能舔起来?"

"大年三十，人家都往家跑，你呢，就会唱反调。"老伴一边埋怨一边往袋子里装白菜，"我，我跟你去吧。"

"废话，你又不会开车。"说到这里，老王腾出一只手比画了一下，"咱沈丘离武汉四百多公里，走高速，五个多小时，明个儿准能回，不耽误过年。"

老伴叹了口气，没再多说，她知道再开口也还是废话。

"不中!"老王忽然叫道。老伴吓了一跳，抱着一棵白菜怔在那儿，不知道老头子发哪门子神经。

老王瞅着老伴手里的白菜，说："这棵留下，咱过年吃。"

老伴这才注意到手里那棵菜样子有点萎缩，外边的叶子略微泛黄，犹豫一下，便放到了一边。再装菜时，就经心多了，专拣那些个头大、菜叶新鲜水灵的。老王叹道："若不是贷款没还清，其他菜还可以搭配一些。"

老伴张了张嘴，终于还是说出了口："庙里的师父说过，只要心意到了，都是一样的。"老伴说的庙是村里的华佗寺庙，她常去那里烧香。

老王说："我走后，你去庙里烧烧（香），保佑保佑。"

老伴没有吭声。老王知道，即便他不交代，老伴也会去庙里磕头许愿的。

天刚放亮，白菜全都装上了车，满满当当的，似乎多装一棵都没有地方了。老王前后左右看了看，脸上荡出满意的笑容。

老伴迟疑了一下，说："弄点饭，吃了再走?"

“来不及了，路上凑合吧。”老王说罢，扭开车门跳上驾驶室。这时候，他的手机唱起了“我们的大中国啊，好大一个家”——是县城“百家乐”超市的杨经理打来的，让他送一车白菜。

“杨总，不好意思，今个儿不能给咱送了。价钱好商量？再涨价也不中，真不是钱的事儿……新年好，古得拜！”老王挂断电话，开上车迎着曙光出发了。

到了第三天，也就是正月初二下午，杨经理从微信上得知，老王是去湖北武汉送白菜了！怪不得呢，听说武汉的蔬菜贵得离谱，白菜十几块一斤呢，他这一车菜，差不多有两万斤，乖乖，如此算来，他这一趟没少赚。在杨经理的印象中，老王是一个很本分的人。真是画虎画皮难画骨，知人知面不知心呐！杨经理气不过，想打电话奚落老王几句，觉得不能得罪老王，毕竟以后还合作呢。一念至此，他便开上车去找老王，现在是非常时期，需要备点货。

一到村口，杨经理就给拦下了——一位老大爷戴着口罩，身着战袍，左手拄柄关公大刀，坐在路中间，右手拿个电喇叭，循环播放着“外来车辆和人员不得进村”的温馨提示。

杨经理忙从口袋里掏出口罩，一边戴一边说：“我是超市的，需要找老王进菜，疫情再严重，咋说也不能影响老百姓的菜篮子吧。”

老大爷举起电喇叭：“老王昨晚才从武汉回来，没回村，也没回家，在他的大棚里自我反省，不，隔离呢。”

杨经理闻听，撇了撇嘴，心说老王发烧才美哩，谁让他挣昧心钱哩？

老大爷似乎知道杨经理的心思，又补充了一句：“老王可是俺村的骄傲，不要一分钱，往武汉送了两万斤的白菜。”

“啊？”杨经理吃了一惊。

老王的大棚在村外的河湾里，杨经理去过多次。距离大棚还有十多米，杨经理把车停了下来，路当中扯了一条横幅，横幅的上边写着“别来无恙”，下边写着“我是武汉返回人员，请不要靠近我”。这时候，在大棚里的老王已经听到动静，戴着口罩从大棚旁边的铁房子里出来了，大声说道：“杨总，啥事？”

“大棚里还有其他蔬菜吗？能不能再配一车？”

“黄瓜，番茄，柿椒，都有，差不多能装一车。价格跟其他大棚一样，要不然人家会骂我老王八。”

“可以，要好的，这回不是超市上架，我打算捐给武汉。”

“好啊，你咋送？”

“发物流。”

"别搞那个，还是我送吧，车消过毒了，路线也熟悉。"

"好，运费咋算？"

"说啥运费呢，给我加箱油就中。杨总，武汉老乡要问起，咋说呢？得有个由头吧？"

杨经理歪头想了想，高声说道："就叫'爱心菜'吧！"

"啥？包心菜？大棚里没有啊。"

杨经理往前走了两步："咱们河南是豫，湖北是鄂……"

"啥啊？鱼？鹅？"老王打断杨经理的话，马上又说，"对对对，都是一个圈子的，一家人。"

杨经理憋不住笑了，摘掉口罩，朗声说道："咱河南简称'豫'，'豫'字15画，湖北简称'鄂'，'鄂'字11画，多出来的四画刚好是'心'的距离！所以，咱送的菜就叫'爱心菜'！"

老王笑了，指了指路边他的货车。

杨经理转过脸去，这才看到车厢上悬挂着的大红横幅——"河南爱心菜"。

我想亲亲你

一

有二十多天没有见到妈妈了。女儿焱焱几乎每天都要哭闹一阵。这不，早上一睁开眼，眼角还挂着眵目糊，就叫道："爸爸，妈妈呢？"

大雷说："妈妈是观音菩萨，她去打妖怪救人了。"

"爸爸骗人！爸爸骗人！"焱焱撅着小嘴，一脸的委屈。

"焱焱，咱两个玩游戏好不好？"

"不好！"

"爸爸给你讲故事吧？"

"不听！"

"焱焱，你想干什么？"

“我想妈妈。可是，可是，我都快要忘记妈妈的样子了。”说到这里，焱焱“哇”地一声哭起来。呜嗬呜嗬，小肩膀一耸一耸的，很是伤心。

大雷没辙了，打开电视，想转移焱焱的注意力。刚好是新闻时间，正在播放当地的疫情，有记者在现场采访，说的是医院抢救患者的情况。

忽然，焱焱跑过去，一边叫着“妈妈”一边趴在电视屏幕上“吧唧吧唧”亲起来，原来电视里出现了妈妈的身影。

电视上的画面转瞬即逝。

焱焱愣了一下，旋即“哇”的一声咧起嘴巴：“妈妈，你出来！妈妈，你出来！”

二

这天晚上，手机响起了微信提示音，大雷被惊醒了。事实上，他睡得很浅。疫情形势严峻，亲爱的人又在一线，他能睡得着吗？他拿过手机，是亲爱的人，楠楠。

焱焱睡了吗？

现在是凌晨两点！孩子早睡了。

今天下班早，以为她还没睡呢。

她天天闹着见你呢，你就不能抽时间回来一趟？

估计回不去。

我明天带她过去看看你？

不行。这里病人多，也忙，你们见不到。再说——

怎么？你没被传染吧？

我有点乏力，可能是劳累的。

体温多少？咳不？其他指标呢？

你打开视频，我想看看焱焱。

大雷就打开了微信视频。楠楠戴着眼镜，可能口罩刚摘下，额头上是深深的印痕，鼻梁上红红的，似乎被磨破了……忽然大雷发现，楠楠的一头秀发给剪了。楠楠好像知道他的心思，忙说为了方便，我们几个姐妹都剪了，小霞还剃了光头。大雷鼻子一酸，没有说话，忙按亮床头灯，把手机对着焱焱。

好半天，只听楠楠轻声说道：你把手机靠近焱焱，我想亲亲她。这时候，大雷看到楠楠眼里汪着的泪水，随时有可能掉下来。

大雷不忍心再看，忙把手机屏幕贴近焱焱还挂着泪痕的脸蛋。忽然，他听到楠楠抽抽搭搭的哭泣声。几乎同时，他眼里藏着的泪水也顺着脸无声地爬起来。

三

元宵节那天中午，大雷又收到楠楠那条每天一模一样的微信：人还在，你放心！

大雷：焱焱看了你的照片，说妖怪太坏，薅妈妈的头发，妈妈都快变成“光头强”了。

好半天，楠楠才回复：不要让焱焱看我的照片。焱焱呢？午睡了吧。

大雷回复：刚睡着。晚上去医院送元宵。

楠楠：不用，我备有方便面。

大雷没加多想，回复道：你平安回来，今后的家务活我一个人干！

晚上十二点，焱焱已经睡下，大雷开始煮元宵。他知道，去得早了，不一定能见到她。这个时间点去，应该能见到她。她在前一天的微信上说，这两天的病人开始减少，又有来自全国各地的支援者，她的工作相对轻松许多。待元宵煮好后，装了满满一保温桶——楠楠虽说只有猫的饭量，还有她的同事呢。然后给焱焱掖了掖被子，戴上口罩，在小区门口登记、量体温后，骑着电动车出发了。虽然不再封城，路上车辆较往常还是少了许多，行人几乎没有，十分钟后，大雷赶到了医院。

大雷走到医护室门口，看到一个“全副武装”的医护人员靠着墙角休息，身子歪斜，一条腿弯曲着，随时都有可能倒下去。这人戴着防护镜、护目镜和眼镜，根本认不出来是谁。近前两步，大雷看到防护服上有“楠楠”的字样！大雷心疼地失声叫道：“楠楠！楠楠！”

楠楠打了个激灵站直身子，看到大雷，小碎步跑了过来。大雷下意识地放下保温桶，便扑上前跟楠楠亲起来——在场的人发现，两个人虽说近在咫尺，除了口罩，还隔着一道玻璃门呢。几乎同时，他们的眼里都开出了泪花！

爱　巢

按照阴阳先生掐的“好儿”，庚子年正月初九这一天，是小爱相亲的日子。

要相的那个人是本村的幸福，小包工头。幸福常年带着村里的十几个劳力外出打零工，无非是承包修厕所、挖下水道、清理外墙等所谓的“工程”。折腾来倒腾去，赚了几个钱，在县城买了一个单家独院，美其名曰别墅，还起了个暧昧的名字——“爱巢”。村里的老少爷们心知肚明，幸福暗恋着小爱，换言之，这栋房子就是给小爱准备的。在要尿泥那阶段，村里孩子们玩过家家，幸福就喜欢和小爱组合，男娃当爹，女娃当娘；玩狼捉小羊的游戏时，若是哪只不开眼的“狼”捉到小爱，尽管也吃不了小爱，必遭幸福的一顿猛揍……懂事后，小爱知道羞了，把心思用在学习上。幸福呢，依然痴心不改，穷追不舍，学业也给荒了。小爱上了大学，幸福高中没毕业便跑出去打工。再后来，阴差阳错，小爱毕业后回到镇初中当了一名老师，幸福则搬到了城里。虽则如此，幸福还是农村人，爹娘在老家待着，种着几亩地，根儿在这里，他不想回来也没办法。在农村，幸福算是能人，没少人给他说媳妇，他却初心不忘，说这辈子非小爱不娶。

说心里话，小爱并不欣赏幸福。幸福属于那种不差钱的暴发户，指头上箍着一个硕大的金戒指，脖子上吊着一条狗链子粗细的金项链，说话时喜欢“指点江山”，还有不少贱毛病：吸烟，喝酒，打牌，典型的“除了钱不缺其他啥都缺”的货色。小爱看不上，也在情理之中。一家有女百家求。除了幸福，同村的柱子也托媒人去求婚。柱子跟着幸福打工，自然是幸福啃骨头，他喝点汤，腰包没有幸福鼓囊，城里没房，家里没四个轱辘的车。小爱也没看上，不在于柱子没钱，掺蜜的话不会说，太老实。据说有一年，幸福把工钱要回来了，谎说没要回来，还菩萨心肠似的出钱给大伙儿支付了三分之一。有人要闹事，柱子没闹，他说都是一个村子的，人不亲路亲，路不亲水亲，幸福不会骗大家。

小爱征求娘对这两个人的意见，娘自然中意幸福。爹走得早，是娘把小爱拉扯大的，对娘的话，小爱不说言听计从，起码还得尊重她老人家。娘唠叨得多了，小爱便答应去看看，这才有了相亲的打算。娘兴奋地说：“人家都说幸福的别野（墅）漂亮着呢，跟过去皇帝住的宫殿差不多。”小爱忍住笑，没有反驳娘。她知道自己要是顺着话头往下说，保不准娘还会说出小爱就是娘娘之类的话。

没想到，突如其来的疫情打乱了计划。小爱有点忐忑的心暂时可以平静下来。

除了相亲，疫情还把开学的日子给延迟了。孩子的学习是大事，不能去学校，就在网上教。山沟沟的网络像是小孩子的脾气，时好时坏，极不稳定。小爱没办法，便跑到山顶上开网课。这不奇怪，幸福每次回村需要打电话时，就气喘吁吁撵兔子似的跑到山顶上才能把话传达清楚。

山路陡峭、崎岖，对小爱都不是个事，关键是大冬天的，山上冷，还有厚厚的积雪，小北风嗖嗖地刮着，一个女孩子家哪能受得了？第一天上山的时候，小爱穿着羽绒服，还把娘的棉袄也给披上。坐了两个小时，双腿木木的，似乎要失去知觉；手给冻得生疼生疼，不时地用嘴哈着气，才不至于被冻僵……回到家，就不住地打喷嚏、流鼻涕。吓得娘赶紧熬了姜汤让她喝，小爱自己也吃了一片“白加黑”，感冒的症状才有所缓解。娘心疼地说：“小爱，咱明个儿不去了吧？”小爱说：“娘，没事的，我若不去，耽误的都是孩子。”娘叹口气，没再吭声，她知道再说也是嘴上抹石灰——白说。娘想了想，说：“山上不是有‘舍水窑’吗？不知道还能用不？”山上有一条古道。几十年前柱子的爹为了过往行人喝水方便，用石头垒了一孔石窑，起初，他每天挑上去一担水。乡亲们受他的影响，商量后每家轮换着挑。后来，就把这个窑洞叫作“舍水窑”。小时候，小爱，幸福，还有柱子，他们没少在那里捉迷藏。小爱摇摇头，说：“我去那里看过，窑已经坍塌得不成样子了。”

娘说：“要不，明天带一床被子裹着？”

“娘，我没那么娇滴。”小爱笑了。

第二天，小爱又包裹得厚厚的上山了，远远望去，像个航天员似的。经过“舍水窑”的时候，小爱突然发现，“舍水窑”已经被修缮一新。柱子和他爹还在现场，两个人身上脏兮兮的，像是连夜加班弄好的。窑里燃着一堆木炭！他们父子两个要干什么？

看着小爱愣愣的样子，柱子爹说：“柱子说了，不能让老师受冻！”

柱子嘿嘿一笑，本来已经被冻红的脸更红了，说：“木炭够烧两天，我明儿个再弄一些。”说罢，转身搀着爹下山了。

小爱走进“舍水窑”。忽然，她发现墙壁的石头上用木炭涂着两个大字——

“爱巢”。木炭悄无声息地燃烧着，暗红色的火苗像是盛开的花，散发出暖暖的气息。这一刻，小爱感觉像是走进了盼望已久的春天。

正月十五雪打灯

真应了那句“八月十五云遮月，正月十五雪打灯”。这不，鼠年的元宵节就来了一场大雪，从早起鸡叫三遍开始，下了整整一天，到傍晚还没有停歇的意思。窗外，雪花纷纷扬扬，铺天盖地，天地间早已是白茫茫一片。煮熟的元宵都凉透了，老叶还没回来。打他电话一直是忙音。这么大的雪他会去哪里呢？慧芳在客厅里扭来转去，电视里的歌星在哇哇地唱着，也没心思听。

春节到现在，老叶的脚就没沾过家，整天忙。她从电视上知道现在疫情严重，从城市到乡村，从国家领导人到普通老百姓，都在为这个事操心。按照老叶的说法，她慧芳宅在家里，啥事不干，就是对疫情做贡献了，就是国家的功臣。可是，每天猪一样的日子，吃吃，睡睡，看看电视，玩玩手机，大门不出，二门不迈，儿子媳妇在县城没回来，老叶不在家，连个说话的人都没有，真受不了。她也知道，老叶是村支书，大事小情都得管，消杀灭毒，广播宣传，排查登记……除了放屁不管，老百姓屙屎撒尿都得管，去年的改厕不就是证明吗。但是，但是，老叶五十刚出头，小白脸，明星似的，有一次两人结伴出门，别人以为是她弟弟呢，他还是一村之主，即便他没有想法，难保有些小媳妇不动心……村里的秘书建军，有一次曾嬉皮笑脸地对她说：“嫂子，叶支书可真能干，大家都说他肥了别人家的田，荒了自己家的地。”当时，慧芳没有多想，以为老叶只顾忙村里和老百姓的事，自己家里油瓶倒了都不扶。这时候想想，可能另有深意，慧芳坐不住了。

眼下是节日期间，外地打工的都回窝了，那些留守女人不再孤单，老叶没有机会关怀。村里的会计小青，三十多岁，长得漂亮，能说会道，孤男寡女在一起工作，难道没有个什么事情？带着这个疑问，慧芳曾经明察暗访了多次，结果一点蛛丝马迹也没有。但是，这个问号一直存在慧芳的心里，现在，又像个葫芦似的漂浮上来。慧芳拿出手机，刚拨了小青的号码，又觉不妥，便把电话先打给保民，保民是副支书，问问他在哪里。保民在电话里气喘吁吁地说：“慧芳弟妹啊，我在给柱爷送菜呢，还有福奶，全叔家，他们两家送完就没事了。”

柱爷，福奶，全叔，他们几家的孩子和媳妇都在武汉打工，过年没回来，参加了火神山医院的建设。即便平时，村里也要安排人给他们送菜。放下电话，慧芳想了想，电话打给建军。建军说：“嫂子，啥事？”慧芳说：“你们没在村里开会吧？”建军说：“嫂子，忙得放个屁都顾不上，开啥会呢。”慧芳说：“你在家？”建军说：“嫂子，只有你有这福气。我来县城采购口罩、消毒液了，没有车，走到半路了。咋？心疼兄弟了，来接接？”“接你个头。”慧芳挂了电话。

慧芳又想起建军那句话，不再犹豫，给小青微信视频。小青立马接了，是在村委会，现场没有第二个人。慧芳心里松了一口气。小青摘掉口罩，说：“嫂子，我在整理防疫顺口溜呢，你听听，看合适不：防疫到了关键期，老少爷们要上心。守护小家为大家，冠状病毒不可怕。少出门，拒聚会，人多地方不能去。勤洗手，用香皂，反复冲洗二十秒。出门时，戴口罩，您可千万要记牢。增加营养多锻炼，病毒都得远离咱……”

“好，好，好！”慧芳一连说了几个好。是真的好，她并没说违心话。

老叶会去哪里呢？慧芳给他微信视频，他拒接了，再打，还是拒接。她发到第五次请求的时候，老叶终于接了。

慧芳看到：荒郊野外，漫天飞舞的雪花，一盏昏黄的白炽灯下，一张桌子，老叶的头上、身上披着一层厚厚的雪花，眼前的桌子上放着一个“白象”泡面桶。

慧芳看出来了，这是村口设立的检查点。她又疼又恨地说：“你个死人，连自己都不知道心疼，咋不冻死你呢？看你今晚回来我咋收拾你……”话没说完，眼里的泪已经夺眶而出。

老叶狡黠一笑：“我今晚不回去了。”

“别啃方便面了，我等下给你送‘草料’。”慧芳挂断微信，特意煮了饺子，然后卷上大衣和被子，决定晚上陪老叶值班，也浪漫一回。

捉迷藏

半夜醒来，彤彤发现爸爸和妈妈还没回来，陪伴自己的依然是奶奶。彤彤坐起来，揉了揉粘着眵目糊的眼睛，又一次天真地问道："奶奶，爸爸妈妈是不是跟我捉迷藏了？"

奶奶下意识地支吾了一下。

彤彤以为奶奶给她的是肯定回答，麻溜地跳下床，拖鞋也顾不上穿，打开门叫起来："爸爸妈妈，你们藏在哪里？"外边没开灯，黑乎乎的，彤彤不敢出去。

奶奶忙说："彤彤，爸爸妈妈都在单位加班，没在家。"

彤彤眨巴着眼睛，似乎不相信奶奶的话。平时，只要爸爸妈妈在家，跟她玩得最多的游戏便是捉迷藏。尽管连续几天没有找到，她依然认为爸爸妈妈就藏在家里的某个角落，逗她玩呢。

奶奶轻轻叹了口气，穿衣下床，把每个房间的灯都打开，领着彤彤寻找，连冰箱、洗衣机、挂衣柜都不放过，自然是一无所获。

奶奶看了看手机，已经是凌晨三点，彤彤早已没了睡意，便对她说："彤彤，我们去做核酸检测吧？这会儿不热，人也不多。"昨天下午她们去社区监测点的时候，天气热不说，队伍排得跟长龙似的，便打道回府了。

社区检测点果然人不多，祖孙两个前边有十几个人。"奶奶，哪吒！"彤彤指着两个做检测的医护人员说。奶奶这才注意到，两个医护人员的头发都绑成了两个"羊角"，口罩两边的皮筋挂在上边——长时间挂在耳朵上会很疼的，一定是她们自己想出的主意。

奶奶心疼地说："彤彤，她们不是哪吒，是天使，是来救人的。"

彤彤点了点头。奶奶，还有爸爸都曾给她说过，说妈妈是白衣天使，因为她是护士，也是治病救人的。

轮到彤彤了，那个医护人员单膝跪地，让彤彤张开嘴巴取样。别看彤彤只有四岁，却很坚强，居然没哭，居然很配合。结束后，取样的阿姨给她做了个比心的动作，彤彤下意识地回敬了一个。彤彤盯着她，尽管她戴着口罩和护目镜，彤彤还是觉得十分熟悉——对了，去年抗疫期间，妈妈也是这样的装束！她不由地叫道："你是妈妈？"说着就要上前求抱。取样的阿姨后退半步，给彤彤摆了摆手。奶奶忙把彤彤拉过来，说："妈妈在单位，她没在这里。"

彤彤一边走一边回头望，小泪珠不停地在眼眶打转。她停下脚步，说："奶奶，你把扇子给我。"出门时，奶奶习惯地带上一把扇子，可以扇风，还能驱赶蚊子。

"奶奶给你扇。"奶奶张开扇子呼扇着。

"阿姨们太热了，我要去给她们扇扇子。"

顺着彤彤的目光，昏黄的路灯下，奶奶看到两个医护人员的后背一律湿漉漉的！

趁着奶奶愣怔的那一刻，彤彤一把夺过扇子，跑了回去。现场维持秩序的"红马甲"拦住了彤彤，让奶奶赶紧把她带走，说："做过检测的，不要逗留，尽快离开。"

没办法，彤彤就把扇子给了"红马甲"："叔叔，你给阿姨扇扇好吗？"

"好，好，好。""红马甲"接过扇子，轮番给两个医护人员呼扇起来。

彤彤这才随奶奶走了。

……

三天后，妈妈回家了。彤彤高兴得蹦起来："妈妈，你终于回来了，你藏到什么地方了？"

妈妈眨巴了两下眼睛，做了个比心的动作。彤彤愣了一下，扑在妈妈怀里——她这才明白，那天给她检测的真的是妈妈。

当天下午，家里来了一帮子人，穿的都是警察的衣服。有的彤彤认识，有的彤彤不认识。她说："阿姨，叔叔，你们是不是来帮我找爸爸的？"

现场的人都转过脸去——他们怕彤彤看到他们脸上刹那间涌出的泪水！彤彤的爸爸去河南抗洪抢险，在湍急的河流中，救出40名百姓后，自己被无情的洪水卷走了。整整找了两天两夜都没找到，无疑，人已经遇难了。

当时有一位记者在现场，见状，忙转移了话题："彤彤，你最佩服你爸爸什么？"

彤彤几乎不假思索地回答："爸爸太能捉迷藏了，到现在还没出来。"

这一下，有的人再也憋不住，当着彤彤的面啜泣起来。

"你是谁，为了谁……"彤彤妈妈的电话响了。她一看是陌生的号码，犹豫了一下，还是接了，"……真的是你啊，吓死我们了……"

原来，彤彤的爸爸被洪水冲走十几里，他凭着过硬的身体素质和良好的水性，硬是自救成功。最后辗转到有网络的地方，这才借了电话给单位和家里报了平安。

彤彤抢过妈妈的手机，说："爸爸，以后我再也不跟你捉迷藏了，我，我害怕你丢了……"话没说完，已经委屈地哭起来。

在场的人，有笑着笑着哭的，有哭着哭着笑的。

水　莲

常言说，千里姻缘一线牵。那么，维系水莲和治河爱情的这根"线"就是淮河。

庚子年上半年，水莲作为医护人员参加河南医疗队驰援武汉，安徽阜阳的治河给武汉运送"爱心菜"。一个极偶然的机会，两人认识了。水莲随口问道："你父母是不是都是水利工作者？"

治河知道水莲话里的潜台词，说，"我家住在淮河边上，父辈是农民，曾吃过淮河泛滥的苦头，父亲便给我起名治河。"

"这么巧啊，我家也在淮河边上，信阳淮滨。"水莲惊讶地说。

治河幽默地说："我把河治理好了，水莲才能永远灿烂。"

水莲忍俊不禁。

几句话下来，两个不同省份的人，距离一下子拉近了。然后添加了微信好友。一来二去，彼此有了好感。

水莲曾找过几个男友，都因爸妈的意见不合而荒了。妈妈对未来女婿的要求，代表了当下大多数丈母娘的观念：有房，有车，有资产。爸爸呢，比较传统一点，说穷没根，富没苗，只要孩子勤奋本分就中，孩子好才是硬道理。这就给水莲找对象增加了难度，毕竟十全十美的小伙子实属凤毛麟角。认识治河后，水莲觉得他既符合爸爸的要求，也能达到妈妈的标准。治河是大学生，回乡创业的。他家里有两层小楼，也有小车，有三个鱼塘，2018 年投了上百万元的鱼苗。

结束驰援任务后，水莲瞒着爸爸妈妈去了治河的老家。说实话，她是想验证一下真伪。这年头，不得不防。

治河在微信上开玩笑说，你要是一只鱼就好了，从上游游下来就能见到我。两地相距七十多公里，水莲开车用了一个半小时，按照治河发的位置，导航到了目的地——王家坝。

治河并没有说谎，他家的两层小楼是前年刚盖的，金碧辉煌，很是气派。三个鱼塘有三个足球场那么大，仓库，货车，一应俱全……在农村，这样的家底已经很是出类拔萃。治河的父母也都是实在、厚道的农村人，跟水莲也能说到一起，像是多年不见的老亲戚。

水莲回到家，对爸妈彻底坦白了。这一次，爸爸和妈妈的意见空前地一致，而且答应了水莲和治河农历七月七订婚。

七月初连续的几场大雨，使得淮河水位暴涨。一旦决堤，水莲家的二百亩莲子种植基地就要毁于一旦。这个莲子种植基地可是她家的全部家当啊！当年投入了 30 万元，贷款 50 万元，种植生态无公害莲子，养殖田螺、鲤鱼、泥鳅，即“莲鱼共养”“种养共存”的经营模式。在莲子基地中建了步行观赏走廊、休闲亭子。去年还完了全部债务，实现了盈利。今年还打算建特色餐馆和农家民宿，实现观赏、游玩、吃住一条龙服务。

爸爸和妈妈担心有个闪失，日夜守候在莲子基地。村干部已经要求几次，让他们撤出基地，他们还抱着幻想，河堤不会垮，基地没事。村干部没办法，打电话让水莲回来做工作。

趁着下午休班，水莲开车回到了自家的莲子基地。

雨后初晴，那田田荷叶上带着晶莹的水珠，有的像反撑开的伞，有的像绿色的圆盘，有的像扇子。一枝枝荷花，有红色的，有粉色的，有白色的，亭亭玉立，千姿百态。有的花瓣儿全展开了，露出嫩黄色的小莲蓬；有的才开了两三片花瓣，像少女含羞的脸蛋……若是毁了，不知道爸爸妈妈会伤心成什么样子。

听到汽车喇叭声，爸爸和妈妈迎了出来。

“孩子，咱的基地保住了。”妈妈一边说一边擦拭着眼角。

爸爸说：“淮河水位下降了，大堤没事了。”

水莲晃了晃手机，一脸忧郁地说：“爸，妈。在回来的路上，我刚得到治河的消息，他们家被洪水冲了，鱼塘，房子，都没了。”

“人没事吧？”爸爸着急地问。

水莲说：“人没事，政府已经安置。”

妈迟疑了一下，说：“既然这样，订婚的日期还是缓一缓吧。”

“妈，你说啥呢。”水莲急得差点哭出声来。

妈说：“他家都没了，咋订婚？”

“妈，你知道吗，王家坝的百姓是为了上游和下游的安全，开闸放水，把水引到了自己的家园……”话没说完，水莲已经呜咽起来。

“告诉治河，订婚的日子不变。”爸用不容质疑的语气说。

“他没家了，在哪里订呢？”水莲像是回答爸爸的话又像是自言自语。

“谁说没家？咱是一家人嘛，咱的家也是他的家，让他们全家都过来。”妈说。

“咱的基地也正需要帮手呢。”爸爸点点头。

水莲笑了，一张脸如同水塘中盛开的荷花，清秀脱俗，娇羞妩媚。

补记：2020 年 7 月上旬，安徽阜阳市阜南县王家坝转移安置群众 19.5 万人，闸口开闸 76 个小时，蒙洼蓄洪区共蓄洪 3.75 亿立方米，淮河王家坝段水位下降至 28.28 米。“上保河南，下保江苏，保住了整个华东地区”。

陪　嫁

雯雯拿到第一个月工资的时候，留了少许零花钱，其余的要上交父母。二老拒绝了，妈说：“你存起来吧，到时就算我们的陪嫁，不要像老一辈那样寒酸。”

过去的故事，妈妈曾不止一次给雯雯讲过。

雯雯的奶奶是童养媳，因家里吃没吃穿没穿，三岁的时候就被送到了婆家。担心婆家看不起，父母把家里唯一值钱的纺花车送了过来，算是陪嫁的嫁妆吧。雯雯的妈妈出生在新社会，到了谈婚论嫁的年龄时，媒人给介绍个对象，在县城一家工厂上班。那时土地承包到户了，农闲时可以外出打工挣钱，家里条件相对好一些，妈妈结婚时，家里给陪送了一辆“凤凰”牌自行车。在当时，已经是倍儿有面子的嫁妆。

因此，雯雯就有了一个小小的目标：攒钱，等到结婚时买一辆小轿车，作为自己的嫁妆。

雯雯生活简单，衣着平常，甚至寒酸，坚持素面朝天，不用化妆品，也没有奢侈的爱好。她朝九晚五工作，公司里都是可以指挥他的领导……她拿的是死工资，其实没多少钱，连富裕都算不上。但她觉得生活中充满了阳光，出来进去像只百灵鸟一样，说话都像在唱歌，不像她的同事，同样的工作，同样的薪水，身上却总有种苦大仇深的气息。

认识小伟后，雯雯觉得生活中不只有温暖的阳光，还有亮丽的彩虹。雯雯跟小伟先是在网上认识，由线上发展到线下，三观一致，最终成为男女朋友。两个人在同一个城市上班，小伟家里的条件要好一些，母亲打理着家务，父亲经营着一个百货商店，尽管受疫情的影响，但瘦死的骆驼比马大，每年也有几十万元的利润。他们也很欣赏雯雯。

好日子很快确定下来，就在这一年的阴历七月初七。

雯雯已经攒了25万元，能够买一辆像样的轿车了。好事多磨，这话一点都不假。就在她考虑着要买什么牌子的车时，婚期往后延期了——大伟在一家中医院上班，是一名医生，报名参加了由医院组织的支援郑州抗疫小分队。

谁也没有想到，就在大伟出征不久，雯雯买了一辆可以隔离转运病人的“负压救护车”，捐给了市人民医院。

妈妈想了一晚上也没想明白，第二天早上，还是忍不住问雯雯：“雯雯，你马上要结婚了，不买小车了？”

“妈，您说私家车和救护车哪个作用大？”雯雯反问妈妈。

“当然是救护车的作用大。上次你爸心梗，若不是120及时赶到，后果不敢想……”

雯雯笑了，说：“妈，你和奶奶当年不是也没有买车吗？再说，现在交通这么方便，有公交，有地铁……若还嫌不方便，可以买个电动车嘛。”

妈妈知道说不过雯雯，转身去厨房忙活了。

爸爸觉得心里有愧，说：“雯雯，我和你妈手里还有一些存款，要不再借点，给你买辆车？”

雯雯说：“爸，您不是常说出门走路看风向，吃饭穿衣量家当吗？不一定结婚就得陪嫁一辆车啊。”

“就怕小伟家不满意……”爸爸说出了自己的担忧。在他的观念中，嫁妆的丰厚与寒酸决定着闺女在婆家以后的地位。

“爸爸，您给我买一副象棋作为陪嫁吧。”雯雯调皮地说道。

“象棋？”爸爸忽闪着眼睛，一时还没明白过来。

“有四个车，还有四个宝马呢。”

爸爸回过神来，瞪了雯雯一眼："你这孩子，别贫嘴，说正事呢。"

雯雯敛起笑容，说："爸，这事我跟小伟商量过，他同意。"

妈妈拿着喷香的鸡蛋饼出来了，说："雯雯，只怕你的公婆不满意。"

"妈，你这是以小人之心度君子之腹，说不定人家还炫耀呢，说看看，我的儿媳多懂事……"雯雯接过鸡蛋饼，拿了一盒牛奶，"格格"笑着上班去了。

没过多久，雯雯开着一辆崭新的小轿车上下班——那是准公婆给她买的。正如雯雯猜测的那样，看到当地媒体的报道后，小伟的爸爸骄傲地说："咱小伟没看错人，这闺女，中！"

小伟的妈妈说："不是中，是真中！"

两口子对视一眼，开心地笑了。

观　音

得知中原大地发生了"7·20"特大洪水，大亮想捐赠5万元。当他把自己的想法说出来后，妻子绿竹虽没表示反对，但明显的不高兴。她噘着嘴说："咱的一屁股屎还擦不净呢，哪儿顾得上别人?"大亮知道绿竹的意思，他们的农家乐去年才建起来，还有18万元的贷款未还呢。

大亮了解绿竹的脾气，不愿意的事再说也是嘴上抹石灰——白说。想了想，便说："咱去拜拜观音吧，保佑咱生意好起来。"因为新冠疫情，这两年农家乐的生意一直不景气。

绿竹同意了。他们的农家乐跟万绿湖是邻居，距离观音山不远。时候不大，两个人便来到了观音山上的"送水观音"雕像跟前。大亮说："绿竹，你知道这个送水观音的来历吗?"绿竹撇了撇嘴，说："万绿湖的大人小孩都知道，从前河源遇到三年干旱，观音菩萨出手相救。人们感恩她，在观音山上塑了观音坐像，称为送水观音。"

大亮没有接绿竹的话茬，像是说给绿竹又像是自言自语："据说很久以前，这一带，当时叫南湖，荒无人烟，是毒蛇野兽出没的地方。后来，从中原迁来一批逃避战乱的客家人，他们建起围龙屋，安居乐业。但不幸遇上了连续三年的干旱，小溪断流，田地龟裂，庄稼颗粒无收。围龙屋的客家人走的走，死的死，最后只剩下一对年轻的夫妻。他们也面临着饿死的威胁，因为山上的野菜已经很难找到了，他们锅里也仅有半碗野菜，丈夫让妻子先吃，妻子让丈夫先吃。两人正在谦让的时候，门口出现了一位讨饭的老太婆，夫妻俩毫不犹豫地将半碗野菜给了老太婆。突然，奇迹出现了：老太婆冉冉升空变成了脚踏五彩祥云、手持柳枝净瓶的观音，而那对夫妻的锅里则盛满了雪白的米饭。原来，观音菩萨是特意考验这对夫妻的，为他们舍己为人的精神感动，便决定挽救这一带的客家人。于是，观音用柳枝沾了净瓶里的水挥了一下，南湖便下了三天三夜的透雨，小溪欢快地流淌着汇成了一条江，而这里成了河源的鱼米之乡……想一想，若不是当年中原来的那对夫妻，只怕没有万绿湖，没有我们的今天。”

锣鼓听声，听话听音。绿竹的脸腾地红了，给自己找了台阶下，说：“听我妈说，就是因为万绿湖的绿，才给我起名绿竹。”

大亮盯着绿竹，似乎等着她往下说。

绿竹说：“你说的不错，这次中原遭灾，咱应该有所表示。”

“你同意了?”大亮两眼放光。

绿竹点点头，说：“但不是你说的5万。”

大亮心里一沉：“你说多少？4万？3万?”数目少点无所谓，但不能没有表示。

绿竹说：“不是5万，是10万。”

大亮的心里荡漾了一下，忍不住在绿竹的脸上啄起来。绿竹说：“我的脸上又没米……”

“秀色可餐，要米干什么?!”

“别这样，送水观音看着呢。”

大亮这才不敢造次，吐了下舌头，悄声说道：“咱们是合法夫妻。”

绿竹捶了大亮一下，憋住笑跑远了。

最后，绿竹和大亮以“观音”的名义给中原灾区捐了10万元。

从此以后，他们的农家乐生意渐渐好起来。有人说，是夫妻两人的善举被好事的人透漏后，方圆左近的人都来照顾他们的生意；有人说，因为万绿湖的水质好，他们农家乐的饭菜有特色，桂花鱼香鲜，鳝鱼细美，娘酒清甜，豆腐嫩滑，所以吸引了城里人，甚至广州和深圳的美食家也愿意跑一二百公里来这里消费；更多人的说法是，“送水观音”保佑了大亮夫妇。

听到这些传言，大亮淡淡一笑，自言自语道：“观音在哪里？什么是观音？

观音在你心里，观音就是你自己！”

邻　里

小区被管控后，哪儿也去不了，电视机成了他的专利。她坐在阳台上，捧着一本唐诗在研究。

看到唐代诗人元结的《与瀼溪邻里》，她不觉读出声来：“我尝有匮乏，邻里能相分。我尝有不安，邻里能相存……唉，真好啊。”

他晃着遥控器，一边换台一边顺嘴问道：“什么意思啊？”

“唔（上海方言“我”）曾经有匮乏，邻里之间能互相分。唔曾有不安，邻居们能互相问候。”

听着她的感慨，他不服气地说：“阿拉（上海方言“我们”）今天的社会不也是这样吗？阿拉整天呆在家里，有志愿者上门服务，登记，消毒，送货，多啦。而且，远亲也赶上近邻了，自上海的疫情爆发后，全国各地的志愿者都来了。”

她撇了撇嘴，说：“侬（上海方言‘你’）忘了？那一次，六楼的东户撞见西户大门敞开，一老一少在搬东西，一时心血来潮，忙上前帮忙，跑了一趟又一趟，累得满头大汗、一身疲惫，谁知帮了倒忙，那一老一少是小偷。”

他忍不住笑了，说：“二十多年了吧？都是老黄历了。”

她说：“就说最近这一次吧，八楼去超市采购回来，途中丢了东西，找了半天没找到，查监控才知道还是一个小区的邻居捡了。”

“一棵葱五六块，买了两棵葱还丢了一棵，搁谁都较真。哎，哎，侬有点小题大做了。”他意识到被她带沟里去了，忙打住话题。他关掉电视，拿起手机，小区微信群笼罩着久久不散的“乌云”，有的抱怨没吃的了，有的牢骚不能外出溜达，有的诉苦尿不湿没有了，有的埋怨快递进不来……他叹口气，说：“这时候如果谁在小区里开个超市，准发大财。”

“那是‘国难财’，良心让狗吃了的人才那样做。”她放下书，开始划拉手机。近段时间以来，新冠疫情，俄乌战争，没有一件让人省心的。突然，她看到一则新闻，她一边快速浏览一边对他说："还真让侬说着了，上海有人囤积了大量食品，然后高价对外销售，累计销售175余万元，非法获利150余万元，目前嫌疑人已被警方刑拘。"

还有这事？太拆台面了！他心中一动，趿拉着拖鞋，跑到储物间，抱出疫情前囤的一箱百事可乐，在她满是问号的眼神下，戴上口罩，出门坐电梯，到达一楼大厅后，打开箱子，用酒精挨罐擦拭。然后拍照发到小区微信群，留言道：想喝的邻居可以自己来拿。

她冷冷地说："估计不到十分钟就会被抢光。"

他乐呵呵地说："如果有人需要，也正是唔希望的。唔担心的是，没人拿。"

"如果没人响应，真有点可悲了。"她感慨地说。

很快，小区微信群"云消雾散"，"阳光普照"：大拇指、鲜花、红心等表情包蜂拥而至。

接下来，邻里之间的做法让他和她始料未及。

三分钟后，邻居肖先生在微信群里留言：我拿来一瓶辣酱，换走了一瓶可乐。

紧接着，邻居毛先生留言：我用一瓶牛奶换了一罐可乐，大家注意营养均衡哦。

一场暖心的接龙置换游戏就这样开始了：

有邻居贡献了四棵芹菜，拿走了牛奶；

有邻居端来了五个土豆，带走了一棵芹菜；

有邻居拿了两个土豆，提供了小狗的纸尿裤；

有邻居送来了一把小葱，带走了一棵芹菜和一个土豆；

有邻居取走了小葱，还剪下葱根，说要种在花盆里；

有邻居翻出小朋友的盲盒玩具，说放在家里没用，哪位喜欢了可以拿去。

物资越换越多！短短三天时间，这个小区的一楼大厅由当初的一箱可乐变成了一个应有尽有的"小超市"。有邻居干脆搬来置物架，将"小超市"精心打理分成生鲜、干货、日用、饮料等多个区域，供需要的人随时取用。

置换东西时，业主们也在微信群里号召无接触置换，即换即走，避免聚集。据了解，该小区近一个多月来核酸检测结果一直全是阴，但大家的心里头都是丽日阳光，晴朗朗的。

疫情过去后，小区下边的"小超市"被保留下来了。那里的东西依然很丰富，哪个有需要可以随便拿走。当然，拿走者会给"小超市"返还一些生活必需品，也有书刊。

想你的时候问月亮

朱明与她的相识是在市人民医院。

那一次，在一场扑火的任务中，朱明冲进火海，接连救出三个人，又返回现场时被一股热浪击倒，所幸戴着防护面罩，未伤及面部，只是胳膊、胸部有不同程度的灼伤。她是照顾朱明的护士。住了一个月的医院，两个人的关系有了质的提升，由最初的护士和患者的关系，升温为男女朋友关系。

起初，朱明还有点犹豫，说："我是消防员，平时的工作很危险……"

"不吉利的话不许说。"她用葱段似的小手捂住了朱明的嘴。从朱明平时的谈吐中，她已了解到，朱明的两个战友都在执行任务的过程出了意外。

朱明扒拉开她的手，喘着气说："再捂一会儿我就'酒驾'了。"

她噗嗤一声笑了——自己的手刚用酒精消过毒。她说："嫁给军人就意味着奉献和牺牲，但，我乐意。你知道吗？当年咱这里送新兵打出的那条横幅就是我的主意。"

"哪条？"朱明扑闪着眼睛，他真的不知道。他才当消防员两年，还是个生瓜蛋。

她嗔了朱明一眼，张了张嘴欲言又止，便给他回复了一条微信。

微信的内容是：嫁人就嫁兵哥哥。

朱明解释说："我们消防员已经取消军人编制，归应急事务局管理，属合同制打工仔。"

她说："我不管什么编制不编制，在我眼里，消防员也是军人。"

朱明的心里像平静的湖水一下子荡漾开了，这才接受了她。

等到两个人步入正常的恋爱轨道。朱明才发现，她的工作比自己还要忙，每天从没按点下过班，微信都没时间回复。

只要朱明有时间，每次在医院门口等，都要等到月上柳梢头。他算得上一个暖男，在等她的时候，手里提个保温桶，有时候是饺子，有时候是馄饨，有时候是米线。她下了班，看到保温桶里热乎的美食，比见了亲娘还亲。她一边狼吞虎咽，一边享受着朱明的唠叨，无非是工作上的琐碎，或者是听来的笑话。那一次，朱明来了兴致，哼唱起豫剧《倒霉大叔的婚事》里的唱段："月光下，我把她仔细相看，只见她羞答答低头无言……"朱明五音不全，嗓音像狼掐着了脖子似的，一边唱一边比划着动作，乐得她嘴里没来得及咽下的饭喷了朱明一身。

新冠疫情爆发后，她更忙了，真的是聚少离多。朱明曾抱怨道："我们都快成牛郎织女了。"

她朝朱明眨巴两下眼睛，抱歉地说："想我的时候你就问月亮。"那时候，网上流行一首歌曲——《想你的时候问月亮》。

她报名参加当地医疗小分队支援上海后，一个人的晚上，面对挂在天上的明月，朱明经常哼唱《想你的时候问月亮》："想你的夜晚总是很漫长，萧萧的冷风还带着寒霜，远隔千里你身处在他乡，苦苦滋味我独自去品尝，问问月亮思念它有多长，你是否也会把我去守望，无法忘掉你旧时的模样，想你的心伴着淡淡忧伤，相思的泪水在不停流淌，只有默默地遥望着远方，把那相思的苦深深埋藏，等你在那曾经的老地方……"有时候，唱着唱着便泪流满面。朱明对她说过，这首歌就是为他写的。

每天从新闻上看到上海疫情变换的数字，朱明的心像被人揪住似的，紧紧的，既为上海人难受，同时又在为她担心。好在武汉爆发疫情的时候，她曾去支援过，积累了一定的经验。不过，她一定很累。为了缓解她的紧张和压力，朱明在微信上一番恩恩爱爱祝你平安之后，留言道：我现在已经不再是狼吼了，已经达到专业的歌唱水准了。怕她不信，便拍了抖音给她。

看来她的确忙，顾不上卿卿我我，回复只有简单的几个字：我很好，你放心。

有一天晚上，大约十二点，得知她平安下班，朱明松了一口气，忍不住问道：预计上海的疫情什么时间能过去？

她说：全国各地的志愿者都来守"沪"，上海一定没事的。现在的上海好比初一的月牙，要不了多时，就到了月圆的那一天。

朱明发了个微笑的表情包，同时回复：有你在，上海的夜空一定会皎洁而明亮。

她说：别贫嘴了，我吃晚饭去了。

"亲爱的你不知现在怎样，夜深人静时是否把我想，月亮恰似你那甜美脸庞，想你的时候只能问月亮……"朱明不知道，每天下班后，听着朱明的歌声，她的眼里也会涌出泪来；听着朱明的歌声，她满身的疲惫便会烟消云散，再接班时，依然精气神十足。

她的名字叫月亮。

暖心面

连日来，山西汾河上游连续暴雨，致下游水位猛涨，山西省运城市新绛县城汪洋一片。停水，没电，断气，道路被淹，交通受阻……一时间，当地居民的生活都成了问题。大多居民被转移出去，只有少部分，跟老张一样，因多种原因滞留家中，等待着奇迹发生。

这天中午，瓢泼的大雨变成了牛毛似的细雨，路上的积水慢慢退了。家里存的粮食、蔬菜已经消耗殆尽。老张决定出门看看，采购一些可以糊口的东西。走至楼下，看到他家的小面馆前还堆着一人多高的沙袋。因为暴雨，已经歇业一周了。每天按两千元的利润计算，损失一万出头，还不算店里被淹的物资。值得庆幸的是，人都平安无事。他之所以没有跟家人一起走，就是因为牵挂着他家的小面馆。

街上惨不忍睹，一片狼藉，到处是泥泞和杂物。不少志愿者和武警官兵在清理着道路。他们双眼布满血丝，一个个穿着雨衣，跟泥猴似的。看得出，他们也相当疲惫，只怕是白天黑夜连轴转呢。

街上那些店铺跟他家的面馆一样，也都关门歇业。老张踅摸到县城边上的时候，发现一个简易的塑料棚子，下边支着一口锅，冒着腾腾的热气，像是临时卖饭的摊子。老张抽了抽鼻子，在那潮湿近乎腐烂的气味中似乎还夹杂着一股浓郁的饭香。他像饿狼遇到骨头一般两眼放光，他已经两天没有吃过一顿正经饭了。

大锅里的水沸腾着，白乎乎的，像是老汤。一个中年男人，四十岁左右，挽起袖子，在案板上卖力地揉着面。一个跟他年龄相仿的女人，蹲在地上择菜，确切地说，是在剥葱……两个人做得很认真、专心，没有察觉到老张的光临。

“你们也做刀削面？”老张熟络地问道。人不亲行亲嘛，他家的小面馆就是经营刀削面的。

“大叔，我们做烩面。”中年男人抬起头，用袖子胡乱擦了擦额头上的汗珠。

老张心里咯噔一下，听口音，摊主是河南人，他老早听说过“防火防盗防河南”的传言，以为是讹传。想不到，河南人真是比猴还精，山西下大雨，他们来“发财”来了。

“多，多少钱一碗？”老张小心翼翼地问道。说实话，他真担心中年男人漫天要价。话又说回来，就是天价也得吃，命比啥都重要。

“大叔，不要钱。来一碗？”中年男人笑眯眯地回答。

“不要钱？”老张愣了一下。

“真的，不要钱。”中年男人还是一脸佛似的笑。

在老张看来，中年男人的微笑里布下了陷阱。这时，走过来一个小交警。老张像遇到救星似的迎过去：“这个河南人……”

小交警怔了一下：“大爷，怎么啦？”

“他，他们不要钱。”老张说。

小交警明白过来，笑了，说：“大爷，他们是河南洛阳的赵师傅夫妇，昨晚开车带着三四百斤肉和面来的，还是我给带的路。他们一到这里，顾不上休息，就开始扯烩面了。来吃的人都是免费的……您没看到？”

随着小交警的手势，老张看到摊位的柱子上挂着一个简易的牌子，写着“暖心面”三个潇洒的大字。

“赵师傅的面不错，可惜我的字不咋样。”小交警不好意思地说。

忽听“嗵”的一声，不远处有一辆车的前轮掉进了窨井。小交警闻声跑了过去。

老张的嘴唇翕动着，想给赵师傅解释，又不知说什么才好。

赵师傅笑笑，也没多说，开始拉烩面坯子。烩面坯子有一拃长，赵师傅先是抖动双手慢慢往两边拉，同时上下抖动，抖动的幅度越来越大，最高时超过头顶，下落时几乎要贴着地面。时而舞动双手，扯起的烩面在身后飞一圈再回来……动作轻松、娴熟，像是在玩花样杂技。等到烩面坯子变得跟纸一样薄，赵师傅停止表演，把烩面坯子丢进滚水锅里。那边，赵师傅的爱人已经准备好粉条、海带丝、黄豆芽等配菜，伺机往锅里放……等到烩面盛进碗里，在上面撒三四片熟羊肉，捏一撮葱花和芫荽，顿时，一碗色香味俱佳的羊肉烩面算是做成了。

老张一边吃一边不住地赞叹：“中，真中！比刀削面好吃。”他说的是真心话，也可能是几天没有吃到热乎饭的缘故。

连续四天，老张都是在赵师傅这里吃的烩面。他家的面馆已经开门，儿子媳妇他们忙着清淤、消毒，怕是需要一段时日才能营业。到了第五天，老张没有见到赵师傅夫妇，摊位上冷冷清清的。

老张不免有些失望。那个在不远处执勤的小交警过来了，说："大爷，赵师傅带来的物资用完了，连夜赶回洛阳，说要再拉一车。"

"……"老张张了张嘴，心里又打出了问号：怕是不会来了吧？

"真是说曹操曹操到，瞧，他们来了。"顺着小交警的手势，老张看到，一辆豫C牌照的汽车开过来了，车厢上悬挂着一条红色的横幅：

携手共"晋"　风"豫"同舟

看着这个横幅，老张的眼睛比点了眼药水还舒服。他当即做出一个决定，他家的小面馆重新开张时要换一个名字，就请那个小交警来写。

忠孝图

进入七月以来，老天爷就跟炒股票遇到了熊市，整天哭丧着脸，眼泪说来就来，大时像瓢泼，小时像牛毛，十多天没瞅见过日头。老话讲，不怕三年旱，就怕三天涝。何况这一次的雨沥沥拉拉，一直没有停歇过。永安县遭遇到了百年一遇的水灾，受灾的乡镇不在少数。电话响个不停，灾情不断汇总上来，东村的乡道被冲毁，赵岭的居民楼沉降，柳沟的山体滑坡……整个永安县的机关干部、公安干警、武警官兵、各个民间救援队，日夜连轴转，转移被困村民，安置受灾群众，发放救灾物资……在这些忙碌的人员当中，包括永安消防队的队员们。

相对于其他队员，小兵除了身体上的疲惫，每时每刻，心灵都在受着煎熬。他是本地人，家在小王庄。他的爸爸曾是一名消防战士，在一次救火时牺牲了，妈妈没有改嫁，母子两人相依为命。有半年了，他都没有时间回家看过妈妈。偶尔给妈妈打个电话，报个平安，同时问问家里的情况。每一次，妈妈都说："你别担心，干公家的事就不能想家里的事。我的身体好着呢，能吃能睡……"

老天爷刚开始伤心落泪的时候，小兵还给妈妈通过电话，当时家里一切正常。前天趁着休息的时间，小兵给妈妈打电话，电话打不通了。他又拨打邻居的电话，也是“对不起，您拨打的电话无法接通”。后来，小兵才知道，老家的通信基站被毁，信号中断。因为水灾，生活物资紧张，家里怎么样？老家的房子是靠崖筑的土窑洞，有没有塌方的危险？回老家看看，也只是想想而已，险情太多了，没有时间，连打个盹的工夫都没有。有的战友太瞌睡，一个馒头没吃完便歪在墙根扯起了呼噜。

处理罢洛河管涌的险情，雨已经停了，战友们刚要和衣躺在大堤上休息片刻——他们奋战了一天一夜，就是块钢铁也要软化了。这时，接到任务，大王庄发来求救信息，有一个村民犯病，情况紧急，急需转移治疗。因为洪水，120进不去，村里人也没办法把病人送出来。

小兵跟打了兴奋剂似的，立马精神起来：“队长，让我去吧。我家在小王庄，跟大王庄是邻村，不陌生。”

若是其他队员，队长会满口答应。小兵太年轻，才入伍一年多，还有，小兵是个单亲家庭。这次洪水凶如猛兽，小兵能对付得了？一旦出事，怎么跟他妈妈交代？

看到队长犹豫的表情，小兵着急地说：“队长，我能行，时间来不及了，您快下命令吧！”

队长答应了。他叮嘱几句，安排小兵前往大王庄。

大王庄跟小王庄都是自然村，两村之间隔着一道丘陵。村里的道路已经寻不到路眼，像是水荡，除了环绕村子的丘陵，以及地势较高的房屋，其他全部被水淹没了。根据丘陵的走向和形状，小兵还能分辨出东西南北。蹚着水，小兵开着冲锋舟避过那些杂物、倒塌的房屋，穿过淹过树木的洪水，终于到了大王庄。

来到村子聚集的高台上，小兵这才发现，生病的村民，竟是自己的妈妈。妈妈有心脏病，一直瞒着小兵。幸亏大王庄的村医给予了简单的急救，才不至于有生命危险。

“妈妈……”话一出口，小兵的眼泪便汹涌而出。

妈妈忍着疼痛，诧异地说：“小兵，你咋来了？眼下不正忙吗？”

小兵没有说话，背起妈妈瘦弱的身体就上了冲锋舟，然后发动冲锋舟，箭一般驶出村外。

由于抢救及时，小兵的妈妈转危为安。后来，小兵才知道，得知大王庄来了不少救援官兵，妈妈就烙了一二十张葱花油饼，翻山越岭送了过来，以为能见到小兵，可能是一路泥泞，路也不好走，身体严重透支，结果一到大王庄就犯病了。

在小兵背起妈妈的那一刻，现场有人用手机拍了张照片，题名《忠孝图》发在了网上。网友们看到并得知真相后，纷纷点赞留言。其中一个网友的帖子是这样说的：小兵背起自己的妈妈，这一刻，给人的是温馨，是温暖；给人的有感动，也有感慨。他是战士，做到了尽忠；他是儿子，也做到了尽孝。小兵，我爱你！妈妈，我爱您！

附录

平实生活与深度开掘

——侯发山小小说简论

杨晓敏

经过40多年的创作实践，当代小小说文体已日趋成熟，读者的阅读选择和审美眼光也与时俱进，像20世纪80~90年代那样，以一篇佳作让读者耳熟能详的情况已经不复存在。如何让自己的写作有持续高效的状态，让作品质量长期保持在稳定的较高的水平线上，正成为小小说作家需要面对的问题。生活是文学最好的素材库，侯发山常年保持着读书写作的韧性，坚持从平实的生活中，用心写自己的感受和所见所闻所思，深掘出一口属于自己的文学之井，迄今著有小小说集20余部，以作品数量多、质量平衡而备受关注。

2018年，侯发山以《酒水》《回家》《捡来的家》《传家宝》《爷爷的抗战》《守灯》《朋友圈》《犯病》《大玩家》《警匪游戏》等10篇作品，获得第八届小小说金麻雀奖，授奖词为：作者擅讲故事和制造戏剧化效果，无论古今题材，他总能独辟蹊径，张扬强化其中的奇异元素，同时不悖生活的本真，并由此表达对正义、同情及信念的追寻。作品文字质朴，情感细腻，不粉饰不雕琢，笔下的人物形象淳厚朴素，贴近生活本色，字里行间浸染自然清新的乡土气息，创作姿态尤显真诚。

《风景》以修鞋摊为道具，反映出当下社会生活中的迥异心态，刻画出父子俩身处不同时代却殊途同归的认识观。作品巧妙运用对比手法，表现人物心理的落差，给读者留下了诸多思考余地。老人当年没觉得修鞋丢脸是生活所迫，也是对自己命运的认可；而今儿子没觉得修鞋丢脸是思想的成熟，也是对一种职业的理解和尊重。作品通过父子前后态度的对比，以不动声色的文字叙述，让这种对比与落差潜移默化地深入读者思维，主题自然而然升高。知识能改变思想观念，同时也能改变生活方式。

以老人从事补鞋这种“低下”职业为耻的孩子，在慢慢成长后，开始转而接过老人手里的鞋子，承担起生活的担子，并从中找到自己的人生坐标。作者并没有做浪漫化的处理，他写出了孩子大学毕业后失业的无助，写出了穷途末路之后，青年一代务实的变化过程。虽然接过了父辈手中的钉鞋钉，却并没有重复父辈的命运，而是把一种看似简陋的谋生技巧，提升为一种事业的追求，把一个补鞋摊升级为皮鞋清洁公司，是知识与勇气的结合，所彰显的发展谋略、创业前景已未可限量。

《心锁》的主人公“锁王”刘师傅，开锁技艺高超，心地善良，乐善好施，同时也因为一门绝技在身，被人敬重，日子过得十分滋润。于是不少人动了心思，采取金钱开路、美色诱惑、威逼要挟等，以期得到刘师傅的绝技，均被刘师傅窥透心思，一一拒绝。刘师傅考虑到自己年迈，为怕手艺失传，亲自招徒，经过层层筛选，初步物色了大张和小李两个年轻人。一段时间学习后，大张和小李配个钥匙修个锁等都不成问题，但还是没有得到刘师傅的真传。

大张聪明伶俐，为人热情豪爽；小李木讷老实，心地善良。两个徒弟各有千秋，不分伯仲，刘师傅决定对他们两个进行一次测试。大张轻松开锁，小李技逊一筹。就在大家以为测试结束，大张胜券在握时，却不知刘师傅的测试才真正开始。“刘师傅平静地问大张，说你打开的保险柜里都有什么？大张喜形于色，悄声说师傅，保险柜里有一沓百元的钞票，一枚金戒指，一块手表，一挂项链。小李的鼻尖上渗出了汗珠，笨嘴拙舌地回师傅，我没看保险柜里都有什么，您只让我打开锁。”

刘师傅当场宣布小李正式成为他的接班人。刘师傅语重心长地说：干我们这一行的，必须做到心中只有锁而没有其他东西，心中还必须有一把不能打开的锁，那就是欲望！师徒一问一答，即分出胜负。这场测试比的是技艺和德行。锁匠开锁为业，开遍世间奇锁，却无疑首先要给自己的欲念上把锁。作品构思巧妙，尤其结尾意味深长，内含职业警示，开锁虽属微末技艺，依然重在品德先行。像这种既注重生活真实，又能赋予作品思想内涵的主题，无疑会给文学读写注入“脱俗”的品质。

侯发山认为写作者需要读书、思考，不断充实自己的技艺，才能不负众望，让作品起到文学的教化功能和认知功能。写作语言要生动、准确、形象，有画面感，有文学味道。少用形容词，少用成语，少用副词。文学语言讲究短句，尽量符合口语，像我们平时说话那样，句子达意即可。

《爱心菜》讲述了疫情中的故事。一方有难，八方支援，病毒无情人有情，面对气势汹汹的新冠疫情，涌现了太多可歌可泣的感人事迹。以文学的形式来关注社会时事，弘扬主旋律，是一位文学工作者的使命与责任。写得过实有新闻稿之嫌，虚构过多又不易引发读者共鸣。《爱心菜》以对比手法，写活了老王夫妇和杨经理三个人物，菜农老王夫妇的勤劳朴实，大爱无私，舍小家为大家，杨经理身为商人的精明算计，通过人物的对话一一展现出来，读来真实可信。作者充分调动小小说创作技巧，采用正面描写、侧面烘托，把人物塑造得生动而感人。人物语气、人物心理都与人物身份契合一致。

小小说创作一直面临着一个“雅与俗”的选择，究竟应该走“阳春白雪”式的精英化路线，还是瞄准“下里巴人”式的大众化市场？显然，囿于字数的限制与贴近生活的文体定位，大众化的雅俗共赏，才应该是小小说旺盛生命的根基，它使小小说充满着青春的活力。在阅读趣味里体现它的精神内涵与平易近人的体裁优势，才构成了某种意义上的时尚读写。

侯发山开始转向系列化写作的努力。从孤立的篇章，转而为构建一个自己的文学讲述体系。通过这样的一个努力，创作出类似“康百万系列”这样的作品群，从自己熟悉的生活区域中，进行丰富的艺术采撷。在同类题材创作中，既追求形式上的变化，又在主题的深度挖掘上进行着有层次感的不懈努力。侯发山以巩义历史故事题材为根本，创作了《康百万的故事》《留余溯源》《贼上贼船》《祖传家训》等作品，均是可圈可点的小小说佳作，人物生动形象，小故事大道理，又因写作过程中以历史作为大背景，更加彰显出其厚重的文化底蕴。

“康百万庄园传奇系列”颇值得一读。在诸多篇章中，我以为《留余溯源》是写得最好的一篇。捕鱼老汉的“留余”之道，让康百万顿悟，留余忌尽，忌盈忌满，福不可享尽，势不可使尽，心机不可用尽，留余不但是昌家之道，也是做人之则。对话的生活常识，做事之理，不啻金科玉律，值得人们颔首三思。作者在有意无意中，汲取了古代白话小说“三言二拍”中的某些积极健康的精华成分，或励志或推崇或警示或针砭，事小理正，醒世益人。作品语言颇为讲究，叙述中虽然没有设置紧张的情节，没有文字煽情，但通篇弥漫着淡淡的哲思，蕴含着深刻的思想与智慧。这些悠久又厚重的历史文化元素，为侯发山的小小说创作注入一股新鲜的血液与活力。

《唐三彩》的谋篇布局，从故事结构上避免了平铺直叙，从展示悲情、表达恩情这样一个老套的角度，转入到了对于人精神的激发和鼓励上。在展现这种精神的同时，也连带促成了情节的转折发展，突出了人物个性，显得自然而合理，可谓是在主题和形式上相辅相成。《康乡长的忙》写小人物的烦扰和精神刻画，我们看到了一个务实的官员形象，通过自己的努力和计划，实实在在地引导着村民的改变，给他们的精神世界里注入了新的信仰，改变了坐、等、靠、要的陋习，积极主动地去掌握和改变命运。一个对现实深切关注的写作者，他必然会相信希望的存在，事情总是在不断发展，未来总是出现种种可能。此类题材的上佳作品还有《贼上贼船》《祖传家训》等。

侯发山说，写小小说，不仅锻炼自己的文笔，圆自己的作家梦，还能锤炼自己的思想，提高自己的素养，学会做人，懂得感恩。写小小说的另外一个收获，就是结识了一大批全国各地的师友，有的甚至成为挚友。写小小说几乎每天都有小惊喜、小快乐、小幸福。其实，人生不就是由一个个小快乐和小幸福组成的吗？文章不在长短。唐代诗人张继流传下的作品很少，全唐诗仅收录《枫桥夜泊》一首，已使其名留千古，而“寒山寺”也拜其所赐，成为远近驰名的游览胜地。

评论家孙新运谈到侯发山的小小说创作特色时认为：作者善于在平常叙述中埋下伏笔，挖出深意，激发情感的迸发。能从平常的题材中找到挖掘深意的触点，在别人不注意中翻出新意，意想不到，触碰泪点。他的作品不直接说出总结性和哲理性的语言，所有的内涵都隐藏在情节和人物之中，靠活生生的故事说话，桃李不言，下自成蹊。用形象用故事说话，只做客观叙述，让读者自己概括归纳主题、情感和哲理，意蕴尽在其中。

侯发山的作品有一个明显特点，不只是讲述事情的表面，而是深入到情节深处，去探究背后的精神因子。这种探究有时会引出对于职业道德和人性的拷问，譬如在《警察老谭》中，身为“正义使者”的老谭，在勇斗歹徒获得嘉奖之时，反思的却是因“见义勇为”而牺牲的那个市民的刺痛。也许对方不应该就那么死去；也许英雄的出场，并不像电影里描述的那样壮美。这些背后的是是非非，都在老谭的自我反思里，摆到了读者的面前，促使读者去深度思考并进行种种选择，去权衡背后的社会因素和伦理价值得失。

小小说作家中不乏生活型写作者，但以日常生活为素材来源的现实主义写作同样易写难工，很多作者只是在生活表象上下功夫，缺乏主题思想的递进式开掘，极易滑入浅层面的“故事化”写作的窠臼。侯发山或从现实生活中产生灵感，或从历史文化中汲取营养，加上在语言上颇为讲究，叙述中虽然没有设置紧张的情节，没有文字的煽情，却弥漫着淡淡的情思，蕴含着深沉的思想与智慧，让人读来心生感动。

写作是为了劝善

杜光辉

侯发山在黄河南，我在海峡南，千山阻，万水隔，老死不相往来也属正常。有了书，书搭了桥，筑了路，一个作家和一个读者就有了写书与读书的交往。近些年，读了不少侯发山先生的书著，侯发山就成了我欣赏的作家之一。平心而论，翻开有的书，如走进肮脏的后厨，烟熏火燎、热油佐料的味道，令人窒息，恨不得立马逃离。阅读有的书，感觉如竹林听雨，高岗振衣，愉悦酣畅，令人深思。读侯发山的书著，是后一种感觉。

翻开侯发山的小说集，几乎全是不超过两千字的小小说，构思奇妙，故事情节的走向常常逆读者思维，读完后又由不得拍案叫绝，完全符合人物性格发展的逻辑。这在当今的小说越写越长，越写越注水，读起来寡淡无味的写作风气中，确实给我们带来一股清新的享受。

我对侯发山的关注源自我在写作《人类的贪婪是生态恶化的根源》时，寻找相关资料论证，引用了朱明瑛唱的《回娘家》，也引用了侯发山写的《骑着毛驴去拉萨》，还引用了我们过去的皇帝老爷出行坐大轿，将军骑高头骏马，都是不消耗地球能源的行为。

如果我欣赏侯发山的写作仅仅是技法上的原因，当今文坛比侯发山更善于运用写作技巧的作家多了。侯发山的作品能引起我的关注，最主要的是它展现了文学最根本的旨意，扬善、抑恶、克己、向上、宽容、同情、怜悯、博爱、真诚、节俭，代表了人类共同认可的价值观。

《传奇》写了一个在地震中失去爸爸的孩子，靠缺失了一条腿的妈妈卖烤红薯为生。他们遇到一个失去双腿坐在轮椅上玩魔术为生的人，彼此互相照顾，用爱心和善良，温暖着对方，终于组成一个新的家庭。文学作品就是帮助人们形成有效的内定力，呼吁人的善心、爱心，呼吁人们克制无休止的欲望，呼吁互助、怜悯精神，为人类加快迈入公平、正义、民主、富足、和谐社会，增加正能量，这样的作品才是人类文明发展需要的东西。

《心锁》里的师傅说：“干我们这一行的，必须做到心中只有锁而没有其他东西，心中必须有一把不能打开的锁，那就是欲望！”由侯发山的《心锁》，我想到了孔子的“克己复礼为仁”，想到了杜甫的《茅屋为秋风所破歌》，想到了托尔斯泰。托尔斯泰是世界文学夜空中最灿烂的星辰，无论是敌对的国家、敌对的意识形态，有神论还是无神论，都高度认可托尔斯泰。我们看到托尔斯泰劝阻人们不要贪婪的《一个人需要多少土地》，在短短数千字小说里，描写了一个名叫帕霍姆的农民，由于贪婪而造就的人生悲剧。他给别人做佃户时，生活贫穷，用积攒的卢布又买了一匹马，买了土地，生活富足起来，还雇了佣人。听说河对岸有人出售土地，付一千卢布，早上太阳出来时出发，太阳落山时回到出发地，就可以获得走过的土地。帕霍姆一直跑到中午，还舍不得回返，仆人一再提醒下才朝回返，已经处于挣扎地步。黄昏时经过一道壕沟，帕霍姆看不到太阳了，没在太阳落山之前回到出发点，一千卢布完蛋了。在帕霍姆极度绝望时，仆人在壕沟上边大声呼喊，老爷，太阳还没有落山！帕霍姆又挣扎着向出发点跑去，终于在太阳落山之前跑到出发点，却吐出一口鲜血，累死了。家人在埋葬他的时候发现，一个人需要的土地并不多，六英尺，够埋葬他的尸体就行！

这些作品都是呼吁人们克制自身的欲望，是克己利他不是自私自利，是牺牲奉献不是贪图享乐。我们在这些作品里看到了对人的终极关怀和对人性的拷问，鼓励人们树立求真、向善、友爱、怜悯、互助的精神，称之为“人本精神”。站在这个角度，我们就不难发现《心锁》的价值。

我曾在一篇文章里写道：“文学提倡的善，不是佛系的善，不是和气玲珑四处讨好，那是小善，不是大善。社会需要的是为了民族乃至整个人类，对阻碍文明进程的邪恶、黑暗、阴谋、暴力、懒惰、颓废、冷漠做出的批判，甚至战斗，这才是大善，是文学最根本的旨意。”著书的目的是劝善，多了善就少了恶，天下无恶，社会就进入更高境界的文明。读书的目的是获取知识，知识就是力量，力量掌握在心怀善念的人手里，会做出更多的善举；掌握在心怀歹念的人手里，会做出更加恶毒的事情。

无论写书人、读书人，应该将目的建立在立美驱丑的坐标上。我想起了一位学者的话：“文学作品应该是熔铸人类走向安详的拐杖。”我又想起了一个文化名人的话：“真正急于做的，是高贵的博爱精神、慈善情怀的重建。”

文学是能体现个人价值的事业，总有智者不愿把自己的生命，庸庸碌碌地被时光消耗，想让它熠熠生辉，文学给作家提供了这个平台。

侯发山很好地利用了这个平台。应该感谢侯发山，给我们提供了这些值得思考而产生感慨的作品！

侯发山小小说构思技巧初探

曹安国

在我有限的阅读范围内，从微观方面探讨作家作品语言、立意、结构等的评论文章很多，但从宏观方面研究作家构思技巧或者叫构思路径的文章十分鲜见，但这往往是决定一篇作品能否成功的关键因素。文学创作是一个非常复杂的过程，由接触素材触发冲动（灵感）或者接受创作任务开始，作者整理已有素材或者从事调查研究获得材料，进而构思，随后以文本形式表达出来，接着公开发表，最后接受读者反馈，其中最重要的环节便是构思。

确切地说，构思贯穿于文学创作中文本形成前的始终。构思又称“构设、布局”，是在素材基础上的总出发点。我觉得文学构思应该分为两个层面。第一个层面属于宏观方面，就是获得素材后对素材处理的整体构想，类同于建筑规划中的控制性详细规划，即对到手的土地从原则上给出了规划思路，划出了框框，确定了容积率、密度、限高、绿化率等；文学构思也是对已有的素材选择确定处理方式，规划动笔后的走向。文学构思的第二个层面属于微观方面，是对人物、情节、结构、语言等的细微构想，类同于建筑规划中的施工图纸设计，具体规定了长度、宽度、高度、墙体厚度、门窗大小等数据及施工方法。没有构思，创作就没有了中心，没有了灵魂，注定不能结出优秀成果。因此，构思这一核心作用不容轻视。创作就是创新，力求出新。用好素材，使之形成独特的艺术形象，是构思的灵魂所在。构思决定作品的主题高下、人物形象的丰满羸弱、篇章结构的优劣和语言运用的妥否。因而我想不揣浅陋，以侯发山的小小说创作活动为例，发表一些我对小说构思第一个层面上技巧（构思路径）的探索。

侯发山是当前全国小小说界非常活跃的一位河南作家。多年来在《山花》《小说界》等上百家省市纯文学刊物发表小小说一千多篇，出版小说集二十四部。有三百多篇被《新华文摘》《作家文摘》《读者》《特别关注》《小说选刊》等刊物转载，入选全国各地中学语文试卷一百三十余篇，在小小说界，截至目前恐怕无人能出其右。根据其小说改编创作的《手机》《跳楼》等六部电视剧由兰州电影制片厂拍摄制作，并先后在甘肃电视台播放；尚有部分作品译介海外；获地市级以上各种奖项三十余次，其中有业界公认最有影响力的“金麻雀奖”。我个人认为，侯发山是国内目前具有鲜明创作个性和庞大读者群的小小说作家之一。

我和发山同城生活，是要好的朋友，情同手足。二十多年来读过他的所有作品，其间就文学创作的方向和手法也没少进行交流，是最了解他文学心态的旁观者之一。综观他的所有作品，在构思上有如下技巧。

1. 逆向思维

逆向思维也可称为反向思维，是指从常规思维相反的角度、过程出发去思考问题的方式。这是侯发山擅长运用的构思方法。逆向思维的特点是突破常规，从相反的角度去思考、去探索、去创新，往往能够出奇制胜，给人意想不到的收获。一切事物都有两面性和对立面，从相反的角度去思考问题常常会别有洞天，效果奇妙。写作构思时，逆向思维更容易发现新鲜的、别人不容易想到的答案。

在小小说《落叶》中，老孟是名环卫工人，打扫路面清理落叶是他的职责。但是仅按常规写打扫落叶，无论清扫得多么干净，不过也就是个朴实勤劳的工人罢了，没有什么文学效果。侯发山大胆采用逆向思维方式，若老孟不扫落叶呢？他巧妙设计了一个反向情节。出于偶然，他和落叶闹情绪，赌气不扫了，银杏叶“在阳光的照射下，在微风的吹拂下，像是一个个小精灵，闪闪烁烁，耀人的眼。一些叶子恋恋不舍地离开枝头，舞蹈着飘了下来，铺了一地的金黄，像是给大地铺了一张黄地毯。”老孟的反常规不扫，成就了秋天里的一道景观，被许多人拍摄并在“当晚就有人在微信上‘爆料’老孟——《落叶不扫，只为留住美丽》，还配有几张落叶的照片，其中一张，除了一地金黄的落叶，还有老孟坐在道牙上憨笑的样子。跟帖点赞的成千上万，一时间，老孟成了网红。这一年年终，老孟得了个先进”。结局引人深思，具有强烈的文学效果。

《护林员老杨》中，老杨高度敬业，“两个多月没下一滴雨了，正是高火险天气，林区枯枝落叶见火就着，而且在此防火期里，要一天三次向县林业局防火值班室报告林区的情况，实在是离不开啊”。越是怕，狼来吓。“他看见了山脚下的浓烟和火光！他浑身打战，又气又急，这火就像是在烧他的骨头，烧他的心啊！”“等老杨跌跌撞撞跑到山下，他身上的衣服被荆棘扯得长一片短一截，脸上、胳膊上挂满了一溜一溜的血道子；他的两只黄球鞋不知什么时候跑丢了，两只脚掌上的血泡磨破又生出，血淋淋的让人惨不忍睹……”到了火堆跟前，意外发现火是自己的儿子杨林放的，儿子说道：“我和娘好多天没看到你了，很想你，又不知道你在山上什么地方……我就弄来一堆干草点燃了，猜测你看到火光一定会下山的。”通过“放火”这个逆向思维情节的设置把老杨恪尽职守、无私忘我的光辉形象刻画得生动鲜明，淋漓尽致。

2. 延展思维

顾名思义，延展思维就是能够在原有的事实基础上，凭借自己的经验加以扩展和延伸，从而获取多种情节和结局的方式。这种方法的重点在于你得有丰富的想象力和发散思维能力，抓住已有事实的实质，用它去扩展情节和结局。简单地说就是要举一反三，看待问题要深入思考，想到更深层次，从而达到立意深邃的效果。侯发山对这种构思方法使用得得心应手。

抗疫题材的小小说《爱心菜》中老王的素材来自沈丘县白集镇的退伍老兵王国辉，在武汉物资紧缺的大年三十，他自驾汽车送去自己种植的5吨“上海青”“黑皮冬瓜”，精神感人，但若照实写来，充其量也就是一篇新闻报道。侯发山运用延展思维的构思技巧又进行了艺术加工，虚构增加了超市杨老板的情节，受老王影响，以盈利为主的商人也为大灾大难中的武汉送去了爱心菜。通过故事情节的延展，让故事更加丰满，更加感人，意境也更加深远。

《一双皮鞋》的素材来自我们一块吃饭时文友讲的一个段子。说有个战争年代过来的文化部门的领导，艰苦朴素作风不变，20世纪末离休后还到垃圾桶里捡皮鞋穿。就这么简单，当时大家一笑了之，侯发山却运用延展思维的方式把故事情节往后推延，虚构了人物（马老伯）的儿子，把马老伯捡到的皮鞋和儿子要买的皮鞋、马老伯的辛苦和儿子的安逸对比，勾画出具有深刻内涵的一篇小小说。

3. 反转思维

反转，指故事情节没有沿着它的正常规律发展，最后突然来个一百八十度的陡转，造成令人意想不到的结局。反转技巧的运用，使文章产生强烈的艺术效果，引人反思，收到落差巨大的震撼效应。这是侯发山惯用的构思方式。

《朋友圈》原发《郑州日报》2016年5月18日，《小说选刊》2017年第1期转载。获2017年“善德武陵”杯全国微小说精品奖一等奖。作品中“我”的朋友圈时常热闹纷繁，只要一打开，问候的和发一分二分小红包的层出不穷。双“11”为了躲避朋友圈中朋友们的借款，“我”发了一条向朋友们借款的消息，从此朋友圈中的信息销声匿迹。这是第一个反转。第二天早上，正当“我”失望之极时，忽然一个陌生人“祝你平安”转过来2000元。这是第二个反转。“朋友不在多，一个就够了！人生得一知己足矣，朋友也一样。”当“我”以妻子的口气询问对方是谁时，出现了第三个反转：转钱人是“我”的母亲。至此，经过三次反转，让读者心如雷震，反思再三，深刻回味友情和亲情。正如《小说选刊》副主编李晓东所点评的："《朋友圈》千余字，绘出了朋友圈的热闹与浮华、冷漠和虚假。而最深沉坚定的，依然是古老的亲情，读之令人唏嘘感慨。"

结尾反转是侯发山小小说创作中运用最多的构思方式，约占总体的百分之五十以上，也可以说是侯发山能够立足于小小说界的看家本领。读者可以去读《傻老板》《南京、北京》《唐三彩》等加深领会。这种方式构思时要求做好情节反转的设计，处理好开头与结尾的情节关系，有意让材料形成较大的落差，凸显反转的效果。

4. 布局设疑

布局设疑法是侯发山的又一种构思方法，也是我认为能够写出高质量作品的构思方法。布局设疑法同结尾反转法最大的不同在于结尾反转法只是在结尾时陡然一转，颠覆了读者的预想结局，引起读者回味；布局设疑法却是整篇作品在有条有理的叙述中巧妙地设下了一个局，并且到底都没有给出明确的答案。随着读者体味的深入，才能意识到故事的结局是多义的、不确定的，有几个读者就可能有几种不同的结局。这种作品可以引起读者的深入思考，吸引读者反复阅读小说，去追寻最合理的、最接近事实的结局。

《局长的笔记本》是《小说选刊》选载侯发山的又一篇小说。编辑的稿签笔记这样评价："《局长的笔记本》以出人意料的结局取胜。故事开始就大吊读者胃口，接着环环相扣，跌宕起伏，最后谜底揭开，既在意料之外，又在情理之中，让人拍案叫绝。"如此评价，可谓到位。但在我看来，这篇小说的结局是一个没有结局的结局。请看最后三节：

有一天晚上，在一家小酒馆里，张局长和老马两个人推杯换盏称兄道弟。

老马舌头打着卷儿："张、张局，那个笔记本真是你父亲的？"

张局长笑了笑，没有说话。

局长的笔记本是在他出差不在家时，由老马捡到并将内容公之于众从而塑造了局长的高大形象，最后局长得以由副晋正。结合上面的对话，笔记本上那些话是谁写的，笔记本到底丢没丢，谁能说出准确的答案呢？不能不怀疑这件事有可能就是局长晋升路上自己垫的一个台阶。

《火眼金睛》也是用的这种思路。大高是本文的主角，他非常清楚表演"火眼金睛"的危险性，不忍心将该技艺传给徒弟阿三。得知阿三在偷偷学艺，当阿三的父亲来看望儿子时，便鼓励阿三露一手。阿三失败受伤，明知是因为他爹妒忌怨恨自己，偷梁换柱致使亲骨肉阿三双目失明后，大高又表示要养活他一辈子，传他几样杂技艺术，作为阿三终生的饭碗。如此做人，真称得上是一个有情有义、心地良善的好师傅！但是贯穿全文反复去看，不得不怀疑大高本身就思想狭隘，真的怕“教会徒弟，饿死师傅”呢！试想，“火眼金睛”这么危险、这么高难度的杂技，大高鼓励向来没有实战过的阿三上场表演，谁又敢不认为是大高看穿了阿三父亲的鬼把戏，“以其人之道，还治其人之身”，城府如海、心机阴暗地有意为之呢？只能说，小说一波三折引人入胜的故事其实是设了个局，没有标准答案，给我们开发了一片对复杂人性的极大想象空间。

5. 借用蒙太奇

蒙太奇是一种电影的镜头组合手法，将时空予以分解组合，认为两个镜头的并列意义大于单个镜头的意义，甚至将电影认为是镜头与镜头构筑并列的艺术。这也是侯发山构思小小说时经常借用的一种手法。遇到时间跨度大、场景跳跃性强的素材时，运用这种构思方式，往往能够给读者留下鲜明的效果。

微型小说理论家刘海涛说：“微型小说是省略的艺术，它往往借助跳跃式的情节来扩大故事的容量。”在侯发山的《三代日记》中，作者采撷了几个历史片段，形象地透视了社会与人生的变迁。三则日记中都强调了“吃”，但各有不同。第一则写朋友的父亲小时候的生活有了上顿没下顿，是靠要饭过活的，为了感到不饿，做了一系列荒唐的举止。第二则写“我”的朋友为了填饱肚子被父亲叫去摘野菜，而朋友摘回一篮子的红枣却挨了揍，原因是红枣吃了使人越想吃饭。第三则写的却是朋友的儿子被母亲逼着吃饭，他为了应付了事，想法子把妈妈支开趁机把饺子扒拉在沙发底下，最后是家中的狗帮他解决掉的。这犹如电影运用“蒙太奇”处理历史片，既巧妙组接，又各有内涵，产生了别有意味的艺术效果。

可以说，《三代日记》给读者创造了很大的想象空间，读者尽可以结合自己的阅历，通过分析、推测和想象来完成这一幕幕历史变迁的图景。

侯发山借用蒙太奇方式构思小小说比较典范的还有《我想亲亲你》《父亲的日记》，等等，大家若有兴趣，可以仔细品味。

6. 对比映衬

对比映衬是侯发山作品常用的构思手法之一。对比映衬中的配角很重要，通过强烈的反差对比和配角的陪衬，突出了强与弱、善与恶、美与丑的鲜明形象。巧妙地运用对比映衬的手法来写人写景写情，会使人物形象更鲜明，主题更突出，故事情节更摇曳多姿，文章具有更强的表现力。

《稻香》这篇小说描写了前后两位沟长——旺达与索姆。通过农民种地和生活的细节，把他们的心理、情感、个性、好恶都写得那么真实、可感。小说没有大起大落的情节波动，没有惊天动地的伟业壮举，索姆助人为乐的高风亮节也没有过多地渲染和描写，但通过和前任沟长旺达的对比，结尾处乡亲们送来的稻谷就很清晰地说明了问题。一个小得不能再小的芝麻官“沟长”，心中唯有全心全意为乡亲们服务，而没有一点私欲，不禁让我们肃然起敬！

《贵宾》书写的是一个心酸故事，让人感叹、唏嘘甚至气愤，通过对比映衬的构思手法，发人深思。人物郑宗武几次丢狗，最终全是其父所为，看来荒诞，其实心酸。都说养儿防老，郑老头养大了儿，还把有限的三万元钱积蓄拿出来供儿子买房，不但没受到儿子孝敬，反而沦落到四处流浪以拾荒为生的境地；而儿子却视而不见，出手阔绰以三万元钱的高价买回来一条宠物狗，奉为贵宾。郑老头视为珍宝的汗水钱，儿子却如水泼出去；对含辛茹苦养大自己的父亲置之不理，却专注投入养狗。通过郑老汉和狗的际遇，人性的沦陷硬邦邦地将人心击得不忍直视，很有批判力度。

7. 以小见大

以小见大即在文章作品中，通过小题材、小事件和细节来揭示重大主题、反映深广内容的构思方法。以小见大法的特点就在于抓住一事一物、一情一景，以个别反映一般，从大处着眼、小处落笔，深入发掘，展开联想，为读者创造一个比现实生活更广阔、更深远的艺术境界。侯发山往往选取生活中最典型的小事物、小片段、小镜头和生活细节，思索其中所蕴含的深刻意义，挖掘出其不寻常的内涵，揭示事物本质蕴涵的深刻哲理，反映人物的精神面貌，传达一定的社会意义。

作为一个有责任的作家，应该重视普通百姓的生活，把摄像机的镜头对准弱势的群体，以唤起全社会的关注和帮助。《竹子开花》这篇小说，是个写农民工家庭留守儿童的老题材，侯发山选择了一个很特殊的视角：通过一个镜头来串接整个事件。父亲出门打工时，许诺竹子开花时回来和女儿团聚。孩子是天真的、情深的、真挚的，最终也没有看到竹子开花，当她的期望破灭时，她把父亲寄来的各种各样的花挂到竹子上，以期满足自己那卑微的愿望。这是一个小得不能再小的细节，但是却引起我们每个大人、每个为人父母的人的心灵震撼！

“亲亲”，本来是一个甜蜜而饱含真情的细微动作，看似平常，却在侯发山的小小说《我想亲亲你》里绽放出绚丽的色彩，迸射出感人的力量。在这篇作品里，写了三次“亲亲”：第一次，女儿隔着电视屏幕亲妈妈；第二次，妈妈隔着手机屏幕亲女儿；第三次，爸爸隔着玻璃门亲妈妈。看似一个微小的细节，在作品中却起到巨大的作用。

其一，它是一条线索，串联起抗疫生活里的散乱珍珠，彰显出作品的结构之美。其二，它出现在生活的不同阶段，分别凸显出女儿对母亲的想念，母亲对女儿的牵挂，还有夫妻之间绵绵恩爱，极有个性特征。其三，平常的细节放在典型的环境——白衣战士为抗疫而送行，舍小家保大家，就具有打动人心的艺术感染力。因为这个小小的细节，《我想亲亲你》成为一篇紧跟时代，与人民同呼吸、共命运的好作品，完美地体现了以小见大这种构思手法的巨大魅力。

生活中轰轰烈烈的大事是少有的，围绕我们的都是平凡小事，但侯发山却能从平凡的小事中发掘亮点，悟出道理，揭示主题，把人物写得有血有肉，有声有色，感情表达深厚、细腻、感人，通过看似平凡的小事突出人物的性格，从而揭示不平凡的主题。

用了这么长的篇幅，也只是梳理了侯发山小说创作中较常用的几种构思技巧，多达逾千篇作品的他，构思技巧绝对不止这些，再说凭我的有限学养也不可能全部搜罗出来。挂一漏万，只能起到抛砖引玉的作用，理越辩越明，希望更多的同仁都来参加探讨。

微观聚焦下的硬核时代能量

——评侯发山小小说的美学价值

张中杰

文学即人学。文章是作者的影子，是作者通过文字对人类行为思想的真实认知、还原把控和图绘映照，往往折射出创作者的世界观和审美观。作家创作需要真性情，侯发山的身上有着黄土地上的质朴和本真，具体到小小说创作上甚至是较真。《百花园》高研班，他作为授课老师，知无不言，不藏着掖着，全是掏心窝子的纯干货。他曾经在某作协主席朋友圈晒私人平台文章和奖项时，直言不讳："这个平台算什么玩意？"足见他直言快语的秉性，而这种接近本真的人文素养正是小说创作美学不可或缺的因素。

侯发山是目前为止全国小小说作品为中、高考试题应用篇目最多的作家。他紧密联系当下的抗击疫情、防汛救灾、生态环境保护以及家风传承等现实主题，像一位高明的园艺师，剪裁游刃有余，谋局腾挪自如，截取其中一个横断面加以深刻剖析，调动多种艺术手段，挖掘出普通人物行为唯美的精神内涵。

立意美，彰显家国情怀。一个作家最大的修为在于时刻怀有责任和使命感，侯发山具有超强的政治敏锐感。黄河流域保护和治理事关国家战略大局，如何反映普通民众在保护母亲河还我青山绿水的壮举，小小说大有作为。所谓事不过三，他小说中的人物多控制在三人以下，便于集中精力浓妆淡抹刻画人物形象。小小说《渔娘》，是一篇值得推荐的生态小小说佳作，仅仅是写了渔娘、镇里“河长”苟书记、乡政府刘秘书，老爹是作为侧面讲述出现的。这样使作者能够聚焦渔娘这一主人公人物主线，展开对话和矛盾冲突，最后才巧妙揭秘渔娘是轻生跳进黄河后被老爹收养、苟书记是老爹的亲生儿子的人物关系。主人公的坚持原则、秉公办事，是通过语言和动作展示出泼辣执拗的个性。结尾“王八是喝汤不是吃肉”，含蓄有力，令人忍俊不禁又发人深省，不妨看作是一篇充满警示意义的廉洁小小说。没有旁逸斜出的曲折情节，不蔓不枝，精工细雕，描摹刻画人物性格精准到位，显示了不凡的艺术功力。尽管美在不同的历史时期有不同的标准和特质，但毋庸置疑，凡是建立在家国情怀基础上，反映真与善的人性是一项硬性指标。没有国何谈家，没有对家的爱又何谈对祖国的情感。侯发山善于捕捉深藏人物内心的闪光点，用文字为时代发声，展现黄河故土情和家国之爱。从贴近人物性格属性出发，生发淳朴自然的特质，如涓涓细流流淌于心间，诉诸笔端，让读者油然而生把黄河建设成为一条造福人民的幸福河，矢志不渝的悲壮美。

选材美，关注现实民生。走出康百万系列的侯发山，立足当下，把目光投向平凡人的举手投足，执着于展示他们的内心世界，写出了大量向上向善向美的现实主义力作。《暖心面》回应民生关切和阅读需求，对社会底层人物善良天性给予温情关爱。小说以河南洛阳的赵师傅夫妇帮助邻省灾后群众解决吃饭难、建立临时面馆名字为题，讲述了在山西运城新绛县发生水涝灾害后，开面馆的老张，受到赵师傅夫妇义务做烩面影响，心灵受到触动，彰显了小人物扶危济困、大爱无疆的高尚情怀。为了增加可读性，小说有意穿插了通过第三者小交警的解释，老张在怀疑的目光中逐渐消除地域性歧视误会，读来别有意趣。侯发山深知小小说不仅需要报告文学那样的大视野和广度，更需要细节支撑的挖掘与解读。好的细节才能展现人物内心世界，拓展作品深度，才能感染读者。这篇小说在细节上选取了赵师傅拉烩面的场景，用200多字向我们还原了拉烩面坯的手工厨艺，眼花缭乱，生动有趣，层层深入，节节递进，奏响了一曲人民群众风雨同舟、共克时艰的时代凯歌。结尾“携手共‘晋’　风‘豫’同舟”的红色条幅，是情感的自然升华。小小说限于篇幅，无法展开宏大叙事。侯发山善于抓住故事核心，以点连线，以线带面，串珍珠而为项链，如玉帛，像绸缎，似锦绣，构图和谐，布局完美，增加阅读快感，产生视觉审美，传递精神愉悦。

情节美，善于布局谋篇。小小说情节设置，就像是大树上的枝条，一般作者平行分二到三枝，高手则交叉枝，更有枝上生枝，而创意新表达则为树下之根，盘根错节，相互交织，由于在地下，常人目光不及，充满神秘感。如何和风细雨式的浸润，通过小小说巧妙彰显地域文化特色，也是侯发山能够在各地征文大赛中屡次斩获征文大奖的一个主要因素。《袁家楼》为我们开了一个精美范例。小说开头，开公司的董事长大哥，趁着十一假期，突然开车带着两个兄弟回到老家，故事在老二和老三对大哥出资修缮袁家楼后，靠一个景点收取门票，抑或是宣传袁家祖先、拍摄电影获利的多层怀疑中次第展开，看点在于大哥惦挂村里的孤寡老人，对住在老房子安全的担忧，计划带领兄弟俩共同出资，建两室一厅的房子免费给他们住。这样的叙述消除了一般性叙事的古板乏味，藏谜于后，张弛有度，隐而不发。这样的情节设置，源于他拥有强烈的用笔书写家国大爱的责任感。最终以“幸福楼”点题，不啻是当今全民凝心聚力奔小康，提升自身幸福指数的大爱情怀和真实写照。好的小小说结尾合乎逻辑自然，也是小说立意的画龙点睛鸟瞰式的最高点。让读者与小说中的人物同频共振，接受了一次灵魂洗礼，产生强烈的艺术效果。不求标新立异，不求花里胡哨，不求摇曳生姿。朴实无华的讲述中字里行间流泻出人间真情，散出发正义之光，不经意间塑造和展现了主人公灵魂中令人怦然心动的感人一面。

人性美，彰显时代价值。文学最根本的意义在于为人类提供良好的人性基础，致力于人性的深度开掘是侯发山小小说创作的另一个特点。他的小说以真打底，还原生活美。以善为本，呈现具有个性特异禀赋的人性美。《南泥湾》，以第一人称叙述了本是烈士遗孤的父亲，在特殊历史时期被误解为国民党特务，成为批斗对象，在作为儿子的“我”得知真相，欲为父亲讨公道，却被父亲以“战场上死的人多着呢，有的连个后代都没有，他们找谁说去？”为由拒绝；父亲甘愿做一个农民，在大集体年代开垦荒地，婉言谢绝给自己落实政策，把岗位留给年轻人，打的多的粮食捐出，在溘然长逝咽气前，道出自己身世真相：一岁出生在南泥湾，父母南下上前线牺牲，靠南泥湾父老乡亲的南瓜汤、小米粥哺育长大；来米脂落户原来是怀着离南泥湾近的报恩思想。凸显了老一代人忍辱负重、自力更生、坚韧不拔的崇高理想。刻画了一位隐忍执拗、坦荡无私的老父亲形象，向读者传承了听党话、跟党走的红色基因。这种冷静叙述，娓娓道来，不自觉地模糊了或者是弥补了虚构与真实之间的界限，无疑增强了真实感。如飞石击流水，高浪逐船舷，撞击互动，从而展示出惊人的爆发力，使读者心灵产生强烈美的触动。

语言美，用词质朴洗练。侯发山的小说多用河南民俗语言和乡村俚语，读来具有鲜明的黄河地域特色，亲切自然。《捉迷藏》以一个叫彤彤的孩子视角，讲述了护士妈妈在为他做核酸检测因为工作需要不能当场相认，而做警察的爸爸在洪水中奋勇救灾的感人故事。展现了白衣天使和人民警察为了人民群众静好岁月负重前行甚至牺牲生命的大爱境界。彤彤坐起后，揉了揉“黏着眵目糊的眼睛”，“麻溜地跳下床”；彤彤从奶奶手中拿过扇子递给两个医护“呼扇起来”；彤彤在爸爸警察同事误以为爸爸已经牺牲后，仍然误认为是爸爸和他捉迷藏，有的人再也“憋不住”；结果爸爸被洪水冲走十几里，凭着过硬的身体素质和良好的水性，自救成功，辗转到有网络的地方，借了电话给家里报了平安。在场的人，“有笑着笑着哭的，有哭着哭着笑的”。这些来自民间的带着口语化的日常语言，根植于中华根文化，与时代感语言相融合，十分接地气，展示了质朴、深邃、厚重的中原文化，画面感强，显得更加生动有趣。值得一提的是，小主人公彤彤爸爸的警察故事源于郑州当地抗洪救灾一个派出所警察的真实故事，经过他的巧妙植入，增加了小说真实的美感。

侯发山的小小说通过撷取发生在当今的感人故事，着眼于身边人身边事，精当取舍，施予恰当的虚构，小处着眼，细处下笔，见微知著，小中见大，为现实发声，为时代放歌，为人民抒怀，真正做到了讲好黄河故事，传播黄河文化。他的小小说作品，或有包公铡美案不事权贵的凛然，或有文天祥肝胆照青史的民族气节，或有朱自清不为斗米折腰的傲质，总是情感真挚，点滴入微，精神赋能，让人热血沸腾，始终勃发昂扬前行的不竭动力。

文学最根本的功能之一就是审美，帮助我们树立正确的人生观。造物主给我们的这个世界，并不完美，某种意义上讲非常糟糕。侯发山注重用他的小小说培养受众的悲悯情怀，营造审美境界，为改造和提升现代文明水平持续发力，为当代小说创作提供了具有时代价值的美学借鉴。

浮岚暖翠一奇山

——读侯发山小小说有感

孙新运

侯发山的小小说以生动的语言，细致的描写，贴近生活的取材，深刻的哲理，饱满的正能量，让读者动心，是经常让读者流泪的小小说。

一、选材小

题材是经过作家初步筛选的生活材料，它来自生活，又不等于生活。在文学创作中，选材很重要，深印着作家主观思想的倾向性。我大致算了一下，侯发山直接描写农村的题材占总数的60%。作品描写了中原大地悠久的历史，传统的文化积淀，古往今来名人侠士的侠肝义胆、乐善好施、高标义举。作品中还描写了农民生活的艰辛，基层干部艰苦的扶贫工作，表现在扶贫工作中的聪明智慧，党的好政策使农民勤劳致富，农村生活出现的变化。作品还表现了农村形形色色的人生际遇和精神品格，也表现了两代人价值观的转变，等等。

侯发山非常关注弱势群体，倾注爱心去叙述，由衷地为他们的一点点幸福而高兴，哪怕这种欣慰是心酸的。作品中经常出现打工族，为了家庭的生活，离家在外辛苦打拼，他们离家前最怕问起的一句话就是："什么时候回来？"他们何尝不想早点回家和家人团聚，或者说他们根本就不想背井离乡，为了家人的生活远走他乡，他们的内心贮满了心酸，如《一天和一年》《竹子开花》《警匪游戏》等，让人心痛心动。作品中也常出现残疾人身影，他们对幸福有着朴素而切身的体会，读来让人心酸，如《乡里故事》等。还有无家可归的人，他们缱绻于世界一角，品尝着世间的艰辛，享受着难得的幸福和欣慰，催人泪下，如《捡来的家》《流浪汉》等。

侯发山的小小说选材都是身边的小事，很有生活气息，转折自然，既接地气又耐看。如《回娘家》《新年礼物》等。侯发山小小说体现了小小说以小见大的特点，从身边很小的题材入手，挖出其中的深意和哲理。

二、立意深

侯发山不轻易放过任何一个题材，也不轻易提笔创作，必须生发出深意，没有平淡的叙述，都是在平常叙述中埋下伏笔，挖出深意，激发情感的迸发。能从平常的题材中找到挖掘深意的触点，在别人不注意中翻出新意，意想不到，触碰泪点。他的作品不直接说出总结性和哲理性的语言，所有的内涵都隐藏在情节和人物之中，靠活生生的故事说话，桃李不言，下自成蹊。用形象用故事说话。只做客观叙述，让读者自己概括归纳主题、情感和哲理，意蕴尽在其中。如《留余》中康百万竭尽全力使利益最大化，可是利润却没有上升，通过和捞鱼老汉聊天悟出深刻的哲理："留余忌尽，忌盈忌满，福不可享尽，势不可使尽，心机不可用尽，留余不仅是昌家之道，也是做人之则。"《老家旧事》神乎其神地讲述小蛋开了天眼，其实是和爷爷唱的双簧，读者不难总结出富有哲理的深意：天眼就是人的良心。又如《灯》《两把宝刀》《匪患》《火眼金睛》《玉米》等都寓意深刻，富于哲理。

三、主题正

侯发山是一位现实型小小说家，杨晓敏称之为生活型小小说家，现实型文学主要侧重以写实的方式再现客观现实，小小说的主题就非常重要。杨晓敏提出小小说的文化意义大于文学意义，教育意义大于文化意义，社会意义大于教育意义，可见他非常重视小小说的社会意义和教育意义。他认为小小说是平民文学，主要原因有三点：一是大多数人都能阅读，二是大多数人都能参与创作，三是大多数人都能从中受益。这就要求小小说的主题必须彰显正能量。侯发山的小小说通过身边的小事件，表现大主题，张扬正能量。

侯发山小小说能紧紧把握时代的脉搏，与时俱进，他的小小说重视农村精准扶贫的成果和所显现出的人物与精神，如《猴精》中侯乡长巧设计策鼓励农民致富；《精准扶贫》中第一书记伊南因地制宜就地取材，带领村民修桥脱贫致富；《郝支书》中郝支书为了村里脱贫致富，顾不上自己家，等等。看得读者心里暖融融、亮堂堂，满眼春光，浑身是劲。他的《爱心菜》讲述的是疫情期间感人的故事，还没偿还完贷款的老王大年三十免费给武汉送了一车菜，杨经理也从老王那买一车菜送往武汉，刚从武汉回来的老王自告奋勇替杨经理往武汉送菜，他的车厢上悬挂着"河南爱心菜"的横幅，表现了豫鄂一家人的思想，老王的手机铃声设为"我们的大中国啊，好大一个家"更表现了全国团结共同抗疫的决心，让人感动，鼓舞斗志。

侯发山小小说表现了人与人之间的关爱和救助，如《工钱》中包工头为了防止农民工糟蹋撇家舍业辛苦换来的工钱，为了农民工的家庭幸福，不怕被误会，平时不发工资，年终把工资和利息直接打到农民工家里；《寻亲》中收留无家可归的老人，《稻草人》中村民帮助牺牲警察的怀孕妻子收割麦子，《黄土高坡》中商人捐助建学校等。读来真切感人，如一股股暖流涌进心头，眼眶发热，潸然泪下。

侯发山的小小说歌颂奉献精神，如《看戏》中常香玉卖掉房子到处义演，买飞机支援抗美援朝战争；《守礁》中阿亮孤身一人守卫礁岛；《爷爷的抗战》中爷爷不惜生命代价暗算日本鬼子等，他们的无私奉献换来了人们的幸福生活，读来回肠荡气，洗涤灵魂。

侯发山小小说还突出善良和真诚，如康百万系列表现康百万乐善好施，善良宽容；《傻老板》中的张老板看到农民工被跑路老板拖欠工资无法回家，就收下白条，替老板垫付工资；《求求你当肇事者》中家杰送车祸受伤者去医院，并替肇事者为伤者交医疗费；《稻香》中索姆把自家的水让给村民灌溉，秋天歉收，村民们纷纷送来稻谷；《传奇》中由于善良与真诚走到一起的一家三口，等等。他们的善良融化了坚冰，他们的真诚唤醒了大地，让读者感动、感慨，激动、激昂。作品中充溢着满满的正能量，感人至深，触动心灵。另外，侯发山还有一些讽刺性小小说，从另一个方面彰显了正能量，如《平安的愿望》《启明小学》《刁民》《我没有病》《局长的笔记本》等，表现出他对不良现象的愤慨，对革除弊端的期盼。

四、构思巧

侯发山特别重视小小说的构思，他小小说的构思也非常有特点。

（一）细节描写

细节是细小的情节，能够细致描写事物，达到很强的艺术效果。侯发山小小说中细节描写包括景物描写、心理描写和对地方特色的描写等。

侯发山小小说的景物描写安排得非常巧妙，如《守灯》描写了海岛喷涌而出的日出景象，为故事的发展烘托了气氛，为主人公的活动衬托了背景。《到周庄看妈妈》描写了周庄夜晚朦胧安谧的景色，为下文要展开的情节做好铺垫，并赋予了感情色彩，使之情景交融。《桃源人家》描写了老庙幽静的世外桃源般的景色，只有在这样的环境中才能孕育出善良澄澈的村民。侯发山在小小说中经常使用景物描写，笔法细腻，悠然放慢叙事节奏，为下文做好铺垫。

侯发山在作品中经常使用心理描写，《麦子的馨香》通篇是槐花的心理活动，生动地展示人物的心路历程，更好地揭示出槐花的性格特点，使小小说兴味盎然，耐读耐品。《救人》中他从小偷变成救命者，又从被怀疑对象变成远亲，通篇描写他角色转变的心理过程，直击人物心灵，表现丰富而复杂的思想感情，也使文章更生动，更有新意。《警察老谭》中公交车上和歹徒搏斗之前和搏斗之后的心理活动，展示了老谭的内心世界，结尾出乎意料，让人深思。

侯发山经常用细节展现地方特色，如《伙计神》描写了请“伙计神”的经过，人们对“伙计神”的供奉和敬畏，突出了地方风俗，丰富了作品的内涵和底蕴，也和下文康百万安排外科医生扮“伙计神”坐“伙计船”渡河为百姓治病形成反差，更突出了康百万胸襟的宽广，胸中藏有对百姓的大爱。《嫁女树》描写了靠山屯有关“嫁女树”的风俗，通过香樟树的大小可以判定谁家有待字闺中的姑娘，又可以作为姑娘出嫁的嫁妆，基层干部小马却动员女朋友把“嫁女树”让给帮扶对象二狗，更好地凸显出小马和女朋友的精神境界。《乡情》介绍了当地年前蒸馍的习俗，特别提到需要大号的蒸笼，为下文村委会出钱给孤寡老人王爷爷买大号蒸笼，让村民以借大号蒸笼为由，回赠蒸馍和其他物品救济王爷爷奠定基础，有力推动了故事情节的向前推进。《晒秋》中通过山区农民的“晒秋”风俗引出部队秋季训练表演，自然而有深意。

（二）对比手法

运用对比手法有利于充分显示事物的矛盾，加强文章的艺术效果和感染力。侯发山小小说中对比写法用得特别多，通过对比，不用多说一句话，高低上下立现。《三代日记》通过三代人对于食物的态度，追忆困难时期，赞美当下好生活，同时提醒年轻人不要忘本；《一双皮鞋》通过父子态度对比，批评儿子不顾家庭条件，盲目虚荣；《警察小谭》中父子对于同一个场景所采取的处理方法不同，结果截然不同，表现了自我表现与大爱之间的区别，令人深思。这样的写法在很多作品中都有体现，如《乞丐》《义渡传人》《朋友圈》《听风者》《寻找恩人》《看病》《传家宝》《贵宾》《又是一年春天》等，通过对比手法更好地表现了主题，塑造了人物形象，增强了作品艺术表达效果。

（三）情节起伏跌宕

侯发山的小小说选材都是身边切身小事，通过掰开了揉碎似的叙述，让读者陶醉其中，掩盖他的真实目的，读者就会落入他叙事的圈套。读者专注于他所叙述的内容，没防备他的叙述“阴谋”，也就顺着他的思路，亦步亦趋地跟着走，走到路的尽头，没想到给了读者当头一棒，让读者回不过神来，等读者转过弯来，已是满眼泪水，感觉再次“上当受骗”了。《康乡长的忙》构思巧妙，康乡长不说让村民养鸭子致富，就说买鸭蛋，既激发了干劲，又解除了村民的后顾之忧，还用了一个“求”字，太高明了。康乡长“求”村民把六千个鸭蛋孵成小鸭，再把小鸭养大，许诺不会亏待他们的。等鸭子长大，北京烤鸭集团来订购，并签订长期合同，扩大养殖规模，篇尾揭秘，为康乡长的高明而暗自称奇，也为康乡长的良苦用心感动落泪。《回家》中，冬天的夜晚燕子发现自己被一个男子跟踪，还一直叫着她的名字让她回家，吓得她赶紧跑进一条胡同，遇到了三个流氓，跟踪的男人和流氓搏斗，还受了伤，警察把他俩带到派出所，大家都认为他是个神经病。从派出所出来，他为燕子披上了衣服，燕子开始同情这个精神病人了，并提出要送他回家，在路上他和燕子讲起他妻子叫燕子，由于车祸变成了间歇性失忆……不知不觉到了他的家，拉开灯，燕子不相信自己的眼睛，这是她的家，她终于想起来了，她就是燕子，他就是她的丈夫大伟。读者一直跟着作者的叙述把大伟当成精神病人，没想到是燕子患了间歇性失忆症，起伏跌宕，结尾的反拨太出乎意料了，写得太暖心了，让读者禁不住泪流。《路神》中，入冬的一天，和爷爷相依为命的小羊顺着山路往家里跑，能听到身后有轻微的脚步声和咳嗽声，偶尔还能听到有人轻轻地喊着她的名字，小羊非常害怕，回家后爷爷就给她讲了路神的传说，爷爷就想莫不是真的遇到了路神？杨老师来家访，才知道天天跟在小羊身后的是杨老师，原来杨老师是路神。杨老师对小羊说，真正的路神不是别人，就是你自己。多年后，小羊大学毕业，到乡村小学当了教师，彻底明白了杨老师的话。小小说中路神的含义不断变化，故事情节起伏跌宕，多次转圜，层层升华，结尾富有哲理和深意。《山里人》《二战时期的爱情》《电话记录》《家训》《听房》《美人鱼》等，作者都精心设计了叙述陷阱，专心致志讲着故事，读者也津津有味地欣赏着，跟进着，没想到讲着讲着柳暗花明又一村，原来作者醉翁之意不在这壶酒啊，恍然大悟，给读者带来了阅读惊喜，增加了小小说的审美效果，大大触动了读者，让读者不禁感动落泪，心里暖暖的。

（四）结尾反转

杨晓敏等很多小小说名家都非常重视小小说的结尾，认为结尾很能看出设计的智慧含量，是“临门一脚”和“临床一刀”，好的结尾能给读者留下深刻印象，给读者留下反思的余地。侯发山特别重视小小说结尾的设计，出人意料，振聋发聩。《唐三彩》中，梅花考上北京大学，家里拿不出学费，康乡长看到梅花家旮旯有一个瓷罐，说是唐三彩，要用三万块买下。梅花说五年后要用四万赎回，康乡长想了想说五年后要十万赎回，梅花答应了。梅花在大学刻苦学习，毕业后被聘为企业副总，开着小轿车带着十万元来赎瓦罐，康乡长说这是普通的瓦罐，梅花并不吃惊，当年梅花要赎瓦罐是想报答康乡长，而康乡长要十万赎金，一是不想让梅花赎回，二是逼梅花学业有成。康乡长只拿回了三万，梅花把剩下七万捐给了村里，康乡长、村主任老贵、梅花三张笑脸如同三朵盛开的梅花。因为前文做了很好的铺垫，埋下了包袱，结尾抖响，催人泪下，充满正能量，结尾的三朵梅花和唐三彩相合，蕴含深意。《护林员老杨》的结尾，本以为发生火灾，护林员老杨奋不顾身跑下山，原来是儿子想见爸爸故意导演的闹剧，出人意料，非常感人，洋溢着正能量，架构精巧用心。《手机》中，火车上大家都在低头看手机，乡下老汉为了震慑骚扰女孩的流氓，扬着手机要报警，被流氓刺死，结尾却道出那是一部玩具手机，结尾反拨，出乎意料，催人泪下。《捡破烂的老人》《寒冬里的暖意》《北京，南京》《爸爸的模样》《心锁》《老人和狗》《形象》等，结尾出人意料，由于铺垫到位，又合乎情理，并且充满正能量，让读者忍不住潸然泪下。

五、语言美

语言是人类创造的旨在表达意义的符号系统，文学就是语言的艺术，小说的思想和艺术都需要物化的语言表达出来，语言对于作家的创作非常重要，侯发山精心锤炼小小说的语言。

《回娘家》："彩霞就扭扭捏捏地出来了，她恨恨地嗔了大强一眼，说我以为你忘了俺娘家的路哩？说罢忍不住扑哧笑了。"短短几句话把夫妻之间纠纷之后的羞涩、难为情、嗔怪之情表达得淋漓尽致，彩霞一脸的蜜月味，眼角眉梢特新娘，表达了久别胜新婚的心理感受。《康乡长的忙》："谢我什么？你们是猪八戒啃猪蹄，花奶牛喝牛奶，自己分享自己的果实，要谢该谢你们自己！康乡长的脸笑得像一盘盛开的向日葵。"用了两句俏皮话，充分体现出康乡长的幽默感，把康乡长的脸比喻成盛开的向日葵更增加了小小说的幽默感和喜庆的色彩。《落叶》："一些叶子恋恋不舍地离开枝头，舞蹈着飘了下来，铺了一地的金黄，像是给大地铺了一张黄地毯。"几句话为我们描绘了一幅秋景图，把落叶的心理、色彩、姿态都描绘出来，画面感特强。《守灯》："这时，一艘船舶从灯塔旁边缓缓经过，拉响了汽笛，嘹亮，悠扬。守灯心里暖暖的，满满的。他知道，船舶是在向灯塔致敬，是在向妈致敬，也是在向他致敬。"作者用优美的语言抒发浓浓的情感，深深地感染着读者。《留余》："老汉说，有句古话叫作漏水的勺子才能舀到大鱼。这是为啥？因为漏水的那些孔，不但不影响俺们捕鱼，反倒如渔网一样，减轻了水的冲击力，捕大鱼如探囊取物。"作者用流畅简洁的语言表达出深刻的哲理，发人深省。侯发山小小说语言简洁流畅、生动形象，富有画面感和幽默感，也具有深刻的哲理性，能更好地表达主题，彰显艺术特色。

侯发山的小小说取材以小见大，立意深刻，构思巧妙，张扬正能量，具有很强的感染力，每当读完小小说大都热泪盈眶，透过潸然而下的热泪，擦亮了读者的双眼，褪尽心灵上的污垢，净化了读者的灵魂。侯发山是一位思想、艺术俱佳的作家，贴心的作家，暖心的作家，更是有奇特艺术风格的作家，真是浮岚暖翠一奇山！